伯林文集

以赛亚·伯林爵士

（Sir Isaiah Berlin，1909—1997）

英国哲学家、观念史学家、20世纪著名自由主义知识分子。生于俄国犹太家庭，童年目睹俄国革命，1921年随父母前往英国。1928年进入牛津大学攻读哲学，1939年撰写《卡尔·马克思》，1944年转向观念史研究。1957年就任牛津大学社会与政治理论教授，发表具有开创性的“两种自由概念”演说，同年获封爵士。1966年参与创办牛津大学沃尔夫森学院并出任首任院长。作为杰出的观念史学家和学科主要奠基人，先后被授予耶路撒冷文学奖和伊拉斯谟奖。

伯林文集

卡尔·马克思（1939）
启蒙的时代（1956）
俄国思想家（1978）
概念与范畴（1978）
反潮流（1979）
个人印象（1980）
扭曲的人性之材（1990）
现实感（1996）
人类的恰当研究（文选，1997）
浪漫主义的根源（1999）
观念的力量（2000）
启蒙的三个批评者（2000）
自由及其背叛（2002）
自由论（2002）
苏联的心灵（2004）
浪漫主义时代的政治观念（2006）
伯林书信集 卷一（2004）
伯林书信集 卷二（2009）
伯林书信集 卷三（2013）
伯林书信集 卷四（2015）

特别收录

伯林谈话录（1992）
伯林传（1998）
未完的对话（2006）

未完的对话

Unfinished Dialogue

[英国] 以赛亚·伯林
[波兰] 贝阿塔·波兰诺夫斯卡－塞古尔斯卡
——著
杨德友 ——译

译林出版社

图书在版编目（CIP）数据

未完的对话 ／（英）以赛亚·伯林（Isaiah Berlin），（波）贝阿塔·波兰诺夫斯卡-塞古尔斯卡著；杨德友译．—南京：译林出版社，2022.6

（伯林文集）

书名原文：Unfinished Dialogue

ISBN 978-7-5447-9090-1

Ⅰ.①未… Ⅱ.①以… ②贝… ③杨… Ⅲ.①伯林（Berlin, Isaiah 1909–1997）－哲学思想－研究 Ⅳ.①B561.59

中国版本图书馆 CIP 数据核字（2022）第 037356 号

著作权合同登记号 图字：10-2021-635 号

For more information about Isaiah Berlin visit https://isaiah-berlin.wolfson.ox.ac.uk/

未完的对话 ［英国］以赛亚·伯林 ［波兰］贝阿塔·波兰诺夫斯卡-塞古尔斯卡 ／著
杨德友 ／译

责任编辑 王瑞琪
特约编辑 马爱新
装帧设计 韦 枫
校　　对 戴小娥
责任印制 单 莉

原文出版 Prometheus Books, 2006
出版发行 译林出版社
地　　址 南京市湖南路 1 号 A 楼
邮　　箱 yilin@yilin.com
网　　址 www.yilin.com
市场热线 025-86633278
排　　版 南京展望文化发展有限公司
印　　刷 南京新世纪联盟印务有限公司
开　　本 880 毫米 ×1168 毫米 1/32
印　　张 14
插　　页 4
版　　次 2022 年 6 月第 1 版
印　　次 2022 年 6 月第 1 次印刷
书　　号 ISBN 978-7-5447-9090-1
定　　价 88.00 元

目　录

听君一席话，胜读十年书　01

序　言　04

作者序言　12

致　谢　18

回忆以赛亚·伯林　001

通信：1983—1997　009

访谈：1991年10月　115

不要绝望　116

我不愿意宇宙太整洁　133

谈话：1986—1995　147

1986　149

1988　190

　1988年4月22日和24日　191

　1988年5月6日（和约翰·格雷）　207

　1988年5月22日和30日　224

1991 243

1995 258

　1995年5月17日 260

　1995年5月24日 275

文章：1989—2005 283

论伯林自由学说的又一个声音 285

两种自由观：伯林与哈耶克 293

“自由”作为抽象理想已近黄昏? 310

多元论与悲剧 324

价值多元论与自由主义：相互联结还是彼此排斥? 344

参考书目 378

索　引 387

译后记 415

听君一席话，胜读十年书

译林出版社提议出版《未完的对话》的中文版，此举令我十分惊喜。得知这一决定的时刻，我回忆起这部著作缘起的一系列往事。

记忆犹新的是，1986 年夏天，在牛津大学万灵学院，我于忐忑不安之中和以赛亚·伯林爵士的初次会见，从此开始了我精神生活中最重大的经历。结果是，这部著作竟在美国出版，而且，随着时间的推移，又得以送到中国读者手中！曾几何时，我的想象力范围似乎容纳不下事实发展的这一过程，尤其是在我所生活的境遇之中。

从那一时期起，世界发生了剧变。1989 年 6 月 4 日，在波兰举行了第一次几近完备的民主选举，此举开始了整个东方集团的深刻变革。当时的超级大国之一轰然垮塌，另外一个则似乎正在经历衰落，而世界的重心显然正在向中国移动，中国正在成长为世界强国。正因为如此，近年来我一直建议我的学生学习汉语。在见证正在出现的种种过程的开端之时，做出回顾是十分值得的。孔子曰："温故而知新。"

伯林的著名论文《两种自由概念》，我是在特殊的历史条件下得悉的——1981 年波兰宣布军管后不久。显而易见，在当时，自由乃是涉及我个人的问题。我还记得在阅读这篇文章时所经历的精神上的巨大轻松感，那种感觉酷似在充满新鲜氧气的森林中漫步。但是，阅读当时克拉科夫全市唯一的一本《两种自由概念》绝非易事。这一著名论文的单行本，列入了我所在的大学的藏书。为了借阅，我必须提出相应的申请，说明需要阅读这一本禁书的理由，和图书馆馆长约谈，申述情由。在当时，大学乃是有限的自由飞地。我是以科学研究人员的资格得允借阅该书的。在那些年代里，在波兰，伯林的著作无法公开借阅。伯林某些著作的波兰语译本只有“地下”版本，或者国外波兰侨民主办的出版社版本。我属于很少数人的小组，这少数人因为所在的单位，而可以合法地借出伯林著作的有限藏书。《两种自由概念》对我触动至深。我十分喜爱的一句箴言“Nawet najczarniejsza chmura ma srebrne brzegi”（至黑乌云，亦有银边）最形象地表明元气开始恢复，希望突然来临。这令我全神贯注进入对伯林的思考。直接的效果就是，我鼓起勇气，给牛津大学的这位思想家写出第一封信。他主动开始了我们后来的书信往来和个人交往。

1989 年剧变之后，在波兰公开地大量出版了伯林著作的译本。现在，在波兰图书市场上，几乎可以买到他全部的著作。感谢本书中文版译者提供的信息，我得知，中国读者已经能够阅读伯林重要论著的译本（十二部）。我为此感到高兴。就我个人经验而言，在深刻变化的时期，是值得从《两种自由概念》作者的著作中汲取思想的。他涉及个人自由的言说永远不会失去重要意义，虽然在稳定的时期不一定显得突出。与此同时，他的价值多元论见解越来越发出强有力的声音，成为充满多样性与相互碰撞、互不相同的生活方式在这个世界中的路标。这样，在我经历的日益变迁的历史环境中，我起初对伯林自由概念的着迷，逐渐演变成为对于他在道德哲学中所开创的新潮流——道德多元论的强烈兴趣。这在1989年的剧变之后，在对于我的这位导师的哲学思考的探索中，又一次得到了培育。

当然，现在冒昧献给中国读者的这部著作的中心任务是以赛亚·伯林，以及他对思想遗产的贡献、他对世界和人类事务的深刻观察力——这一切都一如既往地得到了他个人经验的多方面启迪。而在我们的书信和谈话中，也写进了我的祖国波兰历史上一个极为重要时期的事态。同时也记录了我个人生活、我遇到的困难和重重困惑的片段。在1983年至1997年剧变时期我们展开的讨论如果给读者带来启发或者成为希望的开端，我将感到十分欣慰。我深信，以赛亚·伯林也会有同样的感受的。

中国人民和波兰人民相同的苦难已经成为遗产。警示从这种积淀中汲取，但是，积淀已经成为过去而一去不返。

附记：我想要真诚感谢本书译者杨德友教授，感谢他全力以赴完成这一译事，和在翻译过程中我们展开的富有成果的通信联系。我感到十分惊异的是，杨德友教授也懂得波兰语（翻译出版过不少波兰语的著作）。对于波兰语言和文化的熟悉，在翻译《未完的对话》过程中，肯定等于有了一张王牌。我希望，杨德友教授有机会翻译出更多的波兰作者的著作。我以往的好运给我带来的和以赛亚·伯林特殊接触的机会，正在继续带来成果。最近的幸事就是和杨德友教授的思想交流，达到了通畅的理解。

贝阿塔·波兰诺夫斯卡–塞古尔斯卡
波兰，克拉科夫市，雅盖沃大学
2012年8月12日

序　言

亨利·哈代

以赛亚·伯林和贝阿塔·波兰诺夫斯卡-塞古尔斯卡之间出色的对话，是在伯林生前最后的十四年期间断断续续地进行的。他们二位交流的一些记录有时候令人欣喜，有时候令人沮丧，现在以书面形式发表，针对伯林思想的探索，这乃是一个突出的贡献。对话也带有两位对话者个性的鲜明印记，并且直接而感人地表明，卓有成效地对待道德和政治的问题是一件感性与争论兼而有之的事。

贝阿塔在共产党执政的波兰长大成人。共产党治下的生活给政治思想带来一种特殊的迫切性和不容忽视的重要性，这是很多西欧人难以理解的。伯林儿童时期目击了俄国 1917 年的革命，对这一点很有体会；实际上，他自己主要的思想关注，有几项都大体上是受到对一切形式的极权主义的极度反感所驱使，是早期的经历把这种反感永久地留在他的内心。和敏感、智慧，而且直接体会了对自由的严厉镇压的人士谈话，对于他来说，是特别畅快的，所以他总是努力接待那些把他的思想视为一条生命线，视为对于虚伪意识形态的解毒剂的人——这些人曾被迫生活在那样的环境之中。贝阿塔就是这样的人：1997 年 4 月，她在给伯林的信中写道："对于我所在的世界来说，自由主义的哲学基础问题十分重要。"[1] 在以后的一个月

[1] 参见下文第 90 页（注释中的页码为原书页码，见本书边码，下同）。

里她又写道：

> 问题本身依然萦绕我的脑际；特别是在我们国家激烈 7
> 的政治话语语境下（恰巧明天在波兰要举行宪法公投）。自由民主的国家制度是我们唯一的理性选择吗？或者我们还有其他同样合理的选择？如果没有，那又是为什么？是因为（像约翰·格雷可能说的）我们特殊的历史传统吗？或者，因为自由主义有理由要求普遍的权威，因为它承认自由的价值，没有自由就没有选择，因而不可能保持我们所理解的人性？[1]

伯林的思想和贝阿塔在波兰所面临的现实政治问题之间的直接联系，对于他来说，给他们的讨论带来了特殊的重要意义，这一点他不止一次在书信和谈话中表明。这一点也使得他们的对话活跃了起来。

这一联系也解释了贝阿塔为何决定写出博士论文（1988 年完成），专论关于自由概念的争论，特别参考伯林的思想。旋即，她提出问题，对话就这样开始——她说，在 1983 年以书信方式，后来在 1986 年有机会面谈。论文完成之后，贝阿塔开始构思一本论伯林的自由哲学的专著，她的询问一直延续到伯林逝世（专著在 1998 年问世）。她问的都是核心的、探索性的问题，伯林在 1986 年的一封信里承认："请相信我，从您提出的十分尖锐的问题中，我受益良多。我想，您是我遇到的最好的

[1] 参见下文第 94 页。

（口头）评论者，而且最具建设性。”[1]

贝阿塔在觉得没有按照她所需要的方式得到回答的时候，是继续坚持己见的。她的顽强是非常值得赞扬的。凡是郑重尝试请求伯林口头述明他的理念的人都熟悉，要竭力让他守住正题，以克服他坠入闲篇的倾向，那些闲篇虽然常常趣味横生，却使得他离开了对话者想要关注的议题。特别在开始的时候，贝阿塔感到敬畏、羞怯，而且对自己尚未经受考验的英语也没有把握，但是，她勇敢地坚守了自己的要务，尽管伯林像蜻蜓一样对各个题目一个一个地点到为止，常常只顾自己随意点拨而不是她的需求，在她竭尽全力要表达想要让他回答的问题的时候，打断她的语句。这样磕磕绊绊令人烦恼的交流都被编辑理顺，技巧高超，但是我见过原稿，我目睹了编辑室地板上撒满的删节段落和语句的纸屑。

贝阿塔一直保持了和伯林的通信，这是值得庆幸的，因为
8 伯林的书信比他的谈话更为集中和可靠。其中有些是对于他的观点透彻明晰的叙述，有时候比他已经发表的著作中对同一主题的叙述更加清楚。实际上，其中有一封论人性之概念的书信，出于这个原因，在2004年的《纽约书评》上发表。贝阿塔也写了一定数量的文章论述伯林的思想，其中有些收入本书（和后来的一些文章一起）。她曾把这些文章的草稿给伯林浏览，和他讨论，这样的做法激励了伯林在她认为有必要加以解释的地方为自己做出了解释。这些文章无疑将推进对于他们提出的问题做进一步的讨论。尤其是最后的一篇，提炼了贝阿塔和伯

[1] 参见下文第50页。

林就多元论和自由主义之间关系展开的交流的结果；这个问题将会多次被提及，如果我没有看错的话，随着这个主题的发展，这是一个重要的讨论。

贝阿塔的主要论题是自由，但是，像近年来的许多学者一样，她也受到价值多元论[1]的挑战和吸引，伯林把这种多元论和他的自由主义联结了起来，虽然联结的性质是有争议的。的确，贝阿塔要澄清“这一联系到底是什么”的愿望乃是她和伯林谈话的引导性主题之一。是多元论蕴含自由主义吗？如果是，在何种意义上“蕴含”？或者，就像约翰·格雷主张的那样，多元论是否破坏了自由主义呢，至少作为给予人类最佳政治秩序的一种普遍性论题而言？或者，这两种立场是没有联系的？伯林就多元论与自由主义之间的关系所发表的评论看起来最多是模棱两可的，[2]这是他在书面上留下的、没有解决的主要难题之一。实际上，他从来没有认真而系统地郑重注意这个问题。所以，在这本书里对这个问题的点评，即使是时断时续的，也还是真正地引导我们前进的。

这样的情况也适用于另外一个难题，亦即，是否存在着共同的人性这个问题。就这一问题，伯林似乎说出不连贯的言论，时而强调我们透过时间和穿越世界看到的文化的巨大多样

[1] 论纲是：人的各种终极价值观（为其本身，而不是作为某种更高的目的之手段而追求的那些），作为客观的经验观察，彼此是截然不同的；从此可以推论，哲学价值观不能在某种所谓更高层次的价值，例如实用性的尺度上彼此比较，或者（换一个说法）被转化为某种共同的通用价值。出于这种“不可比性”，进而得知，在真实情况下，如果互不相容的价值观发生冲突，则在其间做出的决定将会引发出有时候是悲剧性的损失——从遭到反对的，或者不受重视的价值来看，就是如此。

[2] 参见下文第 82，211，287，290 页。

性，时而坚持共享的核心需要和价值观，这一点使得我们能够和处于巨大文化或者历史距离之外的人感受到共鸣。在这里，这个难题没有得到解决，但是贝阿塔坚持澄清明显的矛盾，又一次得到了对问题的点拨。我实在极为希望她也催促他探讨这样一个问题：他认为的价值观的客观性，是否应被视为指这些价值
9 观得到广泛认可（他常用的表述），或者指其对人类有益（这一点会允许我们放弃虽然无所不在，但是方向错误的价值观）。显然，这两个标准相互关联，但是准确地说，是怎样关联的呢？

读者可能感受到的沮丧之一来源于不幸的拖延：早在 1958 年，伯林就第一次明确宣告他的多元论，而其他人对这一给人带来强烈搅扰的观点的持续研究在迟至三十年后才开始——部分可能是因为他以往零散的文章变成系列文集出版，其中有些文章对多元论有更多的叙述。这一理念的颠覆性意义为什么经过这样漫长的时间才启发了哲学家们？这依然是一个谜。贝阿塔适时引用了泰勒的话：

> 以赛亚的多元论论纲不仅对关于积极自由的各种极权主义理论是一个打击，而且也是令他自己圈子里那些占主导地位的道德理论深为不安的。我们知识界的悖论之一，将会日益得到讨论的是，后面这一点为什么没有被认识到？炸弹被放进学界，但没有爆炸。[1]

无论有什么原因，现在肯定是的确引爆了，而在这个时刻，

[1] 参见下文第 266 页。

多元论对于现代世界的意义要比1950年代末更大得多。的确，伯林的关键理念在今天的适用性，确实是围绕它展开的讨论颇具活力的主要原因之一。围绕对差异的适当宽容度界限而展开的全部议题——文化多元论、民族主义、原教旨主义、恐怖主义、文化帝国主义——都涉及多元论是否正确；如果正确，它对于我们在特殊场合下的行动又具有什么含义。

在这一讨论充分展开的时候，伯林早已经退休，不再积极探索现在许多人所认为的他对道德思想和政治思想的主要贡献。他对有关这个论题的不断膨胀的文献没有做出明显的补充。这一点使得那些希望他对1958年的简要论断做出澄清和扩展的人感到惋惜，因为聚光灯没有在当时照耀这个论题——亦即，在他更愿意、更有能力向前推进的时候。我记得有一次问过他，在他阅读了有关这个论题的大量著述中一部分的时候，他是否感到想要 10
横插进去，纠正那些误解他的人，裁决对立阐释者的争论，回答评论家的疑点，特别是约翰·格雷，因为这位作者的著作《以赛亚·伯林》把读者引向了其主题断然不会前去的方向。伯林回答说，已经发生的事，都是完全正常和自然的：有人发表自己的思想，接着，其他人使用这些思想，加以修改，加以批判，最后抛弃。对于误解和错误解释，他并未过分担忧——“我又能怎么办呢?”所以他宣布自己满足于听之任之。

这是贝阿塔遇到的两难处境。但是，她依然取得了很大的进展。她的耐心和坚持、她个人的优雅和道德的魅力、她的出身和背景、她明显的公正态度、她思路的清晰和直截（完全不同于学术界及学术著述中常见的那种毫无必要的抽象推理和拐弯抹角的辩护）都一起发挥了作用，从伯林那里引发出不少有用的澄清和某些新的思想。自然，有时候体现出来的是需要某种解析的暗示；也有一些模糊不清、不连贯、模棱两可的情况[1]和某种错谬。但是，我的预测是，作为一个整体，如果从某种同情的而不是挑剔的态度来看，这本书里记载的扩展讨论和各种解释，将被认为是对于我们对伯林思想之理解的持久而有价值的补充。

毫无疑问，在这部著作中，读者将会看到两位具有鲜明好意和善意的人士：一位是崇敬伯林的波兰青年女士和母亲，一位是年长的崇拜英国文化的俄国犹太人，他们一起探索的问题当中有许多的确是重要的，而他们探索的方式也必定会激励其他人
11 继续展开这未完的对话。

[1] 这样的情况大部分（但不是全部）来自本书中发表的言论的自发性质，为此，正如贝阿塔正确指出的，应该予以容许。但是，澄清依然值得做出。我来举出两个事例。

第一，伯林经常把“多元论”当作一个描述性的术语使用，用来指称他所相信的在某些价值观之间不可化解的不可比性；但是偶然地（参见下文第 202 页）他似乎又规定性地使用它，指称一种旨在鼓励追求多样不同价值的道德或政治论点。如果不牢记这一点，他的某些言论充其量是前后矛盾的。而且，在下文第 72 页，他把一种多元论和另外一种多元论混合：前者是一种信念，亦即，其他的道德可能和你自己的道德一样有效；而另外一种多元论则是和那些奉行不同于你的道德之人神交的能力。虽然伯林正确地相信我们不应该把现实简单化，但是也不应该看得不够简单，因此，某种更为准确定义的术语，带有这些或者其他的区分标志，对于他可能是有用的。对于伯林而言，“多元论”的这四个意义之中的第一个是首要的，其他的理想地说应该放弃或者避开。

第二，伯林经常坚持认为，使得不同世代和不同文化的人之间交流与理解成为可能的共有人性，如他有时候所说是“准普遍的”（这个修饰词表示，无论有何等的普遍性存在，也都是临时性的，不是先定的）。但是，有时候，他显得要从他的这个可理解性基础上排除奇异的文化（参见下文第 222 页）——这是一种更审慎的立场，会破坏在我看来他更真实、考虑更细致和更有成果的关于人类精神交往程度可能性的观点。

他有时候陷入杂乱无章，但是，那是某种可尊敬的杂乱无章，因为每一个人都处于某种杂乱无章之中。

——斯蒂文·卢克斯
题为“自由的价值：伯林的挑战”的一次会议发言
拉脱维亚，里加，1998 年 9 月

对于我的著作，我没有看法，对于他人的著作亦然（笑）。都是言辞，言辞，言辞。

——以赛亚·伯林
与贝阿塔·波兰诺夫斯卡–塞古尔斯卡的谈话
万灵学院，1991 年 10 月 13 日

作者序言

贝阿塔·波兰诺夫斯卡–塞古尔斯卡

近几个月来，我意识到，伯林的思想大概是比以往更为活跃的。曾有一度，我们四个人都同时为这本书工作：伯林三十多年的编辑和最亲密的合作者亨利·哈代；宾夕法尼亚哈弗福德学院毕业生、论伯林犹太人身份的一篇最有趣论文的作者詹姆斯·查普尔；耶鲁大学毕业生、在牛津做关于伯林政治思想发展研究的乔舒亚·切尔尼斯；我自己。曾有一度，我们工作的紧张程度达到极点：当时我们有一台在佛罗里达工作的电脑停止运作，都好像是出于同情而罢工了。

本书要求高度团队工作的部分是我和伯林的谈话：这些谈话混乱至极、零碎至极、录音不良、难以听清。在这个团队的四个成员之中，有两个人对这粗糙资料的价值深表怀疑，这就是亨利和我。在有些时候，我们几乎要放弃，因为这个任务的困难令我们感到无能为力，还有恐惧，怕的是除了投入的工作量，到最后还损害了伯林。但是两位热爱伯林的青年人绝对深信不疑，我们应该继续工作。伯林逝世的时候，他们才十几岁，所以他们没有机会像我们一样亲自认识他。他们是年轻的美国人，是在不同的现实生活中长大的，没有经历过伯林那英国的，或者斯拉夫的文化和历史背景。然而，还是他们生气勃勃的兴趣和对于我们共同努力之用途抱有的青年人的那种信心，使得我们完成了这项工作。

有一次，詹姆斯评论他对英国萨默塞特音乐节的印象，引用了我做的录音中伯林的一句话。我想：“就是为了这一句引用语，也是值得的。”伯林的话涉及波兰历史上无政府主义倾向的投票制度一票否决制（liberum veto），那句话是：“那是发疯，那是奇妙的。” 15

在一篇回忆录《回忆以赛亚·伯林》中，我讲述了和这位已故哲学家长久的接触，回忆录是在他去世以后为《牛津杂志》写的，已经收入本书。这十四年的成果我都放在一个抽屉里面，包括他寄给我的二十封信，为波兰杂志做的两次访谈，我的几篇文章，和一堆过期的、老旧盒式录音带。在做出出版一本书的提议之后，我立即决定把伯林的全部书信和与回信有关的我的书信收入。伯林寄给我的书信都是简单的便笺，但是也有专门为我写的整篇的文章。这两类书信都颇多地讲述了写作者的性格。有些片段在今天看来，是具有预言意义的，例如在大约十年前写的一封信里有这样一个片段：

> 如果其他这些文化［……］威胁了我自己的价值观，如果它们不仅和我的社会的价值观不相容，还积极设法破坏我的社会，那么——即使我可能完全理解是什么因素（在社会学上或者心理学上，或者宗教上）引导人们走向这些信念——那我也要保护自己，抵御这些价值观，而且认为我这样做是理所当然的。如果它们的确是危险的，威胁了作为我的社会存在基础的种种妥协的话，那么，我就可能不得不去攻击这另外一种文化，乃至参加战争。[1]

[1] 1997 年 2 月 18 日信，参见下文第 85 页。

我也收入这些采访原来的英语文本，以及（在某种意义上）对于我们的长时间讨论构成某种说明的我那些文章。依然十分没把握的是那些谈话。根据兹比格涅夫·佩乌琴斯基博士的建议，在会见时我都做了录音；佩乌琴斯基是牛津大学波兰学者接待项目的创建者[1]。这些都不是计划中的采访，也不是内容连贯的谈话。在1986年到1995年之间，我们的会见超过
16 二十次，当时我正在写作博士论文，后来是写作一本论伯林自由哲学的著作。这些都是工作会见，我四次在牛津逗留期间，伯林都很慷慨地答应接见。我对谈话做了录音，为的是日后可以找到伯林对于我的问题给予的回答。我一再提出这些问题，因为和我对话的这位人士不断地忽略这些问题；所以几个主题不可避免地重复。而且我们讨论了像我写的文章这样有趣的主题，虽然伯林的评论对我的著作具有高度的价值，而且大大地改善了我们讨论过的文章的质量，但是我们不能期待这些谈话特别引人入胜。再说一下，在谈话偶然离开了正题的时候，我就关上录音机。这样做也是出于礼貌，因为伯林不喜欢“那个机器”，在看起来我不大会引用他这些话语的时候，我是没有理由把他的自言自语也录下来的。除此之外，后来还有对于以往讨论的意见的交流。所以，总之，未加编辑的资料，就性质而言，不可能是吸引人的。

把录音听写整理成为可阅读的文本所需要的工作量之大难

[1] 彭布罗克学院研究员，有著作多种，其中之一是《国家与公民社会：黑格尔政治哲学研究》(1984)；比尔·克林顿的顾问。项目正式名称：“牛津大学诸学院接待波兰学者计划”。

以想象。长话短说吧，在记录工作中，我们创造出一整套的“行话”——灵感来自花园的劳作。我们有经过“除草”“间苗”“整枝”的稿子，这是亨利精确定义出来的。凑巧的是，詹姆斯的年少气盛和我的波兰人造反本能都激发了愉快的创造性，发明了稿本的新范畴，这一次和农业有关。我们自由地引用的词组有“春耕”、“播种”、“施肥”和“收割”等版本，当然引起了校对员皱眉。虽然也有说笑游戏的时候，但是整体的经验却和战争期间协同作战颇有些共同之处。如果不是因为亨利以其广泛的专业知识为后盾的高度专业精神，如果不是因为詹姆斯的忠实态度和具有感染力的热情，如果不是因为乔舒亚的鼓励，那么，从一开始，我很可能就放弃了。我的“战友兄弟”坚持要我做出各种决定，所以我要单独对“战役”的结果负责。

我们的铁的纪律是，尽可能保存伯林所说的话的意义。我们只允许自己做出微小的修改，例如用名词替换代名词，把被动语态转换为主动语态，等等。伯林特有的某些很长的句子需要修辞方面的调整。只有在特别的情况下，我们才插进一个缺失的词语或者短语；但是这样的场合是经过深思熟虑和讨论的。这个标准不适用于我自己的言论。从整体上看，我坚持我探索内容的大纲，但是允许自己对其加以修整，有时候还予以发挥。很奇怪的是，经过这么多年，我还依然记得当时我想到的问题，和没有说出的话（因为语言问题、当时的紧张心情，和伯林极 17
为迅速的说话方式）。我也利用了我的旧笔记，所幸，这些笔记保存下来了。对于删减和整理本书各部分，我的态度是完全不同的。在这里，我允许自己享有相当的自由。

谈话的主题涉及的题目范围既不是很广，其中出现的观点的独特性也并非令人惊叹。一位年长的哲学家在和自己思想的一个研究者工作会见的时候，期待他提出革命性的论题，大概可以说不是十分合理的。但是，也有些论题在别处很难找到完备的论述，例如“基本的自由”和多元论—自由主义因果关系。还有两个特别的主题。

在我们起初的系列会见中，我偶然地提及弗里德里希·魏斯曼关于一只长到非自然尺寸的猫的说法。[1] 伯林认识魏斯曼，但是或者忘记了这个例证，或者没有听说过。不管怎么说吧，显然，他觉得这件事有启发性，我相信，这是因为这件事有童话故事的格调。事隔几近二十年之久，我还清晰记得我们这个私有小神话产生时候的情景。那是一个夏日向晚时分，伯林在万灵学院办公室的灯光还没有亮。我们坐在幽暗之中，感觉环境气氛有一点不真实。伯林触摸他绿色的电话，电话总是放在沙发椅扶手上他胳膊肘处，他说：“假如一部电话机突然变成了一只猫。”随即就是关于语言哲学的思考。从此以后，这个童话故事式的转换就常常出现在我们的谈话之中。随着岁月的流逝，绿色电话渐渐不再变化成为猫，但是，说来也奇怪，却选择变化成一只鹅。因为我已经习惯于这童话故事般的气氛，1991 年我在为一家波兰杂志社进行的采访录音时听到以下言论，几乎没有什么惊奇之感：“假如，据一个大家都熟悉的哲学例证——假如一部电话突然变成了一只鹅。”[2]

的确是一个熟悉的范例！但仅仅是对我来说（而且我已经牢

[1] 参见下文第 136 页，注释 1。
[2] 收入本书，题为《我不愿意宇宙太整洁》。

记于心）。描述我们会见气氛的，没有什么比这个魔幻绿色电话的神奇变幻更好的了。我们对这些变化的反复讨论反映出游戏的现状，并被以适当的尊重保存在以后的谈话中。

这些讨论特有的另外一个方面，是我们就我在一种极权主义制度下生活的经验的谈论。下面这些有时候是相当私人性质的谈话，起初我不太愿意展示。但是，最终我还是没有删除，因为我的“战友兄弟”说服了我，认为这些谈话感人至深，坚持
收入。有一次詹姆斯在一封电子邮件里问我，伯林几十年都在牛 18
津大学舒适的安乐椅里度过，却指教我在极权制度下该怎样生活，我是否感到有点扫兴。恰恰相反，他似乎是那些年代里很少见的西方人之一：我和他谈话，他愿意听，而且准备接受沉重的真实描述，无论感觉有多么不舒适。我有幸亲自会晤伯林，意识到他阐释了过去的思想家，例如马基雅维里、穆勒、赫尔德或者赫尔岑的思想，和他同时代人的思想——甚至像我这样的
普通人的思想。他是同情性理解的终极大师。 19

致 谢

构成本书的各种资料以这样或者那样的形式已经存在了二十多年。如果没有许多人和机构的支持与帮助，本书大概不会以这样新颖的形式出现。我极为感激为波兰学者开设的一项奖学金的创始人兹比格涅夫·佩乌琴斯基，该项目得到了乔治·索罗斯的资助，在这一项目的资助下，我于 1986 年和 1995 年两次来到牛津大学。我要感谢英国文化协会、沃尔夫森基金会、人道主义基金和自由基金会帮助我在 1988 年和 1991 年访问牛津大学。我十分感谢牛津大学的三个学院——圣约翰学院、沃尔夫森学院和曼斯菲尔德学院，在数次访问期间，他们慷慨接待了我。我也要感谢纽约州立大学布法罗分校 2004 年对我的善意邀请，使我能够和普罗米修斯图书公司主持人保罗·库尔茨教授在电话中谈话。在阅读了我的一些材料之后，库尔茨教授提议出版这本著作。

我很感激伯林著作托管会允许我收入伯林的书信、采访记录和我与伯林谈话的纪要。我也深深感激约翰·格雷善意允许我收入有他参与的谈话，和推动我完成这一项目的那些鼓励。

我没有能力恰当感谢伯林的编辑者（也是他的文献保管者之一），亨利·哈代。没有他的可贵支持，本书不可能写出。虽然我对谈话的形式单独承担责任，但是如果没有亨利和他的合作者们的帮助，我甚至不太可能梦想到对这些谈话加以整理并且用于出版。亨利帮助我整理了本书的几个部分，特别是

1995 年录音带中最难对付的部分，并且在整理对话工作的各个阶段都给予了专业人士的指导。他也编辑了两篇采访记。在准备定稿的最后阶段，他花费很多时间审读，改正我的英语，引导我注意需要进一步澄清之点。他对整个项目的贡献最大：他给予我的支持超过了我们对于一位责任编辑可能抱有的期望（但他不是编辑），甚至超过对于最亲密朋友的期望。 21

我要感谢埃丝特·约翰逊和塞雷娜·莫尔对录音的听写，感谢珍妮弗·霍尔姆斯对照录音带核对记录下来的资料。我十分感谢詹姆斯·查普尔，他为录音记录花费大量时间，检查全部资料对录音带的忠实程度，给予我很大的编辑援助。

我也十分感谢乔舒亚·切尔尼斯、乔治·克劳德、米洛维特·库宁斯基和扬·沃伦斯基对草稿提出的建议。

我要感谢下列人士，在我整理包括在本书中的采访记录和文章的时候，他们给予了实质上的和语言方面的忠告：约翰·格雷、卡罗琳·科斯梅耶、莱斯利·麦克法兰、凯瑟琳·莫里斯、詹姆斯·里德、肯尼斯·芬彻姆、约翰·穆伊尔、玛丽与盖伊·科赫兰。

我也感谢卡米拉·霍恩比，她是伯林著作托管会的经纪人，善意给予了我法律咨询。我对多年的、值得信赖的友人博仁娜·雅文和芭芭拉·克拉耶夫斯卡表示特别的感谢，她们在颇费时间的技术问题上给予了我慷慨的帮助。

我深切感谢克拉科夫雅盖沃大学法学理论与哲学系的领导，耶日·斯泰尔马赫和托马什·吉兹博特–斯图德尼茨基，他们支持我申请奖学金，欣然给予我假期。

语言不足以表达我对本书主要作者，已故的以赛亚·伯林最深厚的谢意。他改变了我的生活，给我的生活赋予了意义，帮助我渡过了我所经历的艰难时世。我说什么都不足以倾诉我因为能够拜见伯林和与他通信而怀有的感恩之情。本书乃是试图对这一巨大恩惠给予至少一小部分回报。我真诚希望我再现和延长我们未完的对话的大胆决定不会有损于我伟大的恩师。

收入本书的某些资料以前是发表过的。我感谢下面提及的出版物允许我再度发表。我在文本中做出一些微小的改变，删除一些在本书中显得重复的段落。

22 伯林来信选曾作为我的著作《以赛亚·伯林的自由哲学》的附件问世（克拉科夫，“标志”出版社，1998，第168—206页）。1986年2月24日来信中的片段曾以“一封论人性的来信”为题在《纽约书评》发表，2004年9月23日，第26版。

两次采访本来是为不同的波兰刊物做出的。《不要绝望》用波兰语发表在《奥德河》，1994年第6期，第2—17页；《我不愿意宇宙太整洁》发表在《标志》，1994年第10期，第114—121页。二者也收入我的一本采访集《自由主义诸面目：伯林、格雷、卢克斯、拉兹与波兰诺夫斯卡-塞古尔斯卡的对话》，克拉科夫，学术出版社，2003，第17—27，29—39页。《不要绝望》近来以英语原文版发表，题为《霍屯督人与恐惧：和伯林的谈话》，见于《杂谈》，第146—147页，2005年春/夏期，第170—183页。

我的三篇文章以前也发表过：《论伯林自由学说的又一个声音》，见《政治研究》，37（1989），第123—127页，重印于《二十世纪文献评论》，105（2001年5月），第67—70页；《两种自由观：伯林与哈耶克》，见《哲学报告》，13（1989），第

61—72 页；《回忆以赛亚 · 伯林》（题为《伯林：更深刻的真实》），见《牛津杂志》，第八周，1998 年夏季学期，第 6—8 页。《多元论与悲剧》在法学哲学与社会哲学国际联合会（IVR）第 21 届大会上宣读，瑞典，伦德，2003 年 8 月，又被收入《法学哲学与社会哲学档案》的增刊，斯图加特，弗朗茨 · 施泰纳出版社。《价值多元论与自由主义：相互联结还是彼此排斥?》在 IVR 第 22 届大会上宣读，西班牙，格拉纳达，2005 年 5 月。 23

回忆以赛亚·伯林

11 月一个夜晚，我在牛津大学的一个朋友给我打电话，告诉我以赛亚·伯林逝世的消息，我是将信将疑的。次日上午，波兰报纸都刊登了这一条悲哀的消息。看到宣布“本世纪巨人之一”[1] 去世的大标题之时，不由得想到，我幸运得出奇，竟能够和以赛亚·伯林爵士通信多年，获得奖学金在牛津逗留期间，会见过他多次。我也思考了官方讣告的特点，这讣告几乎没有解释出关于这位逝者的最深刻的真实情况。虽然我充分认识到了以赛亚·伯林爵士成就的智慧范围，但是我更会怀念他是我所见过的最慷慨和最热心的人士之一。请想象，“本世纪精神巨人”对一个素昧平生的波兰研究生（在一封六页长的书信末尾）写出下面的话：

> 我要说，我十分感谢您，因为您认真对待我的著作，给我写了这样的信。我很愿意和您谈这些事，我相信这对我很有用，对您或许也有一点用处吧。因此，我随本信寄一个附件[2]，解释也许您可以前来牛津大学，逗留一个月或者更长的时间，这样我就可以“自由地”（在消极意义上）和您随时谈谈，

[1] 莱谢克·柯拉柯夫斯基用语：参见《本世纪巨人之一》，《选举报》，1997 年 11 月 7 日。
[2] 没有收入本书。

您也能够会见其他的哲学家，他们可能令您更感兴趣，对您更有益处。[1]

25 我只需向当时访问波兰的兹比格涅夫·佩乌琴斯基博士展示这封信，就可以按照牛津学院接待计划，得允到圣约翰学院逗留两个月。在万灵学院的第一次会见，我至今记忆犹新。我怎么能够预计到会有二十多个人呢？我对门房介绍我自己（声音都颤抖了），他打了一个很短的电话，告诉我等着。很快，一位老先生，身穿棕色的三件套正装，头戴一顶棕色的帽子，专程到门房来迎接我。我不停地看这张在书籍封面见过，因而熟悉的脸，突然觉得这完全不是真实的。他和我打招呼，好像认识我多年了，连续提出很多问题。我几乎来不及一一回答。我和他上楼，很大的黑颜色名字出现在我这位主人的门上，“以赛亚·伯林”，让我觉得更不真实了。

紧接着出现的事超出了我最高的期望。我曾寄给以赛亚爵士我的第一篇文章[2]，是我到牛津以前两年在波兰发表的。这个选印篇，应该是一件永远不会派上用场的礼物。而我在主人手里看到的却是这篇文章的英语译文，这令我十分吃惊。我蓦地想到，以赛亚爵士，也像我一样，为了这第一次会见，是作了准备的。我吃惊得说不出话来。这么多年之后，我依然觉得难以写出下面的事。以赛亚爵士，真是一位领会心灵的大师，立

[1] 1986 年 2 月 24 日信，参见下文第 43 页。
[2] 贝阿塔·波兰诺夫斯卡–塞古尔斯卡：《以赛亚·伯林对积极自由概念的批判》，《政治科学研究》，3（1984），第 49—65 页。

即破解了我的精神状态。“你为什么说不出话来啊？”他问道。“关于我的自由概念，这是我阅读过的最具智慧的文章！”他说的话与其说是提及我一篇平庸文章的价值，不如说是他为表扬我而显出的慷慨。我在那一刻并没有自欺欺人地认为他说这话是认真的，但是我听到的这个“见解”，在那次会见和以后的会见中，帮助我找到自己的表达意愿。这是当代知识分子之中最伟大者之一，以其特有的细腻感觉，尽其可能地创造一种印象，好像他是在和一位平等的同事谈话——我写出这几个字的时候都觉得可笑。

我终于能够向伯林提出在我阅读他著作的时候令我苦恼的几百个问题。我第一次在牛津逗留期间的谈话主要涉及我提出的问题。遵从牛津的好习惯，我努力在每次会见之前准备好文章。我在圣约翰学院的同伴都很惊奇——伯林教授实在太严格了！但是，写文章是我自己的想法。我构思这些文章，是把这样的做法当作驾驭与我对话的教授难以置信的活
跃思想的一种办法：要把他闪电般语速道出的独白导向我认 26
为对我当时正在写作的博士论文至关重要的主题。过了两年，在我博士论文答辩之后，我有机会在万灵学院得到更多次的会见。在我第二次在牛津逗留期间，我不再用我的文章来麻烦以赛亚爵士,我只是聆听。我们以往谈话的线索还不断地重现。这是难以置信的：伯林还记得我两年以前提出过的问题。

有时候，我们的谈话向完全没有预计到的方向发展。有一次，我随意承认，在沃尔夫森图书馆度过一个不眠之夜，贪婪阅读纳博科夫的《洛丽塔》。更糟糕的是，我坐在挂在后墙上

的以赛亚爵士一张大肖像的视野范围之内。“我们世纪的巨人之一”对我摆动手指，接着花费两个小时谈论他对俄国文学的着迷——谈屠格涅夫、赫尔岑、阿赫马托娃、帕斯捷尔纳克。另外一次，我得到家里的消息说我父亲病重，十分担心。以赛亚爵士表现了深刻的理解和细腻的情感。他告诉我，他在美国逗留期间也有过同样的经验——也是因为父亲病重。于是我们谈论死亡，谈了一个多小时。我记得他引证古代的论据：只要我在，就没有死亡；如果有死亡，就没有我。他告诉我，他不惧怕自己的死亡。我听到的某些内容，我将会只保留给我自己。我记得最清晰的思考，大概是其言说者永远不会同意发表的。

在我的回忆中，谈话的片段、有意义的话语、有价值的思考和滑稽的情节混合在一起，这些情节我也是同样细致地保存在记忆之中了。我们在万灵学院会见之后，伯林的司机一般都把他接回家去。他常常送我回到沃尔夫森学院，不是顺路。这样的善意让我感到不安。我婉拒道：“我可以乘公交车。”“我也可以乘公交车。”伯林爵士会这样回答说，眨一下眼睛，但是十分严肃。

他总是坚持要我对待他不要太正式。我觉得克服我的保守习惯很难。例如，我从来不敢给他打电话，所以在第一次获奖学金访问期间和以后各次期间，我都写信。伯林爵士开玩笑似的评论我的这个禁忌：“我很高兴你在这儿，想要告诉你，你不给我打电话，我认为是荒唐的！不过呀，如果你一定不打，我也只能接受——无可奈何，是吧？”

我一共四次访问牛津。伯林爵士总是愿意和我分享他宝贵的时间。我和他最后一次会见是在海丁顿楼，在1995年5月底。在一辆雨中行驶的出租车里，我和他继续展开我们未完的谈话。伯林爵士是去赴除夕一个招待会，但是依然按照他的 27
习惯，先把我送到圣约翰学院。我们正在谈论马克斯·韦伯及他在责任伦理学和良知伦理学之间做出的著名的区分。突然间，一种熟悉的完全非现实的感觉攫获了我。“我在这儿干什么呢?”我想。一辆标准的英国出租汽车、典型的英国天气、马克斯·韦伯，和这位伟大的知识分子，我竟完全不合常理地把他视为一位亲近的人。我突然听见他说：“这都是真实的，真实地进展的。我和你还会见面的。有一天，你会回来的。”但是当时是在告别。

余下的是通信。第一封信是在1983年5月3日写的，最后一封是在1997年7月17日写的。诸多慷慨、温暖和个人的关怀，很难引用某些片段而不感到羞涩。例如，伯林爵士在1989年5月20日和1990年5月29日的信中提及我先后在《政治研究》和《哲学报告》中发表的文章：

亲爱的贝阿塔，

收到了你的文章，十分高兴，谢谢你为保卫我而抵御所有那些可怕的人。[……] 我担心，因为年龄快到八十（十分感谢你的祝贺，我深受感动），我怀疑我还会不会变成一个共产主义社会的成员。我认为我不是一个孤立的岛屿，但是我想，群岛中的关系比细小有机物拥挤在一起的珊瑚礁更具人性，在道德上和政治上都更令人向往。[……]

向你和你的小女儿致以最好的祝愿，对于她将生活于其中

> 的那个世界，我完全看不清楚。[……] [1]

> 亲爱的贝阿塔（可以这样称呼吗？），
>
> 我从克劳德·加利波那里收到你的文章、你的礼品，尤其是你的书信，你想象不出来我是多么高兴。阅读你的文章，我感到愉快和骄傲，[……] 你的书信感人至深，直达我的心灵。如果你觉得还想要给我写信，就请写吧——我愿意告诉你，你的来信对我意义重大，也许超过我的信对于你的意义。鉴于我年事见长，你知道，快八十一岁了，所以请不要拖延太久——你觉得有什么话要对我说，只管写来就是。我收到来信会很高兴，肯定会回信的。[2]

就我所记忆的情况看，这第二封信是对我关于当时波兰转型过程描述的答复。这些问题令伯林爵士深感兴趣，所以他常常提及：

> 28 [让] 我告诉你，我对近期这些事件的预见并不比其他人预计得成功：无论戈尔巴乔夫在苏联会遇到什么事，毫无疑问在波兰、捷克斯洛伐克，甚至罗马尼亚，都应该为他竖起塑像——因为如果没有他，在我看来，旧制度的解体是不会这么迅速的。我十分理解你说的话的含义，你说：你和其他人感到“太疲惫”，不能歌颂这一形势的成果，

[1] 1989 年 5 月 20 日信，参见下文第 66 页。
[2] 1990 年 5 月 29 日信，参见下文第 69 页。

形势虽然必定受到欢迎，但也带有很多危险和不足之处。[1]

1990 年代早期的波兰为从事社会研究的人提供了某种完备的实验场地。某些发展情况给长期的理论讨论注入了新的生命。全新的现象之一是广告突如其来的侵入，多半是在电视节目中。在共产党治下的波兰，广告几乎不为人知，因为商品持续匮乏。令我考虑说服技巧对于个人自由的影响的，是我五岁半的女儿在波兰看到关于洗衣粉的最初的专业广告时候的反应。这可怜的孩子真正是乞求我购买广告中的商品，同时，虽然她茫然不知自己行为的因果关系，却努力分析突如其来的欲望。“我不知道我为什么想要这个洗衣粉，我只知道我很需要这个洗衣粉，必须买到。”她常常说。我立即把我在家里必须对付的这个纯粹的人造欲望和查尔斯·泰勒针对《两种自由概念》的辩论，和其他作者的思考联系起来——主要是 S.I. 本和 W.L. 温斯坦的思考。我不由得和伯林爵士谈论我的观感与思想；他的回复代表了他的风格——看起来轻松、打趣，但是很有分量，对于理解他的自由理论很重要：“我觉得你女儿有天生的特殊敏感和想象力，对此我不感到惊奇——我们被告知，基因是重要的，你女儿显然继承了优秀的基因。你给了她那个洗衣粉，很好——人的想象力一旦固着在某一种东西上，像你那样做去增加人的愉快感是正确的。”[2]

在 1997 年，我和伯林爵士的书信往来变得更为频繁。我

[1] 1990 年 5 月 29 日信，参见下文第 69 页。
[2] 同上。

正在紧张地写作论伯林自由学说的著作，我遇到了几个疑点。他在 1997 年 4 月 19 日的信中对我的阐释给予宝贵的回复，令我欣喜，却也令我有点困惑。其中一段是：“如果你还有问题，请写信告诉我。你的信给了我很大的激励——我想，我以前从来
29 没有这样清晰地表达过我的思想，所以，如果你愿意，就请再写信来。我充分理解你提出的问题的重要性。”[1]

问题涉及的是伦理多元论与自由主义之间的相互关系。问题原来是约翰·格雷提出来的——我尝试对格雷的反对意见做出回答。

这封信打字的部分到此结束，下面的三分之二页是手写的文字，很遗憾，我绝对解读不出来。我所能破解的只有两个词，是勉强可识别的签名，这个签名弯曲的笔迹一直延长到了这一页的上部。亨利·哈代是伯林著作的编辑，十分善意，给我寄来了这个便笺的打字文本。

我没有来得及把我的书递交给伯林爵士。牛津方面给我打电话的时候，我正在编写注释。几个星期以后，我收到了哈代博士的感人便笺：

亲爱的贝阿塔，

我相信，惊悉伯林去世，你和我一样感到凄凉，难以忍受。我心里想，你或许愿意知道，他 7 月 17 日写给你的信是他最后一封严肃的学术信件。五天以后，最后的疾病
30 来临，他再也不能处理这种水平的书信。

[1] 1997 年 4 月 19 日信，参见下文第 93 页。

通　信

1983—1997

HEADINGTON HOUSE
OLD HIGH STREET, HEADINGTON
OXFORD OX3 9HU
TEL. OXFORD (0865) 61005

10 May 1995

Dear Beata,

I am delighted you are here, and wish to inform you that I think it absurd that you do not telephone me! Still, if you would rather not I shall accept that - what else can I do? If you would like to come and see me - I should like that very much - why don't you come and have tea with me here in Headington at about 4.30 on Wednesday 17th May. If this is all right, no need to answer - if not, do overcome your reservations and telephone me.

Yours,

Isaiah Berlin

亲爱的贝阿塔：

我很高兴你在这儿，想要告诉你，你不给我打电话，我认为是荒唐的！不过呀，如果你一定不打，我也只能接受——无可奈何，是吧？如果你愿意来看我——非常欢迎你来——请到这儿来一起喝茶，海丁顿楼，星期三，下午4:30。如果可以，就不必回信；不然就克服你保守的积习，打电话来吧。

你的，

以赛亚·伯林

下面这一章是伯林写给我的大部分信件和从我给他的信件中选出的一部分。[1] 在挑选我自己的信件时，我使用的标准是，在为伯林的答复提供某种语境方面，我的信是否必不可少。而且，来自牛津的邮件我都是细心保存的，而对我自己的邮件却不太在意，我的一些信件显然丢失了。如果通信涉及个人的或者纯粹技术性质的事（例如我的奖学金或者著做出版事宜），我都决定删除，标出删节号[……]。此外，除了有意地略去一些短暂性的话题（双方都有）之外，还有一些空白，这或者是因为伯林没有回复我的信件，或者是因为我遗失了我自己的信件。

以赛亚爵士给我的信不是他手写的，他总是对他的秘书帕特·尤特钦口述。所以这些信都应被当作口头言论而不是书面文章阅读。这些书信都包含有自发性的言论所特有的重复和含混之处。也有显示出我这方面和我的对话者方面的误解之处，这样的实例，我都已经加注。习惯于伯林细腻优雅风格的读者，对此也许会感到失望吧。

我愿意肯定地说，对于发表这些书信，伯林也许不会感到热心。在他于 1997 年 7 月 17 日（距离他逝世不到四个月）写给我的最后一封信里，他这样说："我老了。我的思想常常十分混乱，所以我没有把握确信对于我自己的见解感到十分明确，就像我在出版的著作里显现的那样。"

无疑他是要求严格的。这些书信有其弱点；对于其中的某些弱点，我要承担责任。但是，这里也有珍宝。而且，没有更多的
33 书信了……

[1] 伯林的信件按原样印出，只是哈代按照他制定的编辑伯林信件的方针做出一些略微的修改。我自己的书信则大体原样印出，但是在必要之处，做出一些语言上的纠正。

克拉科夫
1983 年 4 月 11 日

尊敬的伯林教授[1]，

冒昧给您写信，请求得到您的指教。

我是波兰克拉科夫市雅盖沃大学的一名讲师。我正在写作博士论文，评论您的自由学说。我的兴趣主要涉及您对自由的积极概念的宏伟批判。我使用您的《自由四论》中的《两种自由概念》（伦敦：牛津大学出版社，1969）和这一版本的导言。

因为您的自由观点是在很长时间以前表述的，所以对我来说十分重要的是要探索这些观点在多年过程中是否发生了变化。在这方面，您可能给予的帮助，对我都将是莫大的恩惠。在我国，获取您的任何一部著作都遇到了许多困难，因为您的任何一部著作都还没有被翻译成波兰语。只有一篇对您的自由学说的分析文章，十分简短，而且我觉得也不完整。

在波兰，我的论文大概是对于这一主题的第一篇研讨文章。因为我没有可资利用的文献，所以如果我能够得知您觉得自己接近哪些思想家、我应该阅读什么著作才能更好地理解您的思想，这对我具有很大的价值。

我深知我的请求带来诸多麻烦，但是若得您回复，定将感激不尽。

您真诚的，

贝阿塔·波兰诺夫斯卡–塞古尔斯卡 34

[1] 伯林的教授职务在 1967 年结束，所以称他“教授”，严格地说是不正确的。我这样做，是出于无知。

1983年5月3日

尊敬的波兰诺夫斯卡-塞古尔斯卡女士，

谢谢您的来信。但愿我能够告诉您我的观点发生了什么变化。自从我在《自由四论》的序言里讨论了争议之后，我还没有意识到什么显著的变化。但是可以从我准备邮寄给您的其他出版物中收集信息。今年秋天，我想，《政治研究》杂志的一期将会刊登一个美国青年人对我的观点的批判以及我的回
35 答——我已经请求该杂志主编在刊物出版时给您寄去一本。

您真诚的，

以赛亚·伯林

克拉科夫
1983 年 6 月 24 日

尊敬的伯林教授，

十分感谢您的来信。谢谢您给予我的慷慨关照。

您惠寄书籍给我，言语难以表达我对您的感激。我以前浏览过这些书籍，但是只有华沙的一所图书馆[1]收藏。如果自己家里有这些书籍，感觉当然是大不相同的。也感谢您为我得到一本即将出版的《政治研究》而做出的安排。

我希望这些书籍和文章能够帮助我完成因为选择论文的这一主题而承担的重大责任。[……]

您真诚的，

贝阿塔·波兰诺夫斯卡-塞古尔斯卡 36

[1] 奇异的是，是在波兰统一工人党中央委员会附设的社会科学高校。收藏的图书有《卡尔·马克思》、《自由四论》、《俄国思想家》、《概念与范畴》和《反潮流》。

克拉科夫
1986 年 1 月 21 日

尊敬的伯林教授，

相隔这么长的时间才又给您写信，请谅。在此期间，我的女儿出生，论文的工作顺延。

近来，我在书写下面的几章，遇到了重大的困难。其中之一就是，阐释您对通往自由之路上的某一种障碍的理解。在《两种自由概念》的开端，您将其定义为对自由的某种外部侵犯，[1] 但是后来您写到了“迷恋、恐惧、神经症、非理性的力量”，[2] 似乎这一切也构成了障碍。在《自由立于希望与恐惧》中，您公开地确认“外在的”与“内在的”障碍 [3] 的存在。在这两种理解之中，我应该根据哪一种来解释您的消极自由的概念呢？

我其他的重大问题之一是在重建您的人性观点见解时的困难。在《穆勒与生活的目的》一文中，看来您是同意穆勒的观点，亦即：对于“一种基本的可知的人性”、一种“变换的外貌下面之不变的实质”的信赖是错误的。[4] 但是在《自由四论》的导言中，您写道“人被赋予一切人共有的核心的需要和

[1] “强制意味着在我可以以别的方式行事的领域，存在着别人的故意干涉。”《两种自由概念》，参见《自由论》，亨利·哈代编辑（牛津大学出版社，2002），第 169 页（参照文字来源于最近版本的伯林著述）。

[2] 同上，第 204 页。

[3] 以赛亚·伯林，《自由立于希望与恐惧》，参见《自由论》，第 270 页。

[4] 以赛亚·伯林，《穆勒与生活的目的》，参见《自由论》，第 233—234 页。

目的［……］”。[1] 在《两种自由概念》中，当然是在特别的语境之中，您偶尔地把下面的语句和评论与您思考的主要线索交织起来：“‘贬抑或者否定我们的本性’”；[2]“如果一个人不屈服于他对自己的目标不能进行选择的生活，就以迫害来威胁他，这是针对他乃是一个人这一真实情况的犯罪”；[3]“这些规则或者诫命［……］深深地扎根于人的真实本性”；[4]“我们的价值 37
观［……］是和我们对人、对人的本性之基本需要的理解密切联系在一起的”。[5] 这些暗示是否旨在表明您的立足点有别于穆勒？或者，更有可能的是，我对您的思想的理解完全是混乱的呢？

这一状况对我具有最大的意义。我遵从了您的提示：我们的价值观取决于我们关于人的概念，而且我在尝试通过关于人的哲学来接近关于自由的两个概念的争论。我特别考虑了关于人的两个主要的哲学概念，亦即，实质主义与行动主义概念，和两种自由概念之间的相互关系。我觉得，这四个结构之一，亦即，消极的实质主义的结构，为尊重个人的自由提供了最好的保护。我很愿意得知，您认为这样对待个人自由问题是否明智。我还有很多其他的问题，在一封信里难以一一论及。

我猜想，在这些问题上，您是唯一能够帮助我的人士。我

[1] 以赛亚·伯林，《自由四论》导言，参见《自由论》，第 54 页。
[2] 伯林，《两种自由概念》，参见《自由论》，第 173 页，此处援引了邦雅曼·贡斯当的《政治原理》第一章：邦雅曼·贡斯当的《政治论文选》，马塞尔·戈谢编（巴黎：Gallimard，1997），第 318 页，参照下文第 246 页。
[3] 伯林，《两种自由概念》，参见《自由论》，第 174—175 页。
[4] 同上，第 210 页。
[5] 同上，第 215 页。

的第一位导师，索波莱夫斯基教授培育了我对您的思想的兴趣，但是他在两年前死于癌症。现在我几乎只能依靠我自己的领悟，但是我不能完全信赖我的领悟。我担心，我对您的概念的阐释不完备，因而我的各种理念可能是完全没有意义的。[……]

您诚挚的，

贝阿塔·波兰诺夫斯卡-塞古尔斯卡

附言：冒昧随信附寄我关于您的自由学说的论文。虽然给您寄去一篇用波兰语写作的文章很可能没有多大的意义，但是我想要向您确认，您的思想在波兰正在变得为人所
38 知。[……]

1986年2月24日

尊敬的波兰诺夫斯卡-塞古尔斯卡女士，

十分感谢您非常有意思的信，我读得很愉快很专心，可是事后忘记放在哪里了。虽然我想我记住了信的内容，因为读了两次，但是很可能我不会给您提出的任何一个问题提供准确的答案——不过呢，我会尽力的。如果我能够及时找回您的来信，我就相应地修改这封信吧。

首先，让我来谈谈"人性"这个难题。我是否相信某种固定的和不可替代的人性呢——您正确地引用我的话说我不相信，然后又正确地引用我的话，亦即这是人际交流的基础。那么，我相信什么呢？我希望我能够极为准确地回答这个问题，但是似乎问题本身不会允许我这样做。我想，我相信的就是，有很多思想家，主要是自然法的信徒，提出：无论是上帝还是自然创造的，人都被赋予关于某些真实的内在的知识——有些是"事实的"，有些是规范的——这些事实因人而异：这些人是亚里士多德、斯多葛派、塞维利亚的伊西多尔、格拉提安、格劳秀斯等等，但是大部分都包括了上帝的存在，关于善与恶、正确与错误的知识，说出事实、偿还债务、恪守诺言（pacta sunt servanda）的义务，《圣经》十诫的一部分或者全部，等等。我不知道是谁首先提出质问的——我猜想是伊壁鸠鲁或者卢克莱修——但是，在现代，对此发出主要攻击的是像维柯、赫尔德和马克思（事实上，是黑格尔及其追随者）这样的学者，当然，还有经验主义者，不是洛克，而是休谟及其追随者。他们认为，无论这些自然法的地位如何，原始人也没有关于自然法的知识，甚或意识，而其进入意识状态，或者形成了信赖或确认的对象，是在进化的过程之中，或是在物质环境的变化和文化的成长（无论有什么因素加入）的影响下。这个情况带来的结果是，人经历道德的或者形而上的成长和发展过程；这一点之有效，一如经验的知识乃是一种进行的过程，无论我们信不信它是越来越朝着某种完美（可能永远也达不到）的渐进的发展——这是积累性质的，但是不具有可以鉴别出来的结构或者目的论的趋向。

这正是维柯和马克思所相信的——也就是说他们相信：所谓的人性，在不同的文化里，或者甚至在各种文化内部，都有所不同，都有区别——在人对自然的反应、彼此的反应之变易过程中，各种因素都起作用；因此，以为在所有的时代、所有
39 的地方，所有的人都被赋予关于普遍的、永恒的、不可替代之真理的实在知识或者潜在知识，此种理念简直就是错误的（无论这样的真理是否存在，不过这类人大部分不相信其存在）。对于这样一种先验的知识和这样不可代替之真理的信赖，构成了欧洲核心传统，从柏拉图和斯多葛派，经过中世纪，也许还有启蒙时期——直到当代。但是，如果维柯和马克思等是正确的（我相信他们是正确的），这并不是一个有效力的概念：人与人不同，他们的价值观不同，他们对世界的理解不同；对于这些不同何以产生做出某种历史的或者人类学的解释，在原则上是可能的，虽然这解释本身在某种程度上反映出研究这一主题的学者所属的某一特定文化的特定概念和范畴。

我不认为这会导致任何种类的相对主义；实际上，我写过

一篇论文论述所谓的十八世纪相对主义，随信寄去副本。[1] 但是，即使没有这一意义上的人性 [2]——例如，卢梭相信，如果你除去（像他想到的那样）由社会和文明造成的全部的增量、全部的修饰、腐化、歪曲等等——就会发现一个基本的自然的人，例如红肤色印第安人；这些人没有让自己本性被欧洲文化歪曲的不幸经历。这样的立场遭到一些人，例如埃德蒙·柏克的攻击，柏克说，存在着自然的人（他认为，法国革命家谈到了他们，而且要恢复他们的权利）这一观念是错误的，根本不存在这样的造物；卢梭认为，人文艺术是一种比较迟到的和也许是灾难性的发展后果，而柏克说，这乃是“人性的组成部分”；如果你剥夺了强加给这纯洁的、自然的人身上的全部人造的信仰、习惯、价值观、生活和行为的各种方式，也就没有了作为中心的、纯洁的、自然的人了。我否定某种规定的人性，其意义就在于此：我不相信所有人在相关的多方面都有同样的“内里”，亦即，我相信，多样性是人的生存的一部分。事实上（虽然这一点不大相关）这是一个有价值的属性，尽管这是后来出现很迟的理念，在十八世纪以前大概不太会遇到。

那么，我说人有某种共同的人性，是什么意思呢？嗯，我认为，如果在人的概念中存在某种意义，则人与人之间必定存在共同的基础。我认为，的确可以说是存在某些基本的需要，例如食物、住处、安全，还有，如果接受赫尔德的理论，人还 40

[1]《所谓的十八世纪相对主义评论》，《英国十八世纪研究杂志》，3（1980）；重印时题为《所谓的十八世纪欧洲思想界的相对主义》，参见伯林《扭曲的人性之材：思想史各章》，亨利·哈代编辑（伦敦：John Murray，1990）。
[2] 这句话（的含义）直到下一段才明朗。

需要有对于自己同类的归属感——凡是有资格被描述成为人的任何人都被认为具有。这些只是最基本的特性，我们也许还可以追加对于某种最低程度的自由的需求，对追求幸福的机会或者实现自我表达潜力的需求，对创造（无论多么低微）、爱情、崇拜（宗教思想家一致坚持的）、交流的需求，对也许是以高度象征主义的和神话的形式来设计和描写自己、自己与环境——他们生活于其中的自然和人类环境之关系的需求。如果没有这一切，则人与人之间的交流，甚至在一个社会中都会是不可能的，遑论对于在其他时代和文化中的人想要交流之内容的理解。我相信永恒可能的变化、修正、多样性，却不能断言有某种中央的核心是得到修正或者变化的——在全部这些为实现交流而正在经历各种变迁的不同个人和群组之间，一定存在足够的共同之点。要表明这一点，可以几乎机械地列举各种基本需求——因为这个理由而堪称“基本的”——而这些需要的各种形式和多样性是属于不同的人、文化、社会的，等等。

对食物的需求是普遍的，但是我满足需要的方式、我渴求的特殊的食物，我获得这些食物的步骤，是各种各样的；所有其他的基本需求也是这样，我的神话、形而上学、宗教、语言、手势很可能变化幅度很大，但是并非如此的是这样一个事实：这些都是尝试设法要向我自己解释、要让我自己明了一个谜一般的、可能不友善的环境，或者，世界。维特根斯坦有一次解释了“家族面貌”[1]的概念——在列祖列宗的肖像中，脸A像脸B，脸B像脸C，脸C像脸D，依此类推，但是没有

[1] 一般称呼为“家族相似”。

一张中心的脸“代表家族的脸”，而上述的脸都有这张脸的可以认同的特征；可是，在我说“代表家族的脸”的时候，并不是没有意义的，我的意思恰恰就是，在各个方面，A 像 B，B 像 C，依此类推，而且构成了一种延续、一个系列，这个系列能够归属于 X 家族，而不是 Y 家族。在各种文化、社会、群组方面的各种性质方面，也是这样的。

这就是我的意思，没有某种固定的，却有某种共同的人性：没有后者，就不可能谈论人，或者，谈论交流，而全部的思想都是取决于交流的——不仅思想，还有情感、想象力、
行动。不知道我表达清楚了没有，但是，我想，这就是我的 41
信念。这可能的确是混乱的，或者可以批评的，如果您想要提出批评，就一如既往，请随意批评。我只会感激，我并不认为我的任何思想正确到不会或早或迟被发现错谬——虽然我希望不会。

您又问我关于消极自由的事：为什么我一方面将其定义为缺乏外在的障碍，而另外一方面又突然谈论内在的障碍、动机、精神病就是自由行动的障碍呢？原因在于，我确信在我的著述中没有表述清楚（您已经非常有理地指出了这点），在论《两种自由概念》的讲演中，我关注的是政治自由；而政治自由的基本意义，在我看来，恰恰就是没有人为的障碍，而为此斗争就是铲除这些障碍的斗争。批评我的人说，这基本上是一种三合一的关系，亦即，想要自由就是想要铲除障碍 X，以便能够完成行动 Y，而不是简单地铲除 X——我是不同意的。戴着镣铐的人想要除去镣铐——除去之后他要做什么，一旦除去之后他立即做什么，是另外一回事。他要除去镣铐的动机

是除去妨碍他自由行动的镣铐，在我看来这是完全合情合理的。政治自由指的是铲除其他人故意或者非故意、直接或者间接制造的障碍，而非自然制造的障碍。比如这样的一个事实：我不能买某种昂贵的酒，因为我没有买这种酒的钱；在一般的习惯用法中，这不是缺乏政治自由，因为没有人会阻止我买这种酒，没有人禁止我，没有不准购买的法律，如果我一定要买，也不会面临威胁。但是，如果社会主义者们是对的，则这就是对自由的真实的剥夺，因为我没钱的状况是人为的制度导致的，无论这样的制度是故意造成的，或者是“历史的力量”造成的。这一制度把我放置在穷人之中，给予富人以控制我的权力，这实际上是对于我的自由行动构成了一种可以消除的障碍——因而，在我的感觉上是缺少自由，在消极的意义上，因为是其他的人在阻拦我；是一种政治意义上的非自由，因为在政治上缺少自由就是死人或者活人的、被活人保存下来的行动把我和这一自由阻隔开来。但是，还有思想家，希伯来和基督教的，如耶稣说：“你们必晓得真理，真理必叫你们得以自由。”[1] 我认为，他说这话的意思是，关于上帝的知识使人免除了偶像崇拜的错误——还有斯宾诺莎、康德、弗洛伊德等等，对
42 于这些思想家来说，自由是道德的和精神的自由，这一自由被人头脑中的幻想或者错误观念，或者生物学的或生理学的因素阻隔。这当然深深地进入了对于我所说的积极自由的讨论；凭借这样的自由，斯多葛贤哲一旦学会了忽略、不理会痛苦、贫穷、压迫等等，就是自由的，就达到了内在的自由，像佛教

[1]《约翰福音》8：32。

徒那样，或者殉道者，他们的思想，或者他们对上帝的爱和对“精神是重要的”全神专注，把他们从可能搅扰或者压迫或者挫伤他人的一切当中“解放出来”。但是，这个理念无论有什么效力——“自由”这个词语肯定是一直这样使用的，并显然具有重大的意义（我想，您和我都不会否认这一点的），问题是，这不是政治自由。政治自由涉及强迫他人的人，无论是在躯体上还是社会方面、政治方面，通过各种机构、法律等等。

我猜想，您愿意相信（在这里，我想不起来您在信里说了什么）存在着如果不是“自然的”，也是某种基本的人权，所有的人，作为人，都有权享有，而剥夺这种权利就是丧失自由的基本含义。我想，我也是相信这一点的。我唯一的困难是我想没有人能够列出这些权利的清单。说这样的话，对我来说就是表示，只有在这些权利得到合理的保护的情况下，人的最低限度的生存才能够成立，而减少这些权利则导致非人化，而消除人权造成的实际后果就是降低到动物的处境、疯狂、死亡。我也相信这一点的全部——我说，人可以为所欲为而不受干涉，是有一定的范围的，就是这个意思。但是，这个范围是什么，其维度如何，尽管存在着人之所以为人的共同特征，但这个范围也许是随着这些人在不同的文化、环境、条件中形成的特性而不同的。但是，必定有某种共同的人性贯穿他们，就像我已经举出的维特根斯坦的“家族面貌”的例证那样。这个解释模糊吗？含糊吗？不令人满意吗？如果是这样，请告诉我——我估计是这样的。

我要说，我十分感谢您，因为您认真对待我的著作，给我写了这样的信。我很愿意和您谈这些事，我相信这对我很有用，对您或许也有一点用处吧。因此，我随本信寄一个附件，解释也许您可以前来牛津大学，逗留一个月或者更长的时间，这样我就可以“自由地”（在消极意义上）和您随时谈谈，您也能够会见其他的哲学家，他们可能令您更感兴趣，对您更有益处。

您真挚的，

以赛亚·伯林

43 附记：我想，我已经回忆起来您在信里提及的其他的事，这就是，关于人的两种主要的哲学概念。您说得很对，我认为，我们的价值观取决于我们的人性概念（我的确相信，伦理的、政治的和每种其他规范性思想的基础都是我们关于人性的见解，亦即，某种通常不太是经验主义的关于人的概念）。我不十分清楚的是“实质主义”和“行动主义”之间的区别何在。前者是否指的是某种没有变化的基础，卢梭的“自然人”呢？后者是否指，人应该被设想为一个系列或者类型的活动和这种活动的意向（“意向”这个词本身是十足地模糊）？我不确定我是否完全理解了这个区别——但是关于自己或者人性的观念，即使在现代哲学里也是最令人困惑的问题之一，更不用说在柏拉图和亚里士多德、休谟和康德，和“我思故我在”的主体那里。人性是一种混合物吗？感觉、记忆、想象、情绪的混合物，以某种方式和物理的、生物的、生理的特征结合在一起（或者，按照某些思想家的看法，实际上与之相同）？或者我们以“自己”指某种不同的东西，某物、某种实体，蕴育于现实之中，在时间上是延续的，具有各不相同的特性，但是拥有某种不变“内在的”组成成分？我不想多谈这一点，至少在这封信里；但是如果你到牛津来，我们可以谈谈这个和其他的话题，有足够的时间供我们使用。

我希望我谈到了你书信全文的全部要点——但是也许我没
有做到。 44

克拉科夫
1986 年 4 月 10 日

尊敬的伯林教授，

语言不足以表达我对于您来信的感激之情。我没有预期您对待我如此认真，写出整整一篇大文为我所用。我比以往更加深感必须竭尽全力研究您的思想。

请原谅复信拖延过久。我得知兹比格涅夫·佩乌琴斯基在复活节期间到克拉科夫访问，他负责奖学金全部事务。我和他约谈，见面两次，他对我极为友善。我想这是因为有了您的来信，我请他看了您的来信。因为有一位学者得到奖学金却又放弃，所以佩乌琴斯基博士接受我的申请——在牛津逗留两个月，即 1986 年 7 月和 8 月。如果在我们大学办事顺利（申请护照手续复杂），我将有幸在今夏访问英国。我希望在我逗留期间，您能够给予我一点宝贵的时间。

十分感谢您的指导和关怀；如果没有您的这些帮助，我大概是不能够得到这一奖学金的。实际上，我从来没有当真考虑过这样的好运，我当面就教于您、向您提问，本来不过是一个梦想。虽然我会感到十分羞涩，但是我希望我对于您的思想的浓厚兴趣能够帮助我表达我的思考。

您在信中给予我的解释对于我的研究工作十分珍贵。我高兴地发现，您的解释确认了我的某些直觉。在书信末尾，您回答了我最后的一个问题，请允许我对这个问题稍做解释。关于人的实质主义与行动主义概念之间的区分的知识，我得自教皇学院约瑟夫·蒂施纳教授，我听过他多次讲课。关于人的哲学中的“实质主义”方向，他认为，是指从亚里士多德和圣托马斯·阿奎那起源的全部的传统，其代表性的格言是“行动跟随存在”（agree sequitur esse）；而“行动主义”这一概念，是由莱布尼茨、黑格尔、尼采、海德格尔以及所有的存在主义者们提出的，其格言是“存在跟随行动”。

依靠我自己十分有限的见地，是解决不了这个对我说来肯
定是十分繁复的问题的。我已经尝试把我从关于人的哲学之讲 45
演中获得的知识，和我从《两种自由概念》中获得的知识加以对比。我担心我的思想可能是毫无意义的。但是希望我能够在牛津向您请教。

我期待拜会您。事情安排好之后，我再冒昧写信给您。

您诚挚的，

贝阿塔·波兰诺夫斯卡-塞古尔斯卡 46

1986年4月19日

尊敬的波兰诺夫斯卡-塞古尔斯卡女士，

十分感谢您令人高兴的和很有意思的来信。我很高兴佩乌琴斯基博士安排好了您前来牛津之事。关于会见的唯一困难是，我在7月中旬离开英国到意大利去，直到9月的第二个星期才回来，所以，您在此逗留期间我至少离开六个星期（当然我很高兴在7月初会见您）。

我不知道是否完全不能做出安排，让您的来访在6月中旬开始。或者，再变通一下，我是否能够（我几乎确信可以）为您找到追加的款项，把您逗留的时间延长到9月底（我将在9月10日或者11日返回）。当然，您如果能够在7月和8月这两个休假月之外来访，那是最好不过的了，但是我知道这个想法可能是不实际的，从您的和这里大学的角度来看，都是如此。

我的老同事，赖尔教授，常常对我说，世界上除了人和物，其他一无所有（反对全部的形而上学、波普尔的第三世界
47 等）。这就是存在（esse）吗？

您真诚的，

以赛亚·伯林

牛津

1986 年 8 月 5 日

尊敬的以赛亚爵士，[1]

衷心感谢您为我所做的一切。我大胆选择的题目对我意义重大，您和我的会见令我感觉非常奇妙。这些日子，我是永远不会忘记的。

你出发以后，我会见了哈特教授，会见格雷博士两次，他对我极为友好，对我的帮助很大。他完全赞同我对哈耶克的解释。我把最近的一篇文章（对您的自由学说和哈耶克的自由学说的比较）寄给了《政治研究》。前一篇（我对于有关您的学说之讨论的回答），按照您的建议，寄给了 C. B. 麦克弗森教授。我决定不寄出最近的一篇，因为我觉得不是十分有价值。

麦克法兰博士随意提示我，可以用英语写一点篇幅较长的东西。这已经变成了我的一个执着的念头。我很愿意写出一本小书。格雷博士十分鼓励我，许诺给予帮助，为支持我尚未明确的计划而提供了某种非常强有力的论据。按照他的评估，布莱克威尔图书馆里的图书百分之九十都是马克思主义的；这一论断在我看来很有说服力，虽然我的自信心不足。[2] [……]但这是以后的事。我必须先完成论文，并且做好答辩。

您对我的鼓励巨大，我大概要经常给您写信了。我肯定让

[1] 辞行信件，在牛津第一次访学结束之际。

[2] 可惜，我没有完成这个计划。九年以后，约翰·格雷发表了他颇具影响的《以赛亚·伯林》（伦敦：Harper Collins，1995）。我后来用波兰语发表了《以赛亚·伯林的自由哲学》（克拉科夫：Znak，1998）。

您知道我研究工作的进展。我明天返回波兰，精神上得到大幅度的充实，心怀感激之情。感谢您为我做出的一切。

您亲切的，

48 贝阿塔·波兰诺夫斯卡-塞古尔斯卡

克拉科夫
1986 年 11 月 8 日

尊敬的以赛亚爵士，

现在我就像您所说过的那样，处于“黑暗中”，写论文又变得十分艰难。给您复信一再拖延，敬请原谅。我一直记得在牛津的欣悦逗留、和您的四次会见，还有您那使得我的表现颇像傻气儿童的极度慷慨。[1] 现在我的评价是，在精神上，那两个月至少等同于在这里的三年。我希望我不至于白白浪费当时您为我善意花费的时间给我带来的珍贵教益。

我在告别信里提及，我寄出了两篇文章。一篇题为《论伯林自由学说的又一个声音》，我在文中讨论了对于您的自由学说的各不相同的批判，我是按照您的建议，寄给了麦克弗森教授。随信寄去他回信的复印件，和《政治理论》编辑来信的复印件。他们都不看好那篇文章。我必须说，我感到有一点郁悒。在写这些文章的时候，我感觉受到了很大的鼓舞，现在却又失去了自信心。与其说我注重发表，不如说注重他人认可我有能力写出明智的文字。我的同事建议我给另外一家刊物投稿，但是我还没有做出决定。另外一篇文章题为《两种自由观：伯林与哈耶克》，寄给了《政治研究》。编辑通知收到稿件，但是处理决定尚待做出。

让我再一次感谢您为我做的一切。我无法表达您的著作和

[1] 第一次见面时，以赛亚爵士迎接我，拿出我几个月前邮寄给他的一篇波兰语文章的英文译文（参见上文第 26 页）。我万分感动，诚惶诚恐，忍不住潸然泪下。

后来与您的会晤对我具有多么重大的意义。我为自己得到丰沛的充实而感谢您，虽然我未必善于从中汲取教益。

我现在正在写作论文第二章，论文是我对于您的自由论的研究。如果顺利，全文应该在冬天结束的时候完成。我将随时奉告进展情况。

您诚挚的，

49 贝阿塔·波兰诺夫斯卡-塞古尔斯卡

1986 年 11 月 24 日

尊敬的波兰诺夫斯卡-塞古尔斯卡女士，

十分感谢您 11 月 8 日的来信。我对于我们的会见感到的喜悦至少和您一样，希望您能够再来，继续我们的谈话。请相信我，从您提出的十分尖锐的问题中，我受益良多。我想，您是我遇到的最好的（口头）评论者，而且最具建设性。

麦克弗森的反应，我一点也不惊奇——我了解他，他不是个轻易接受批评的人：他知道他是正确的，一直知道。因此，他是一位有些孤立的作者。他寄给我他的一本书，有一章是对我观点的批判，但是，我想我告诉过您，我不知放哪儿去了，一直也没看，在您以前，没人对我提过这本书。他的批判也许有真知灼见——我和他的关系也还保持友好，但是我不期望他会以任何方式来帮助您，他给《政治理论》的推荐信也完全不会热情。我真的建议您把文章送给麦克弗森了吗？如果那样，当时我的脑筋一定是在走神呢。至于《政治理论》，其实我可以直接给他们写信，因为我是编委，也许起点作用。我为他们的愚笨十分抱歉。我担心对《政治研究》您也许会感到同样失望（我和他们没有联系），但愿不是如此。

我认为您同事的建议很好。让我也要求您坚持努力尝试发表文章。在美国应该有愿意考虑您文章的期刊——请告诉我您想寄给谁，我也许多少能够帮助一点。

我还是要说，我觉得我和您的会见十分愉快而有益，我还期待重新会见——请告知您是否有重返这里的机会。黑暗深为已所不欲，您知道，我对其深度的感触是没有错误的。

您诚挚的，

以赛亚·伯林

附言：我刚刚写信给《政治研究》主编杰克·莱夫利，我认识他，建议他也看一看您的另外一篇文章，《政治理论》拒
50 绝接受的那一篇。请您给他寄去，他在期待中。祝一切顺利。

克拉科夫
1987年3月10日

尊敬的以赛亚爵士，

十分感谢您11月24日的来信。[……]

我现在意识到，在我们会见的时候，有多少问题我没有提出。近来我完成了论对于您的自由学说的某种“外在”批判的一章，这是以K. R. 波普尔等人的立场出发的。您涉及波普尔哲学的写作中，我只见到两句话（在《政治理论还存在吗？》中的一句话是：“我们也许可以据卡尔·波普尔对柏拉图政治理论的否定为例”；[1] 在《历史的不可避免性》中，有条脚注是关于波普尔对历史主义的批判[2]），所以，我对于自己尝试从您的论文中获取的防御线的完整性感到不安。

您的概念似乎是波普尔术语中的本质论的，这是一个重大的反对意见，因为他责备本质论导致关于词语的毫无意义和空洞的争论。（这是我的解释；在波普尔论政治哲学的书中，我没有看到涉及您的思想的言论。）我想，这样的批判应该以方法论根据来回答，所以我主要在您的论文《政治理论还存在吗？》中寻找答案。顺便说一句，每次阅读这篇文章，我都学到更新颖的见识，我怀疑我是否能够完全把握住其实质。我对您的（和波普尔的）思想解释得正确吗？我提出的反驳是：对

[1] 以赛亚·伯林，《政治理论还存在吗？》，参见《人类的恰当研究》，亨利·哈代编辑（伦敦：Chatto & Windus，1997），第87页。
[2] 以赛亚·伯林，《历史的不可避免性》，参见《自由论》，第101—102页。

于政治理论价值的争论是不可避免的，原因在于其形而上学的根性，亦即，作为其根基的人的概念，这个概念是由我们思考与行动所依据的基本范畴的框架所形成的。因此，波普尔把政治理论转化为“政治行动的要求或者提议的语言”[1]是不可能实现的。在您另外一篇论文《二十世纪的政治思想》中，我看到了一段话，这段话似乎是直接针对波普尔的主要政治格言“把不幸最小化”的：“人活着不是仅仅依靠对恶展开斗争。人依靠积极的目标而生活，这些目标有个人的和群体的，极其多样，很少可以预计，有时候还是互不相容的。”[2]这一论断是否和波普尔的观点有些关系呢？我还想请教您，您对我自己关于
51 这个主题的想法是怎样看的——在我看来，在某种意义上，波普尔是前后不连贯的。在他的精神自传里，他声称自己是一个多元论者：

> 我们总是不得不生活在一个不完美的社会里。之所以这样，不仅仅因为甚至连很好的人也是很不完美的，也显然不是因为——我们知道得不够，我们常常犯错误。比这两方面的理由更重要的是这样的一个事实：世上总是存在着价值观的不可解决的冲突；有很多道德的问题无法解决，因为道德原则可能相互冲突。[3]

[1] 卡尔·波普尔，《开放的社会及其敌人》，两卷集（伦敦：Routledge & Kegan Paul，1984 [1945]），卷1，第112页。
[2] 以赛亚·伯林，《二十世纪的政治思想》，参见《自由论》，第93页。
[3] 卡尔·波普尔，《未完成的探索：精神自传》（格拉斯哥：Fontana/Collins，1976），第116页。

但是，同时，他试图停止讨论价值观问题。再回来谈您的思想吧，波普尔的技术方法也许适用于某种铁板一块的社会，但是，这样的社会，他一定是接受不了的。而且，我觉得，波普尔正巧背离了他自己的反本质论。我在《开放的社会及其敌人》中看到一段文章批判了柏拉图对正义概念的解释。波普尔声称柏拉图歪曲了这个概念的含义，把它当作“符合最好的国家之利益”[1]的同义词来使用。波普尔问了一个典型的本质论问题：“我们谈正义，到底指的是什么意思呢？”接着就提出答案（虽然也不无某种保留），亦即，正义等于他对于“人道主义的总体世界观”的解释。[2]这样，他无意中承认了概念分析的重要性，至少是在可能引起歪曲的程度上。这样，波普尔社会科学中方法论的自然主义在我看来，就是为了他的哲学体系的统一性提出的某种简单化的办法。

另外一方面，我在您的学说中发现某些方法论唯名论的因素。您关于积极自由和消极自由的定义满足了波普尔方法论的要求：“自由的这些政治含义中的第一种［……］我将称之为‘消极意义’［……］第二种，我将称之为‘积极意义’。”[3]而且，您的自由概念不是对于自由的含义或者性质的某种洞见，而是对于赋予它的两种主要意义的批判性解释。就接受两个概念之一或者之二的实际后果而言，您关于积极自由学说特别易受歪曲的论点看来是可以检验的。因此，您的论文实际上是较

[1] 波普尔，《开放的社会及其敌人》，卷 1，第 89 页。
[2] 同上。
[3] 伯林，《两种自由概念》，参见《自由论》，第 169 页。

少本质论的。

我还有另外一个十分不同的问题。我在牛津逗留结束的时候，遇到了佩乌琴斯基博士，他批评您关于消极自由学说缺乏任何行为者的概念（无论是理性的，还是经验的，还是其他
52 的）。我必须说，我不知道这是不是一个严肃的问题，也不知道应该如何答复这样的反驳的意见。[……]

让我再次感谢您，我从您的著作和谈话中获得了无比珍贵的教益。感谢您对我博士论文的指导和与其有关的一切，这已经成为我生涯中最重要的事务之一。即使我最重大的智力探索就此结束，这也永远对我意义重大。请原谅我的冒昧，我所面对的诸多问题可能令您忧烦。我敢于大胆打搅您，是因为在这里没有我在学术上可以信赖的人。对于您的回复。我将感激
53 不尽。

您诚挚的，

贝阿塔·波兰诺夫斯卡-塞古尔斯卡

1987年4月22日

尊敬的波兰诺夫斯卡-塞古尔斯卡女士，

十分感谢您3月10日的来信，信在途中耽搁有时。我阅读时感到愉快，充满兴趣，一如阅读您写的一切文字。我读了您为《牛津杂志》写的文章，十分抱歉我曾令您窘迫——以后绝不会再出现这样的事。[1] 但是我愿意会见您，您如果可能再来到这里，我将热烈欢迎。[……]

您谈到了波普尔。的确，我没有多谈到他，但是，如果我不是专门写谁，我是不多谈论任何人的。我想他是把我看成他的一个什么门徒的，实际上我不太是，但是他仍然认为我和他具有某种共同的自由派个人主义立场——在一定的程度上是这样的，虽然他在某种保守主义的放任自由主义方向上走得过远，超过了我能够接受或者采纳的程度。我不知道从波普尔立场上看，对我的自由学说的“外在”批判何所指；如果您能够让我得知您所要采用的总体大纲，我会十分感兴趣的，然后我就能够更准确地告诉您，我是否认为这确实代表了我的立场。

[1] 以赛亚·伯林在这里提及的下面一段谈斯拉夫人在牛津的影响的文章，摘自我论述为波兰学人所设奖学金的文章，文章是应《牛津杂志》主编詹姆斯·里德的请求写出的：“没有料到牛津的一位知名学者的吻别。我受到了深深的感动，又有些窘迫，衷心地感激他给予的不拘客套的厚待、友谊和鼓励。我非常珍惜一位大学者的友情，我在和一位虽然年轻，却已经出众的学者谈话的时候，提及上述大学者。你可以想象到发生了什么。这是在我们最后一次会见的时候，他立即遵循了这个模式，斯拉夫人习俗的广泛影响令我十分诧异。这些习俗证明极具感染力，在并没有受到任何激发的情况下。”（两位学者是以赛亚·伯林和约翰·格雷）。贝阿塔·波兰诺夫斯卡-塞古尔斯卡，《给他们安神丸》，《牛津杂志》，第二学期，第九周，1987，3。

所以请告诉我您考虑的是哪类的问题。您告诉了我，从波普尔观点看，我的理论似乎是本质论的。这一点，我要直言反驳。波普尔的本质论，特别是作为他对柏拉图、亚里士多德、黑格尔、马克思等人的攻击的组成部分，所采取的形式是，根据我的记忆（天知道我在多少年前读过《开放的社会》或者《历史主义的贫困》），他说：这些思想家认为，人和人的联合体——部落、社会、国家，有某种内在的结构，这一点决定了，有某些程序是不可避免必须要采取的。换句话说，有一种固定的脚
54 本，人不得不遵守，无论他们愿意与否——换句话说，有某种形式的历史的不可避免性，这一点，您知道，我是完全反对的。我认为这一点就是波普尔本质论的所在；[1] 历史不是戏剧脚本这一见解——你知道，赫尔岑十分注重——也正好是我所深信的，特别符合我的一个不受欢迎的意见，亦即：个人对于人类历史的兴衰变迁所发挥的作用，大于理论系统制定者一般所设想的。这一点和恩格斯所说的话恰恰相反，他说："假如没有拿破仑，也会有另一个人来取代他的。"[2] 我可以相信，人在很大程度上是受到他们所诞生于其中的那个社会塑造的——参见赫尔德——受到习俗、世界观、生活方式、语言、信仰等等的塑造。当然，他们能够反叛这一切，但是这一切形成和造就了他们反叛的手段，也形成和造就了他们一整套的精神、情绪和情感——然而，这却不是全然确定的：在关键的时刻，一

[1] 伯林在这里混淆了波普尔的本质论和他的历史主义，因而错误解释了我的疑问：参见下文第 60—61 页。

[2] 恩格斯致布列斯劳的 W. 博吉乌斯，1894 年 1 月 25 日，马克思、恩格斯，《选集》（伦敦：Lawrence & Wishart，1975—2004），卷 50，第 266 页。

个社会内部冲突升起，尤其是在这个时候，个人行动透过他自己的自由意志、不是以某种可预计的方式（某一位装备了充足数据的心理学家或者社会学家预测出来的）自由释放出来的冲动，可能把事务螺旋上升地推到没有预见到和不可预见的方向中去。如果亚历山大或者恺撒不曾存在，历史肯定会出现不同的面目——这是许多个人或者个人的群体的真实情况，当然包括拿破仑、希特勒，甚至丘吉尔凭借他在1939—1945年的行动制止了欧洲可能出现的某一种局面，当时对于最具有理性的政治家们来说，希特勒胜利的概率都似乎是很高的——局面会极为不同。1917年的俄国革命也是这样：如果一块砖头掉在列宁脑袋上，哎哟天老爷，那么，在农民、无产阶级、地主、军官、自由派，在这些群体之间就可能出现动乱，或者一场革命，谁知道会怎么样。但是我不否定，特殊的结果很可能完全不同于实际的局面。所以，我是一个信徒，比绝大部分的人都更相信能力超常人士有意识的和有时候是无意中的影响（当然，这超常能力往往不是美德或者人道方面的），他们给予的推动造成的结果十分有别于托尔斯泰所坚持的那种；托尔斯泰的依据是他高度决定论的、在某些方面有时有歧义的和自相矛盾的历史决定论的理论。我认为这就是本质论的核心。

您认为我坚持的是什么本质论呢？我记得我们会见的时
候，您认为我的人性观是，人性能够促成不同历史环境、时
代、年代、国家的人们之间的交流，跨越广大的时间和空间，
人所共有的某种东西会形成神交、领会、解释、阐释，亦即您 55
认为可以作为某种本质论论纲的东西。但是我不明白您何以这

样说。[1] 我远远不是说人性“永远是一样的”：或者每一个人内部都有一个核心，他的“本质”性。无论其他的属性如何变迁，这一“本质性”是不会改变的，所以通过审视这一基本的特性就可以发现所有地方、一切时代的人均须遵守的“自然法则”——所到之处、上下古今皆信之事，人人皆信 [2]——我认为，持此主张的有亚里士多德、基督教教父、塞维利亚的伊西多尔、格拉提安、格劳秀斯、（我认为还有）卢梭、杰斐逊等等，而持否定态度的只有像维柯或者黑格尔等人，他们认为这是成长和发展的问题，但连他们也是目的论者，认为大自然、上帝创造我们是要追求我们不能躲避或者背离太远的某些目标。这些我都不相信，仅相信事实上在大多数地点、大多数时代——也许不是一切地方、一切时代——人与人之间都有足够的共同依据能够取得理解，展开交流和解释。

波普尔还用本质论指什么呢？关于说辞的空洞争论是什么呢？

我还要多说一点。我想，我相信“不可能避免关于政治理论中的价值观的争论”，原因在于这些价值观取决于个体思想家或者学派的人性概念。这不一定是“形而上学的”。可以肯定的是，因为人的形而上学观不同，于是价值观也不同：如果

[1] 事实上，我没有说这样的话。在这里，伯林误解了波普尔的本质论，把它看成了关于人的实质主义概念（但是，我没有将其归属于他），和行动主义概念对立起来；我在牛津的第一次访学期间，我们讨论过这个区别。1988 年，我第二次访学期间，我们又谈到了波普尔。不知为什么，在这一个别的主题方面，我们的交流又显得困难。最后，我们和格雷一起讨论了波普尔，在 1988 年 5 月 6 日，参见下文。
[2] 拉丁文：quod semper, quod ubique, quod ab omnis [creditum est].（莱兰的）樊尚：《备忘》（*Commonitorium*），2, 3。

苏格拉底或者柏拉图没有相信对于万物为何的形而上学的洞见，他们就不会相信其价值观的绝对性；而那些价值观，雅典的公民看起来并不总是有所意识的，只有经过了适当培训的教师才能传授给人们——或者至少传授给要掌管城市政府权力的“卫士们”，因为只有他们知道。全部的基督教理论也是如此，在这些理论里，关于人是什么、他们的本性渴求什么的绝对真理都是建立在神学的前提上的。声称对于真正人性具有理性洞见的人们，或者也知道人类历史戏剧是什么，知道各阶级、各阶级成员在各个时期在里面扮演了什么角色的马克思主义者们，也是这样。但是，这不必是先验的，如果那是“形而上学”的含义。我们可以说，我们经验论的人性概念（无论把握得怎样坚定，也许甚至非理性地把握着，但是依然依据经验论理由把握）决定了道德的和政治的判断——在这一意义上，56
这些理由肯定是根植于关于人和人性的总体概念的：这正是我坚持的，而且我现在依然相信。为什么这一点阻止我们“把政治理论转化为提出要求的语言或提议或者政治行动”——据您认为，这是波普尔所坚持的；为什么我严格固守的价值观，道德的或者政治的，康德的或者功利主义的、基督教的、马克思主义的，或者其他的等等，阻止我形成以这些价值观为依据的要求呢？这点我不大理解。您问我，我关于令不幸最小化的论断是否旨在联系波普尔的观点：不，不是有意识的，我说这句话的时候没有想到他——我说这句话，是因为我深信。我想，我没有说过什么话来有意识地支持或者反对波普尔的观点，我是受到了《开放的社会及其敌人》的影响，但是完全没有受到《历史主义的贫困》的影响，而走向反形而上学的方向，并未接受波普尔的信念影响，即：那些知道对于一切问题都只有一个答案，并且对此具有形而上学先验保证的人总是错误的，常常是危险的。我认为，这一点对于我们两个也是共同的。

您从波普尔自传里引用的关于价值观冲突的一段，我是完全接受的。因为他是他自己完全独创性的激烈维护者，我不便直言，但是我怀疑，他是从我这里吸取了这一点的：我想，他认为我必定是从他那里以某种感应的方式吸取的。不过，不必计较这些。这是我们共同的态度。但是您说得很正确，这是不符合《开放的社会》里的一段的，他在那里说，关于正义，柏拉图是错误的，因为这个词“意味着”——“真正意味着”波普尔认为所意味的事物。“真正意味着”永远都是本质论的破绽。当然，词语并不准确地表达我们要求其表达的事物，像经验主义者坚持的那样——它们和我们诞生于其中的语言流和文化流有某种联系，我们有意识地或者半有意识地使用这些因素。我们能够改变其意义，但是我们实际上是在词语的某种固定的用法中受到教育的；我们要脱离其意义，只能通过某种意志行动或者通过事件的偶然影响，例如革命、令人惊骇的经历、宗教启示，以及改变人的观点的一切，在这样的程度上使用词语。但是，当然，“真正的”这个词语一般恰恰是本质论的症状，这个本质论正是波普尔所攻击的，我也不能把它当作一个先验的概念来接受。我也不接受波普尔对所谓社会科学、您所说的“方法论自然主义”的科学性质的信仰。

57 感谢您让我脱离本质论——的确，我谈论消极自由和积极自由时，我在这两种情况下都说了“我将称之为”，我的确声称自由的意义和性质本身不是某种有效的探寻——我们能够做的事就是询问，词语在历史上曾经有什么意义，或者今天有什么意义，这些意义引发出什么理想、要求或者情景。说到底，我们解释这个世界的唯一的方式是通过对我们思考这个世界时使用的词语与概念的考察展开的。我们通过对比不相似的概念、范畴等来学习，发现至少我们相信、寻求的事物，而且相信他人也相信、寻求，而如果他们不同意，我们就怀疑其混乱或者自欺（有时候是正确的，有时候不是）。当然，如果我说“自由就是X”，某人说“不对，不是”，结果我们必定争论这些词语有什么含义。有时候是简单的语言歧见，但是有时候是关于思想本身的歧见——这一点又根植于我们对生活的总体概念、观点和方式之中，因此后来维特根斯坦必定是正确的，因此马克思主义的阶级条件制约学说等可以加以论述。但是我同意您的见解，有直观魔力的眼睛可以穿透事物（无论这是物质对象还是正义，还是爱，还是世界的命运）可能具有的真正实质，但是这样的眼力没有被赋予我；我也怀疑它是否被赋予了任何一个人。然而，这却是大量传统哲学思想的基础——这是哈曼的思想，也许还有其他人的思想，即：亚当在天堂获得了这种恩赐，在上帝给予亚当使用语言能力的时候，词语鉴定了万物真正不变的实质，而非外观。在堕落之前，亚当的确知道存在过什么；亚当凭借上帝神奇的贶赠学会了每一个词语，他知道有什么东西存在，在什么地方。我们不是这么幸运的。

再来谈谈佩乌琴斯基博士。他说我的消极自由学说缺乏行为者的概念，我真是不知所云。下次遇见他的时候，我一定问问他；我看不出他有什么道理。如果他认为没有障碍这一学说预设了某种不从事有意的、由意志引导的活动的消极人物，那么，这是最远离真实不过的了。消极自由的唯一要点是，缺乏消极自由的状况阻碍了活跃的行动者以各种方式实现其实质的道路；如果没有这一点，这个概念就显得完全空虚，这肯定不是我的概念。

很高兴您正在完成论文，但是也很遗憾得知您患病——在切尔诺贝利核电站事故之后真是可怕。在波兰语里，这个地名的发音是切尔诺贝利（重音在“诺”字上），还是切尔诺贝利（重音在“贝”字上）呢？在俄语里是后者，但是在英国的广播中总是前者。您为什么认为就我的自由概念写点评论是发狂的想法呢？无论提出什么批评，我认为都是极好的专题，如果您需要我的帮助，我当然会提供的。格雷博士是对的。[……]

我觉得我和您的通信极有启发性，十分感谢您，真诚希望
58 我们能保持通信联系，而且期盼您能够再度来此访问。[……]

致以最好的祝愿和谢意，

您的，

59 以赛亚·伯林

克拉科夫
1987年5月17日

尊敬的以赛亚爵士，

十分感谢您4月22日的来信。您为我花费如此大量的时间，语言难以表达我对您的感激。您特别为我使用而写出的论说无比珍贵，我只希望我所得到的不可估量的教益不至于荒废而无成果。

我在为《牛津杂志》写的一篇文章中说您令我感到窘迫——请您不必看重此事，因为这只涉及我最感亲切的、难以忘怀的对牛津的回忆。如果说我感到窘迫，也仅仅是因为我会见您和聆听您指教的梦想成真的方式超过了我的一切期望。

让我谈谈理论问题吧。[……] 我意识到了在对您的政治理论的解释中我已有的和可能还要犯的错误，只希望这些解释都不至于像把波普尔所说的“历史主义”强加到您的思想中那样不可原谅！如果我妥当地理解了您的回复（当然，这一点我还是没有把握的），那么，您所反对的正是波普尔所说的“历史主义”：“我说的‘历史主义’是对待社会科学的一种方法，这一方法认为，历史的预言是社会科学的主要目的，还认为，达到这个目的的方法是去发现历史演进所依托的‘节奏’或者‘模式’、‘法则’、‘潮流’。”[1] 在《历史的不可避免性》里，您在这个主题上明确提出了见解，这也可以在您写作的几乎全部著述的字里行间读出。您的观点是：对于人类历史的起

[1] 卡尔·波普尔，《历史主义的贫困》（伦敦：Routledge & Kegan Paul，1972）。

伏变迁，个人造成的变化多于公认的制度造成的变化，您说您的这个观点“不受欢迎”。我的评估是，大多数波兰人同意您的信念。我们现代的经历确认这一点，毫无疑义。而且，我觉得，我一向有这样的感觉（虽然没有有意识地思考过）。请原谅我出言不逊：在我看来，您的政治思想之所以对我具有巨大魅力，正是因为您的思想十分完备地指明和论证了我在得知您的著作之前就直觉地“感受到了”的东西。既然我想到了这一切，我怎么可能把历史主义强加给您呢？我没有详细说明我想要问您的问题，这是我的过失。原因在于我给您写信，总是担心占用您太多的时间。

60 我感到关切的不是历史主义，而是波普尔的本质论，此论看起来像是一个相对独立的思想。（虽然本质论倾向于和历史主义的态度联系在一起，但也未必。）现在让我引用几个片段，以防止我的误解。

波普尔在其自传中提及，他后来所说的“本质论问题”起源于他放弃对于词语及其意义（或者其真实的意义）的重视。[1] 表述的形式如下：“永远不要接受蛊惑去认真对待关于词语及其意义的问题。应该认真对待的是事实的问题，和关于事实的论断：理论与假设，它们解决的问题，和它们提出的问题。”[2] 据波普尔认为，本质论的精神根源是“亚里士多德的定义方法”。[3] 他评论受到他批判的这两种方法——本质论

[1] 波普尔，《未完成的探索》，第 17 页。
[2] 同上，第 19 页；比较下文第 176 页（注释 1），下文第 256 页。
[3] 波普尔，《开放的社会及其敌人》，卷 2，第 9 页。

和历史主义二者之间的相互关系：

> 定义和“术语意义”的问题和历史主义没有直接的关系。但是这个问题已经成为混乱和那种特殊冗谈的无穷源泉，它又和黑格尔精神中的历史主义结合起来，造成了我们这个时代有毒的精神疾病，我称之为装模作样的哲学。这是亚里士多德很令人遗憾的依然十分流行的精神影响、全部那些清谈的、空洞的经院哲学影响的最重要渊源，这一渊源不仅搅扰了中世纪，而且搅扰着我们当代的哲学；即使是晚近的维特根斯坦的哲学也受到这一影响的干扰[……]。我认为，从亚里士多德开始，思想的发展可以这样总结：每一门学问，只要使用了亚里士多德的定义方法，就被禁锢在某种空洞议论和干枯经院哲学的状态之中。各门科学能够达到的进步的程度，取决于这些科学能够摆脱这种本质论方法的程度（我们的“社会科学”很大的一部分还依然属于中世纪，原因就在于此）。[1]

在批判方法论本质论的同时，波普尔规定了方法论唯名论。他以下列方式解释二者之间的区别：

> 我们可以说，本质论的阐释是“正常地”阅读定义的， 61
> 亦即，从左到右；但我们还可以说，一个定义，就像在现代科学中正常使用的那样，必须从后向前，或者从右向左

[1] 波普尔，《开放的社会及其敌人》，卷2，第9页。

> 地阅读，因为它以定义的格式开始，又需要一个标签。这样，“小狗是年轻的狗”这个定义的科学观点就是：这是对于“我们怎样称呼年轻的狗？”这个问题的答案，而不是对于“小狗是什么？”这个问题的答案。[……] 科学地使用定义，以“从右到左”为特征，也许可以被称为是对它的唯名论的解释，是与亚里士多德的或者本质论的解释对立的。[1]

波普尔对于“是什么？”这样的问题的总体的谴责使得他走向放弃传统历史理论的主张。布莱恩·麦基写道：

> 真正主要的问题更像是“在这样的情况下，我们应该怎么办？”“你有什么建议？”对于这样的问题的答案可以卓有成效地讨论和批判，然后，如果它们经得起批判，就努力尝试。不是建议，就不能用于实践。所以，在政治里，就像在科学里那样，重要的不是对于概念的分析，而是对于理论的批判讨论，和把理论用于经验的检验。[2]

我在上次的信中写道，波普尔把政治理论转换为“要求的语言或者政治行动的建议”[3] 的主张不可能实现，肯定是我错了，错在我没有正确表述要说的话。十分感谢您的批评。我本来应该说的是：把政治理论降低为建议的做法主要设定对于政

[1] 波普尔，《开放的社会及其敌人》，卷 2，第 14 页。
[2] 布莱恩·麦基，《波普尔》（伦敦：Fontana/Collins，1974），第 106 页。
[3] 波普尔，《开放的社会及其敌人》，卷 1，第 112 页。

治目的和价值观的普遍认同，亦即，一个完全统一一致的社会。不然的话，这样的降低就会导致对于永恒争论的某种表面的“压制”。

我依然认为，您的《两种自由概念》译文初看起来就是本质论的（根据我从上面引用的几个段落对这个术语的理解）。您一开篇就说要讨论“自由”这个词语的两个（二百个中间的两个）意义，读者必然会把这一点和波普尔对于热衷词语及其意义的做法的批判联系起来。我通过令其部分地摆脱本质论来维护您的立场，而且主要是通过批评波普尔的前后矛盾和严重的简化论（我在上一封信里做出了简略的讨论）。

现在我来讨论对您的学说的“外在”批判的意思。请原谅我语焉不详——还是因为我要限制我信文的长度。我想到的是源于几位现代思想家立场的批判，而这些思想家，在我看来， 62
代表了讨论自由问题的各种不同的态度。据波普尔认为，能够卓有成效地讨论的不是关于自由的概念，而是解放；亦即，我们不应该像您那样地问，哪一个概念，消极的还是积极的，在尊重个人自由方面更为安全，而是，在既定的情况下，为了把对于自由的破坏最小化，我们应该做什么（这是我的阐释，因为波普尔没有在任何地方就这一个问题表达过他的观点）。

在这一章里，我也考察过雷蒙·阿隆和罗纳德·德沃金的立足点，同样，我也有很多疑点。但是我不敢再多打搅您了——如果您不介意，在另外一封信里再细说这些问题吧。[……]

您愿意为我花费的时间、您珍贵的来信、您的慷慨，都超过了我可能应得的。我将永远深刻铭记您的指教。

您真诚的，

贝阿塔·波兰诺夫斯卡-塞古尔斯卡

附言：在波兰语里，词语的重音都是在倒数第二个音节上，所以我们说：切尔诺贝利（我担心在波兰对您的名字发音不
63 准确）。

克拉科夫
1988 年 10 月 22 日

尊敬的以赛亚爵士，

这么长的时间没有给您写信，感到非常愧疚。我十分感激在牛津受益匪浅的逗留机会、您对我极有启发性的谈话和您慷慨给予我的时间。您的哲学改变了我的生活，使我的生活变得更有意义。

我感觉羞于写信给您，因为在我返回波兰之后，工作没有取得明显的进展。遵循了您的忠告，我努力“尽可能少欺骗”，除此之外，可以书写之事无多。出乎意料的是，我没有被辞退。[……] 幸运的是，我将会享有一段长时间的相对“自由”的前景，因为正在期待分娩和育儿。我时时高兴地想到，在以后的三年，我不必欺骗，可以做真正想做的事，这就是：写完这本书。

来自基督圣体学院的泰勒博士现在在克拉科夫，答应把这封信和一件小礼物带给您。我想您和夫人愿意再浏览一番艾尔米塔什美术馆的一些绘画吧。[1] 很遗憾，这本小画册的英文版暂时找不到。

谢谢您为我做出的一切。我会永远牢记在牛津的欣悦逗留，尽最大努力避免空耗您所给予的教益。

[1] 伯林夫妇在 1988 年访问了苏联。他们感到失望的是，没有能够购买一本艾尔米塔什博物馆的画册，因为完全无货。可笑的是，这样的俄文版画册在当时的波兰倒容易买到。我送给他们一本，他们欣然接受。

请向夫人转致我最亲切的问候。

您真诚的，

64 贝阿塔·波兰诺夫斯卡-塞古尔斯卡

1988年10月28日

亲爱的贝阿塔（我想现在也许我可以得允这样称呼你吧），

你不缺乏想象力这一最重要的品格——缺乏想象力则万事难办好。你可以想象你巧妙、风趣的来信多么令我感动。[……]

你的任务可能是令人厌倦的，但是我只能说某种有尊严的安全感有时候代价会更高——不过，我是理解和同情的。你写的书有进展，我当然高兴。不要过低估计你的才能，不要过高估计我的支持。当然，在那个时间我们那样会见是非常好的事情，这只会有好处，对此，我是信心十足的。

我想，你分娩后，近期之内不能够旅行，但是，我希望，来日方长，至少对你是这样的。所以请你时时让我知道你的情况如何，有没有希望再次会见。

谢谢艾尔米塔什画册，没有比这件礼物更值得欢迎的了。艾琳[1]表示最热情的致意，我致以友爱问候。

你的，

以赛亚·伯林 65

[1] 伯林夫人。

1989 年 5 月 20 日

亲爱的贝阿塔，

收到了你的文章，十分高兴，谢谢你为保卫我而抵御所有那些可怕的人。你挑选出来的那些对手都是我不能尊重的（除了查尔斯·泰勒）。我担心，因为年龄快到八十（十分感谢你的祝贺，我深受感动），我怀疑我还会不会变成一个共产主义社会的成员。我认为我不是一个孤立的岛屿，但是我想，群岛中的关系比细小有机物拥挤在一起的珊瑚礁更具人性，在道德上和政治上都更令人向往。有一次，威廉·詹姆斯谈到黑格尔的体系、机体说等等，说那就像大西洋城一间很小的公寓房，里面的每一个人总是不断地互相接触。你说不是吗？

向你和你的小女儿致以最好的祝愿，对于她将生活于其中
66 的那个世界，我完全看不清楚。

你的，

以赛亚·伯林

克拉科夫
1990 年 5 月 18 日

尊敬的以赛亚爵士，

上次给您写信之后，过去很长时间了。部分原因是出版这本书的前景不明朗（该书还需要做许多工作才能完成）。现在，在波兰，几乎一切都正在破产。有人告诉我要耐心等待。我的出版人还没有决定，因为他甚至不知自己的前途如何。另外一方面，我的两个女儿把我消极自由范围压缩到了所剩无几。

但是，我不应该抱怨。四年前，您就告诉我这个制度的解体（您说："它必须变化，因为形势在变化。"），您的话应验了！我们都太疲惫，没有力气庆祝；但是大家感到巨大的轻松和比较多的希望。我觉得这一切令人震惊，最要紧的是丢掉了驼背。[1]

我想，克劳德·加利波[2]会和您分享他的印象的。他给予了我很大帮助，把他的论文寄给了我（我喜欢这篇论文），还有他和您访谈的记录。阅读十分愉快。除了知识方面，我还很感动。就像和您会晤一样。他十分虔敬地记录了那些谈话，在括号中镶进像"一直轻笑""轻拍座椅""笑"之类的词语。我能够感觉出那气氛，我是熟悉的，请原谅我说话随便，我想念您。

[1] 这是我在谈话中常常使用的比喻，用来形容在极权制度下生活的人民的处境。伯林用来描写犹太人的社会处境和心理状况，以及"被同化者"的态度。参见以赛亚·伯林，《犹太人受奴役和得解放》，见于《思想的力量》，哈代编辑（伦敦：Chatto & Windus，2000），第 174—176 页。

[2] 后来的《以赛亚·伯林的自由主义》的作者（牛津：Clarendon Press，1994）。1988 年春天我们在牛津会见。1990 年他短暂访问了我所在的大学。

您在所谓的《雅典访谈》[1] 中说到的一件事引起了我的注意。这件事是关于广告的。您说，人们实际上想要他们购买的东西，而且不是被诱导来欲求这些东西的。起初，您的话说服了我。后来，我大女儿（五岁半）迫使我更多地考虑了这件事。在波兰，广告是新事。广告的诞生和自由市场的再生一起到来。有一次，我们在电视上看到了某种洗衣粉的精明广告。
67 女儿以前对洗衣服不感兴趣。但是，从那个时候起，她就磨着我给她买那个牌子的洗衣粉。我感到勉强，因为我觉得那不过是须臾的时髦。但是后来，在她不得不经受一次痛苦的输液之后，我答应她有求必应。她要洗衣粉。无法想象她有多么高兴！她拥抱我，把它搬到床上去，对我感激不尽。显然她不会使用它的，她只要求拥有。我需要弄明白她自己是怎么想的。她很有自我意识。她问的问题有："怎么会有黑夜呢？"我做出长篇解释之后，她又说："妈，现在我明白了，但是我一点也不信。"还有，"人是真的活着呢，还是在做梦？"她认为我们是在做梦。我问了她很多问题。她真的自己也不大明白。她说："我不知道我怎么想的，我就是太想要这个洗衣粉了。"在我看来，这个广告虽然在诱发某种更深刻的需求（成为一个心情愉快的洗涤家庭的一员？），却在她的心里播下一种代偿性的需要，即对于手段的把握。也许查尔斯·泰勒在一定程度上是对的。

[1] 克劳德·加利波，采访伯林，未发表，采访是在伦敦帕玛街的雅典俱乐部，1988年6月1日。

随信寄去近来我在一家波兰刊物上发表的文章的副本。[1]克劳德帮助带去了我的一个小礼物，我想您会喜欢的。谢谢您给予我的愉快时光。您和您说过的每一句话我都是不会忘记的。我这本书一定要写下去。

请代我向您夫人转致问候。

您衷心的，

贝阿塔·波兰诺夫斯卡-塞古尔斯卡 68

[1] 贝阿塔·波兰诺夫斯卡-塞古尔斯卡，《两种自由观：伯林与哈耶克》，《哲学报告》13（1989），第61—72页，收入本书。

1990年5月29日

亲爱的贝阿塔（可以这样称呼吗？），

我从克劳德·加利波那里收到你的文章、你的礼品，尤其是你的书信，你想象不出来我是多么高兴。阅读你的文章，我感到愉快和骄傲，但是你的信十分生动地描述了你的处境。

首先，让我告诉你，我对近期这些事件的预见并不比其他人预计得成功：无论戈尔巴乔夫在苏联会遇到什么事，毫无疑问在波兰、捷克斯洛伐克，甚至罗马尼亚，都应该为他竖起塑像——因为如果没有他，在我看来，旧制度的解体是不会这么迅速的。我十分理解你说的话的含义，你说：你和其他人感到“太疲惫”，不能歌颂这一形势的成果，形势虽然必定受到欢迎，但也带有很多危险和不足之处。我刚刚读完米赫尼克*一篇很有意思的文章，是德语译文，他为维也纳的一个组织写的，他说的话我认为具有透彻的理解力：解放了的中欧各国面临的选择是萨哈罗夫的道路抑或索尔仁尼琴的道路——一方面是十九世纪俄国知识分子所相信的民主、个人自由、现代化、科学方法的使用、某种自由制度；另外一方面是民族主义、反现代主义、向旧制度回归、沙文主义、独裁制度、反犹主义等等，虽然不像帕姆亚特或者其同伙这样名声不好的人士推荐的猛烈办法，但依然是在西方的俄国侨民的右翼和苏联很多人显然还在追求的那类事情。我认为二者都不会通过，但是二者之间某种不令人满意的妥协会出现，人类的事务都是这样的——

* 波兰思想家，按波兰语读音应该这样音译，通译“米奇尼克”，其实不妥。——译注

我只能重复对你说我反复说的话，就是，正如康德所说的，从扭曲的人性之材中是制造不出平直的东西来的（你听我，或者阅读我对这句话的引证，一定厌烦了——我的一本小书被亨利·哈代复活，大约今年秋天出版，标题恰恰就是《扭曲的人性之材》，出版以后，我邮寄给你）。

我觉得你女儿有天生的特殊敏感和想象力，对此我不感到
惊奇——我们被告知，基因是重要的，你女儿显然继承了优秀
的基因。你给了她那个洗衣粉，很好——人的想象力一旦固着
在某一种东西上，像你那样做去增加人的愉快感是正确的。关
于广告：当然我不否定广告制造欲望，对于以往没有的、事实
上对人不一定好的东西的欲望。关于这一点，我不同意查尔 69
斯·泰勒的见解，这些人工唤醒的欲望不是真实的欲望。所有
的欲望都是被某种事物刺激出来的，无论是一个人的性格还
是经验的深度——人的头脑、心灵、灵魂中的某种不期而至的
肉体的、精神的、情感的或者思想的活动。原因当然是有很多
的，而且模糊，很难探索，对于其中的某些，精神分析学家可
能是正确的。我不认同的是：广告刺激出来的欲望（无论多么
不诚实和危险），不像其他欲望那样是真实的欲望——人“的
确”欲求的东西不同于在这些商业广告或者政治刺激的影响下
他认为自己需求的东西。我采取了一种粗糙的经验主义的立
场——人有欲求，就是有欲求；满足某些欲求可能不是好事，
这欲求可能对人自己或者他人有害，但是我并不认为，在“真
实的”欲望和其他欲望之间［能保持］严格的区分：“真实的”
欲望来自其“真正的”本性，是一个人追求的目的的一个组成
部分（至少对于泰勒而言），人由上帝，或者本性或者别的什

么把自己的生活指向某些个人的目标，而其他的欲望则不是这种目的论过程的组成部分。我认为欲望是欲望，有些是好的，有些是坏的，也就是说导致有害的后果，我们谁也说不清是什么造成了它们；而广告的全部错误在于，它把人的欲望培育出来或者调教出来，走向某种不像广告词里说得那么好的东西，这是一种“虚假的告白”、虚假的描写，是理所当然应该遭到反对的——一如反对一切种类的欺骗或者操纵，但是不应该认其为导致“真实的”与“虚假的”欲望之间的差别。如果这样做，就返回了两个自我，其中一个有权控制另外一个，而且，正如你所知道的，这导致我的一种恐惧，怕它异化为历史上每一个暴政制度使用的论据。

但是我不应该对你训话了。你的书信感人至深，直达我的心灵。如果你觉得还想要给我写信，就请写吧——我愿意告诉你，你的来信对我意义重大，也许超过我的信对于你的意义。鉴于我年事见长，你知道，快八十一岁了，所以请不要拖延太久——你觉得有什么话要对我说，只管写来就是。我收到来信会很高兴，肯定会回信的。

你衷心的，

70 以赛亚·伯林

克拉科夫
1990 年 10 月 4 日

尊敬的以赛亚爵士，

从我上次给您写信到现在，过去很长的时间了。我常常感到需要给您写信，但是没有敢动笔，因为我论述您的自由概念的书还没有出版。在目前波兰的经济状况下，出版的前景显得渺茫。出版社都已经私有化，不再得到国家的津贴。他们都缺乏资金，都不愿意承担风险。[……] 我很抱歉占用了您这样多的时间，而只获得三篇文章这样微小的成果。但是我不会放弃的，也许过一些时候形势会好转吧。

另有一件事我想说一下。约翰·格雷博士邀请我参加由自由基金会组织的一次讨论会，主题是“论阿尔杰农·西德尼的自由、权利和政府”，会议将在牛津举行，时间是 9 月底（9 月 27—30 日）。我能够把逗留时间再延长两个星期，因为我在曼斯菲尔德学院的一个朋友为我争取了高级公用室的临时成员资格。

如果可能，我很愿意会见您。拉脱维亚和波罗的海其他国家终于独立了，我很高兴。希望能够问问您对此的看法。

您真挚的，

贝阿塔·波兰诺夫斯卡-塞古尔斯卡 71

1992年3月20日

亲爱的贝阿塔，

十分感谢你的来信。请不要为任何事情道歉——你没有做什么错事。我认为你一直也没有做过什么错事。你知道我对你的赏识态度，而且以后会一直赏识，无论你做什么。得知你的孩子的情况，感到非常遗憾，我知道你有很多必须做的事和家庭杂务。你不必这样自责。

现在谈谈你的天主教信仰和多元论。我不认为亨利·哈代认为多元论排斥所有的宗教，如佛教；但是，这是和有些宗教毫不相容的，这种宗教宣称自己是真理的唯一卫士和宣讲者，从而必定得出结论，即所有其他的信仰在某种程度上都是虚假的。我不认为你是从个人角度出发的——让我尝试尽可能回答你的问题。没有理由认为一个虔诚的天主教徒不能既相信自己持有唯一的信仰，但是同时又能够理解甚至同情其他的信仰、世界观、信念，因为自己具有足够的想象力“进入”其他的思维模式或者精神境界。就连像我这样的多元论者，也得允放弃我声称理解、“进入”等等的观点，因为这些观点和我深信的生活或者真理之需要互不相容——而同时又允许，尤其是理解为什么，他人有不同的思考。我的多元论没有提出这样的假设：所有的信念、道德等等，单纯地就是其本身——没有办法认为其中某些比另外一些更好或者更糟——也许还包括邪恶。当然，我的判断基于我的理解和信念，我不是在多种道德之间摇摆，我信我所信，但是同时能够想象，如果对方是一个古罗
72 马人或者日本神道教信徒，他会有何想法、有何感觉。因而，

天主教和多元论互不相容只是当你信你所信，并的确把其他的一切当作最糟的异端邪说、无聊废料。[……] 当然你可以选择不必把你的观点强加给他人，除非你相信他们正在走向地狱，你有义务拯救他们——但是，可能这不是必要的。所以，你写的东西不是无的放矢。我希望我的表述清晰明了。

再谈谈反犹主义。我相信的情况很简单。你是一个四五岁的儿童，有人给你朗读《福音书》。你从来没有听说过犹太人，
你不知道犹太人是谁，是干什么的。但是你逐渐得知被称作犹 72
太人的人在变成肉身的上帝儿子的身上杀死了上帝。这一点给“犹太人”这个词语蒙上阴影，虽然这有些模糊不清。这个情况制造出一个火种，它发出或多或少的光亮——后来各种各样的风都向它吹来，吹成大火——神学的、经济学的、社会的、政治的、民族主义的、惧怕外国的等等。但要是没有这火种，可能就不会形成大火。这个火种如果保持这样，倒也没有什么危险，但是可能时时引发出一场大火灾显然是危险的。我不否认，许多教养好的基督徒、天主教徒、教皇，都揭露过反犹主义，强调耶稣是犹太人这一事实（虽然这一点在《福音书》里没有明确记载，因为在《福音书》里“犹太人”不是一个受欢迎的词语）。有些基督教历史学家正当地强调说，全部基督徒都是犹太人，不仅在开始的时候，而且一直到圣保罗开始说服异教徒皈依基督教的时候。但是，那个火种依然在发亮。我要说的话就这一点。因此，批评说我从“现存的数量指标”得到普遍性结论，这是一种误解。[1] 我实际上是说，冲突可能出

[1] 伯林在这里指的是波兰塔尔诺夫市当时主教约瑟夫·泽钦斯基提出的反（转下页）

现，而不是说这些冲突是必然的。[……]

你可能已收到我的电报。我想解释一下，你写的段落有些混乱——我在那里没完没了地重复（对你说话的时候无疑就是这样），有不少未完成的段落，有些混乱，该受到责备的主要是我——如果一个人自发地谈话，像我这样，我知道就会引起有些混乱的结果。所以我想要寄给你一个修正的文本，我希望这个文本符合录音带和你的记忆。大概得费一些时间才能做完——请等收到以后再翻译。这是你给我的最大的帮助，可能对你、对读者也是如此。

致以最热烈的良好祝愿和情谊。

你的，

73 以赛亚·伯林

（接上页）对意见。泽钦斯基在1991年12月23日致信贝阿塔：“[伯林]写道，人类追求的终极价值观并非都是彼此相容的，从这个存在主义的‘并非都是’之中，他得出总体的结论：在人类的目标、价值观和努力目标之间存在某种基本的冲突。我发现从存在主义的到一般性的量词这一过渡是没有根据的。我尊重作为散文家的伯林，以及他阐述自己思想的善解人意的方式，但是，对于一位哲学家来说，有魅力的风格不是论据。”

1992 年 4 月 10 日

亲爱的贝阿塔，

十分感谢你 4 月 1 日的来信。我想，你不会发表像现在这样的录音记录，[1] 可是我改不了我像中学老师那种要修改每一句话——或者几乎每一句话——的不良习惯。我给你寄去我的文本，大部分是重新打字的，我尽可能努力使它接近我说过的，和你寄给我的语句——我希望文句不会让你觉得太新、太奇怪或者不准确。我没有阅读改正的文本，因为我的秘书十分忧虑我又要重新修改——我希望你读起来通顺。如果你有问题，请按这个地址写信给帕特·尤特钦夫人，告诉她页码和行数——她有完整的修正本，可以回答你的询问，而无须问我（她不愿意这样，担心我又重新提出问题。我不能怪她）。[……]

如果你不禁止我，我还是想继续称你 Pani[2]。

祝你和你的孩子们安好，希望在不久的将来和你再度会见。

你的，

以赛亚·伯林 74

[1] 伯林指的是我做的我和他在 1991 年 10 月 11 日谈话的录音文字记录，在这一记录的基础上我后来整理出来两篇文章，《不要绝望》和《我不愿意宇宙太整洁》；都收入本书。

[2] 波兰语：女士，夫人。

克拉科夫

1992 年 5 月 28 日

尊敬的以赛亚爵士，

十分感谢您 4 月 10 日的来信。我又一次不知道该怎样表达谢意。深深感激您的修改，令我认识到我是多么严重地搅混了采访稿的一稿！有些段落我没能听清——例如论拉脱维亚或者决定论的段落。在记录录音的时候，有时候我觉得绝望，但是我告诉自己必须做这件事，我记录了我听见的话。不管怎么说吧，一切都澄清了。非常、非常感谢您。

关于采访，还有最后的一个问题。在记录文本中我得剪裁，因为记录太长了。编辑说应该是 20—25 页，但是现状是，有 45 页。您愿意定稿呢？还是我可以依靠我自己的判断呢？我承诺把它做得比录音记录更精练。在采访中，有些部分显得比另外一些部分缺少实质性，例如我说的关于科尔查克的电影。关于您的自由概念的部分对于不熟悉这个主题的读者来说显得太难了，我在考虑压缩一部分。另外一方面，我又想要特别地突出价值多元论、“另外的枷锁”[1] 的潜在危险、唯名论和反犹主义等主题，因为这一切对于波兰读者具有最重大的意义。请您让我知道（或可通过您的秘书）您对必要的删减有何愿望，非常感谢。[……]

对于您给予之恩惠权且做出的一个微小报答是关于您《自

[1] 这里是指采访文章《不要绝望》中的一段，文章收入本书：“赫尔岑是一个社会主义者，曾提出警告，反对以一种枷锁取代另外一种。”见下文第 110 页。

由四论》的一个条目，供给《二十世纪哲学家著作百科》，现在我正在写这个条目。这是波兰科学编辑之家组织编写的著作。虽然我会尽最大努力，但是对于这一要求严格的任务我还是感到不安。

再次感谢您的慷慨和善意，但愿我能够做出充分的报答。

您诚挚的，

贝阿塔·波兰诺夫斯卡–塞古尔斯卡 75

1992 年 6 月 8 日

亲爱的贝阿塔，

全部按照你在信中所说的办法做吧，尽可能删除哲学词句，因为这些词句无疑会把没有学习过哲学的读者搞糊涂的。关于民族主义和反犹主义的段落，请谨慎为好——无须提醒你这个主题在东欧（不仅在波兰）的极度爆炸性。总之，我完全信赖你的判断。

致以最好的祝愿，

你的，

76 以赛亚·伯林

克拉科夫

1995 年 4 月 3 日

尊敬的以赛亚爵士，

冒昧向您禀告，受惠于“牛津学院访问学者计划”批准，我在 1995 年 5 月前往牛津，逗留一个月。如承蒙您允许拜见，则感激不尽。

可否动问您是否收到我 1994 年 12 月 8 日的信。如果没有，请允许我重复禀报，您惠赠的采访去年已经分两部分发表在两个刊物中，没有删节（随信寄去样本）。我非常抱歉，在拖延这样长的时间之后，谈话才得以发表——可怕的拖延，但并非全是我的错误。再次感谢您接受我的采访。这件事在波兰广为人知，陌生人都承认我是“有幸会见过以赛亚·伯林的人”。

在上一封信里，我说我终于得到一笔资助来出一本论您的自由概念的书。我现在决心完成这本著作。

期待再次会见您，希望您不至于感到厌腻。

致以最好的祝愿和最亲切的问候。

贝阿塔·波兰诺夫斯卡–塞古尔斯卡 77

1995年4月12日

亲爱的贝阿塔，

上次来信未得回复，请谅。一如既往，你什么时候来访，我都很高兴见到你——一踏上英国土地，就请尽快打电话来，让我们做一个最快的约定。很高兴你到来。

你的，

78 以赛亚·伯林

克拉科夫
1997年1月29日

尊敬的以赛亚爵士，

很长时间没有给您写信了。希望您康健如初。

去年夏天，我冒昧（通过亨利·哈代）请求您允许在我写的书里使用我在1991年对您采访的记录。我曾计划在秋天完成这本书，所以我没有写信给您，而是给亨利·哈代，因为我想您大概已经前往意大利。很遗憾，整个计划都不得不拖延到1997年春天，因为我的小女儿做了眼睛手术。您的秘书，帕特·尤特钦来信告诉我（1996年7月19日），说您不反对我在这本书里使用访谈记录，但是在我翻译这些记录之前要给她邮寄一个样本。我想解释一下，我想到的采访事实上是两次谈话，以您在1991年10月11日给我的接见谈话为依据。您后来阅读和修改了记录稿。您做了很多改正。我使用这个修改稿，写出两篇不同的谈话（得到了您的允许）。谈话录举出两个基本的线索：您论民族主义，特别是反犹主义的观点；和您的哲学，特别是价值多元论和您的自由概念。前者比较更引人注意，题为《不要绝望》，发表在《奥德河》月刊上（1994年第4期），第12—17页；后者讨论哲学，题为《我不愿意宇宙太整洁》，发表在《标志》上（1994年第10期），第114—121页。两篇文章发表后都被广泛引用，得到评论。我想让这两篇文章寿命长一点，让以往没有机会阅读的人看到。而且，我自己也常常引用这本书中的谈话。

如果您想要做出修改或者增减，我就不得不把文章再翻译成英语（文章和原稿多有不同之处，因为我重新安排了文本，组织成为两篇谈话，删减了许多重复的文句。我冒昧随信寄出两封信的复印件，您在信中表示允许我做出必要的调整）。我当然遵从您可能提出的要求。[1]

请允许我再占用您一点时间，提出两个问题。第一个是技术上的。在《自由四论》的波兰语译文中，有一段话不太明
79 白，想要澄清一下。我指的是导言里这一段的对应的文段：

> 无论出于什么理由或者原因，“消极自由”的概念[……]，无论其不受约束的形式造成的后果是何等灾难性的，这一概念在历史上即使受到其理论家们的扭曲，也没有像其“积极”对应物那样频繁而有效地被扭曲成为如此晦暗的形而上学，或者在社会方面如此邪恶，或者脱离其原意如此遥远之物。第一个可以被转化为其反面，但依然利用其来源清白的诸种有利的联想。第二个不管怎么说却更常被视为其原形；在最近的一百年中，对于其更具灾难性的诸种含义一直不乏强调的言论。[2]

无疑你会把“第一”理解为积极自由的概念，把“第二”理解为消极的理念。如果我认为指代对象有误，我是不是正确的呢？或者，只有在波兰语里，我们把“前者”看作“第一

[1] 我后来在书中没有收入这次采访记录，但是收入了《伯林书信集》。
[2] 伯林，导言，参见《自由论》，第 39 页。

个”，把“后者”看作“第二个”，而在英语里正好相反？[1]

第二个是具有根本性质的。我想，您也许还记得我们对约翰·格雷论您成就的著作的讨论吧。约翰的主要论纲是，在价值多元论和自由主义之间没有必然的联系。他首先形容您的自由主义为“一种有特色和高度独创类型的自由主义，[2]表述得最强而有力，维护得最强而有力，[3]是迄今所提出的最强大、最可嘉的，因为它承认理性选择的界限、确认激进选择的现实性”。[4]据格雷认为，在您的思想中多元论主要论纲支持自由主义，然后他透彻地考察了多元论和自由主义的关系。他分析了价值多元论可能支持自由主义价值观和实践的三种推理：

1. 我们凭借通过消极自由保护的选择，在互相不可比较的价值观中间选择我们的道路——对于这一论据，他的回答是：“即使在缺乏消极自由的情况下，选择还会继续下去，因为这是人类环境中的一种无法逃避的必然性。”[5]

2. 如果善与恶之理性互不相容这一激进多元论论纲是真实的，则国家永远没有充分的理性根据来把特殊的价值观等级排序强加给人民——在约翰看来，这个论据也失败了，因为

[1] 这个错置在《自由论》最近的一版中得到纠正。
[2] 格雷，《以赛亚·伯林》（伦敦：Harper/Collins，1995），第145页。
[3] 同上。
[4] 同上。
[5] 同上，第159页。

> 80 一种特殊主义的非自由制度在把对于不可比的价值观的某种排序强加给其臣民的时候，无须宣称这样的排序是独特地具有理性的，或者甚至比当前在世界上发现的其他排序更好。只需要宣称，这样的排序根植于某种特别的、本身具有价值的生活方式，并为其生存所必需；而这样的排序、它所支持的生活方式，很可能会因为不受限制地施行选择而陷入危险。[1]

3. 独裁主义的或者非自由的社会和制度必定否认价值多元论。关于这个论据，约翰同意价值多元论确实破坏了一些非自由社会提出的普遍要求，这些社会是马克思主义的、功利主义的、实证主义的、柏拉图主义的、基督教的、穆斯林的。但是他坚持认为人类的历史和人类可能有的前景都充斥了另一些非自由的文化，这些文化在其声称包含的价值观上，是特殊主义的，不是普遍性的。然后他举出印度教、神道教或者正统犹太教教义所支持的独裁制度的实例，他认为这些宗教都只致力于保存某种地方性的生活方式，不专注于确立他们所保护的生活方式之独特的或者普遍的权威，也不注重于否认其他生活方式的价值。在格雷看来，正是因为这样的“特殊主义的文化”避免了普遍主义的推理，这些文化“显得特别适合于感知和接受价值多元论及其必然的结果，接受极为不同的生活形式的价值和效力”。[2]

[1] 格雷，《以赛亚·伯林》（伦敦：Harper/Collins，1995），第 153 页。
[2] 同上，第 152 页。

约翰的分析引导他得出的结论形成了他这一著作的主要论纲：自由主义没有得到价值观多元论的支持；多元论是“更深刻的真实，破坏了自由主义作为一种对理性提出普遍性要求的政治理想之地位”。“从多元论的真实得出的后果是自由论机制没有普遍的权威。自由价值观与依存于非自由的社会或者政治结构和生活方式的其他价值观陷入冲突的时候，在这些价值观是真正互不可比的时候，那么，如果多元论是真实的，则没有理由给自由价值观以普遍性的优先地位。”“从下述关于人的理念到下述社会理念没有直接的或者普遍的道路：前者说作为物种的人，其人性是通过反复运用做出选择的权力而得到变化的；而后者说在社会里，选择的形成被认为是人类之善的中心要素。”[1]

我和您在 1995 年 5 月 17 日会见的时候，我引用了约翰的言论，请教过您对他的谈论有什么见解。您的第一个回答是（我引用录音带里的录音记录）：虽然“特殊主义的一元 81
论堪与多元论相容”，但是“神道教教徒在对待世界其他的人方面是自由的。不然他们就不是多元论者了”，因此，在这一意义上，“多元论必定蕴含自由主义”。5 月 24 日，我和您继续讨论。我引用了当时阅读的拉明·贾汉贝格鲁《伯林谈话录》中的两段：“我相信自由主义和多元论，但是这二者并没有逻辑上的关联”；[2]“多元论蕴含［……］最低限度的宽容

[1] 格雷，《以赛亚·伯林》（伦敦：Harper/Collins，1995），第 146，155，160 页。
[2] 拉明·贾汉贝格鲁，《伯林谈话录》（伦敦：Peter Halban Publishers，1992），第 44 页，比较下文第 211，225，287，290 页。

[……]”[1]

您确认了上面两种观点的前者，即，多元论和自由主义二者在逻辑上没有联系。我引用录音带：“多元论很可能被完全疯狂地把持。[……] 我完全理解［其他的观点］是什么，但是必须拒之门外，不然对国家就是一种危险。所以我强加某种十分严格的正统思想。我可以解释其他的运动，我理解这些运动 [……] 但是我不让它们进来。[……] 我要让一种学说占上风。”[2] 您说，这样的态度是纯粹理论的，不太可能，但还是能够出现的。这样，您最后的回答是：在多元论和自由主义之间没有逻辑联系；有某种心理学的或者政治的联系。但是，某种心理学的联结对于自由主义不是一种太微弱的支持吗？例如，马基雅维里的实例不是揭示了多元论与自由主义之间的联系的微弱吗？正如您文章所说，马基雅维里是第一个（虽然不是有意识的）二元论者，他允许对两种生活方式的一种加以自由的选择；然而，我们不能称他为一个自由主义者！格雷写道：“对于自由主义不可能有，也不需要有普遍的证实。它没有，也不需求‘基础’。它最好被理解为一种特殊的生活形式，实践它的人具有一定的自我概念，其中不受控制的选择乃是核心。”[3]

在我看来，约翰的批判比其他任何人的批判都触及了基础。
82 请原谅我冗长的信文打搅您。您怎样作答我都会极为感

[1] 拉明·贾汉贝格鲁，《伯林谈话录》（伦敦：Peter Halban Publishers，1992），第 44 页，比较下文第 211，225，287，290 页。
[2] 参见 1995 年 5 月 24 日谈话，下文第 225 页。
[3] 格雷，《以赛亚·伯林》，第 161 页。

谢。如您觉得我的问题苛刻而不想回答，就请告诉我应怎样对待这些采访记录。

感谢您为我所做的一切，致以衷心的爱戴与敬意。

贝阿塔·波兰诺夫斯卡-塞古尔斯卡 83

1997 年 2 月 18 日

亲爱的贝阿塔，

一言出口，驷马难追。[1] 我原来说的、后来又修改了的话语，连一个词也想不起来了。不过，不可能离开我实际的想法太远——所以就按照你要使用的形式处理吧。

你引用了论消极自由和积极自由的段落。你引用的英语我看很好。[2] 我的意思是，消极自由，一旦推向极端，就是指完全的放纵，例如，十九世纪在煤矿里干活的儿童，矿主享有想雇用什么人就雇用什么人，想规定什么条件就规定什么条件的自由，因为这是自由的合同；这些苦命孩子的家长是要收到工钱的。沙夫茨伯里勋爵要求停止这种恶劣的行为。但是，在理论上，这是对消极自由的完全正确的解释，依据其极端的形式，忽视任何其他的价值观或者人类的条件。这就意味着，从形式适当的自由开始，终点却到达了奴役。在积极自由中，却出现怪异现象：积极自由是对“是谁负责，是我自己呢？还是某种外在的机构？”的回答。如果是外在的，显然就是对形式适当的积极自由的破坏，但是在玩弄“自己”这个概念的时候，你不会把自己认同为个人，而是认同为教会、党、阶级，这一切都包含了一个“更高的自己”，这个自己有资格去吓唬我们所理解的、现在被错误命名为“下层的自己”（lower self）的真实的、现实的自己。这就是我的意思，我想，可能

[1] 拉丁文：Quod dixi, dixi。

[2] 伯林没有理解我的意思，参见上文第 79—80 页。

说得不如应该达到的那么清晰吧。

在你信文后半部，你问了我几个十分重大的问题，我没有把握能够回答全部，让我试试看吧。

格雷说，多元论世界观不一定就是自由论的，我认为他说得很正确：我有一套伴随我生活的信念，有我的价值观所呈现的某种景象——也许就是我所隶属的社会的价值观——“我们的文明”。成为多元论者的意思就是：我自己和我的文明的选择不一定是普世的；在过去和现在，可能存在着其他的文明，这些文明追求和我的文明价值观不相容的价值观。如果我是多元论者，就是意指，我理解人怎样能够逐渐接受这些其他的价值观，不论是因为他们的历史或者地理环境，还是因为任何其他原因。要点是：我并不因为这些价值观不是我的，因而对于我无意义——而简单地排斥它们——就像真正的相对主义那样；我力求理解，对于那些不认同我的信仰的人来说这是一个什么样的世界，人们如何会去追求不同于我的那些价值观。

如果我是自由论者，我就宽容他们；价值观多元性的存在 84
本身并不强迫我去宽容他们。我之所以宽容他们，不是因为我是一个多元论者，而是因为我是一个自由论者——我的文明恰好是提倡自由的，但这不过是一个孤立的事实。还有一个要点：如果其他这些文化的价值观威胁了我自己的价值观，如果它们不仅和我的社会的价值观不相容，还积极设法破坏我的社会，那么——即使我可能完全理解是什么因素（在社会学上或者心理学上，或者宗教上）引导人们走向这些信念——那我也要保护自己，抵御这些价值观，而且认为我这样做是理所当然的。如果它们的确是危险的，威胁了作为我的社会存在基础的种种妥协的话，那么，我就可能不得不去攻击这另外一种文化，乃至参加战争。这样的事情可能不像人们设想的那么常见，因为他们仅仅以二十世纪的种种恐怖事件为依据。你必须记住，不是全部的价值观都发生冲突的，只有某些价值观发生冲突。如果我的社会被另外一个社会威胁，实体上的威胁，或者，在极端的情况下，受到精神的威胁——比如说，伊斯兰教对基督教或者异教的威胁——那样的话，我就有资格保卫我的文化和抵抗持敌对态度的文化。但是，即使这样的文化，我也得允去理解，并不是简单地把它看成一种非理性的势力。一个非自由的社会是可能努力保护自己、不接受皈依自由主义的尝试的；而一个自由的社会，则要抵御将其变成极权主义或者神政论（或者，变成以某种方式威胁其根基的暴政社会）的尝试；我属于一个自由的社会，我宣扬宽容；但是，只是在某一个程度上。一个自由的社会能够允许法西斯党、宗教狂热主义、原教旨主义、所有形形色色的其他非自由学说存在，但是——有一个前提——它们的势力不得发展到足以威胁一个自由国家的基础。这是一个基本点。有一个古老的笑话，内容是德国保守派对德国自由派说："如果你们当权，你们当然得允许我们生存和发展，因为这是你们的原则；但是，一旦我们当权，我们就要努力镇压你们，因为这是我们的理论和原则。"这是一个意味深长的笑话，它的意思是，无论建立在什么原则上的社会，自我保护都是基本的需要；说它是基本的，是因为如果没有它，我所信赖的价值观就是我准备在其中生存的唯一的社会的价值观（而我信赖的价值观部分地来自遗产，部分地也许是我自己发明的，我皈依了它，或者它也许是我的社会的一个传统，无论其根源如何）。如果有什么战胜了它，对它施加暴政，我如果是一个不怎么勇敢、以和为贵的人，就会宽容，但是心里持续痛恨；如果我勇敢一点，又找到了盟友，那就要设法将其推翻——这也就是对极权主义、对任何种类暴政展开反抗的理由。

这也是对于暴政制度镇压自由主义的辩护——这是多元
论所指的意义：全部这些世界观都各得其所。赫尔德过于乐观 85
主义，他认为，各种文化都是能够和平共处的，而且彼此欣赏，不会尝试彼此干扰，而是单纯地生活在一个百花齐放的园子之中。自由主义并不预先设定它会宽容的其他的文化之存在，它只是承认它们，努力理解它们——这样当然就降低了它表现出来的反对情绪，亦即某些社会容易趋向的非宽容的程度。

就像我说的，一切都有限度。多元论显然允许一切种类的非自由论：对消极自由的压制。我维护消极自由的理念（而且，事实上，也维护积极自由的理念，除了在它陷入被歪曲的形式的时候），我不是作为一个多元论者，而是作为一个自由论者这样做的——我相信这是最好的社会，我能够举出理由来。但是我不能否认，有许多其他的人，也许是因为相信了谬误的经验论的假设，而可能相信正好相反的道理。作为一个自由主义无神论者，我认为，教权的非自由社会是依赖了对上帝、对教会、对某种神性法则永恒权威等等的谬误信仰的。我可以给你一个更强有力的例证。很多人都常常说，纳粹们是简单的病理学问题，他们患有某种危险的狂热症。我从来就不相信这个观念：我想，德国中小学生受到的教导是，取得进步、增加知识、道德、尊严等等的唯一途径，必须由某一个种族，亦即，北方人（Nordic）来促进；而且，还存在着被称为下等人（Untermenschen）的亚人种，这些人忍不住要破坏、摧毁北方人的进步社会的基础；所以，如果优秀的社会需要继续存在下去，这些人就必须被解除武装，或者被灭绝。这一论调所依据的假设都是极端荒谬的，但是人们显然有可能受诱导而相信。所以我可以说，我正在对一个社会发动一场战争，因为这个社会威胁了唯一具有最低限度体面从而让我觉得它可以容忍的社会，因为它相信这些极端的荒谬的假设，而其余的行为都十分合乎逻辑地、理性地来源于此。纳粹们不是狂人，他们的信念是简单地立足于危险的、破坏性的、致命的荒谬理论上的，这些荒谬理论必须全部铲除，因为真理是一种独立的价值观；在我这自由的社会里，我认为追求这样的价值观是正确的。

但是价值观是彼此冲突的：真实也许和幸福不能相容。纳粹分子们在连续不断的屠杀和征服中，也许比我在这个自由社会里更幸福：这一点姑且不管——我有我的价值观，如果有必要，在某种危机中，我会为保卫我的价值观而反抗我虽然理解，却有充分的权利抛弃的价值观；但是我无权予以错误解释，因为真理对于我乃是一种价值，无论政治的也好，其他等等的也好。

86 还有一点。选择：在你阅读过的书籍、文章或者对话中，有两种选择我没有展开讨论。一种是基本的选择，除非能够在A和B之间加以选择，否则一个人就不完全是人，不具有人性：我看你被绑在树上，或者遭受刑罚，或者别的什么，但是我可以选择接受如此的遭遇，或者努力反抗，选择弯下我的小指头，或者不弯，或者其他什么。在某个领域里，我必须具有某些基本选择的权利——如果我被剥夺了选择权利，我就变成了一个机器人，受到催眠，在此程度上不自由，因而失去人性。这类的自由，基本选择的能力，即使十分有限，也是被称为人的一部分，而不是完全受本能驱使的动物的一部分。然后还有政治选择，这是我论两种自由的文章的依据：这里指的是某种不同的事——有多少道门可以敞开，我就可以走过多少道门——这是免受干涉的自由，消极自由。这不是唯一的价值；如果它和积极自由、安全或者其他的社会价值观、其他居民的需要冲突，那它就可能不得不屈服于这些价值观——这样一来，就不得不达成不舒适的妥协。但是这类的自由是政治的，一定不能和人的基本自由，亦即一个生物学的／心理学的实体混淆起来。在众多的文化中，还没有一种人类的文化不带有基本的自由——对这样的自由的压制就是对于受压迫或者受折磨之人的非人化。

但是，自由的基本意义是不被绑在树上，不关在监狱里。你知道，我不接受自由的三合一概念，就是说，自由永远都是从某物走向某物：如果我被绑在一棵树上，我只要求松绑，如果我在监狱里，我只要求逃出来——以后我怎么办，是不清楚的，也不必提及。所谓自由是消极的，意义就在于此。多元论和自由主义之间有某种心理学的联结吗？答案是有的。如果说我具体做的事情之一就是理解其他的文化、这些文化怎么形成的、我的文化和他们那种文化之间的差别是怎样出现的、荷马的文化和罗马文化之间有什么差别、伊朗文化和红种印第安人文化之间有什么差别等等——如我这样做，我的倾向就既不是忽视也不是压制这些文化，也不是显露姿态，好像这些文化根本不存在，我的文化是唯一的文化，是最好的，足以忽视或者蔑视其他的文化（就像德国人有时候那样扬扬自得，法国人也是）：理解的努力能够减少这一倾向。如果你到国外去，你可能发觉自己身处一种奇异的外国文化之中，但是你不一定拒绝或者攻击它——那不是你的文化，但是你能够容忍它，你甚至能够理解人怎么能够那样生活，虽然你自己是不准备那样
87 的。这种精神状态必然导致自由主义的核心：有限度的宽容，不是没有限度的宽容，以你的文化不陷入致命危险为前提的宽容——但仍然是宽容。而同时还存在着本质上不宽容的、非自由的文化——多元论就在于努力理解这些文化——无论你怎么反对这些文化，无论你多么厌烦这些文化。

不知道我说得清楚与否——我仅仅希望我说清楚了。如果还没有说清楚，就写信来，我再继续。

致以最佳祝愿，一如既往。希望在你那里，真实、幸福、知识、安全、各方面都如意的生活汇合为一。

你的，

以赛亚·伯林

附言：另外还有你没有问到的两点。

1. 世上可能有民主的非自由社会吗？的确是有的——古代雅典民主就是这样的。选民，亦即公民的大多数，主导全部的问题；可以说服他们，但是不能强迫他们改变想法，他们可以施展压迫，例如，剥夺苏格拉底和一两个所谓的诡辩派的公民

自由，例如，说“月亮和伯罗奔尼撒一样大”的人。[1] 不存在有保证的公民自由的问题：自由指的就是任何一个公民对任何其他一个公民的行为实行普遍检查的权利。

2. 世上可能有专制的自由社会吗？据说“开明君主”曾经以此为目标：在约瑟夫二世的帝国，甚至在腓特烈大帝的普鲁士，个人都享有公民权、思想自由等等，远比古典时代的雅典、雅各宾专政年代和清教治下的新英格兰自由得多。像伏尔泰所信赖的开明君权制度，是严格意义上反民主的；一个开明的绝对君权统治者被认为很可能远比偏见深重而又狭隘无知的多数人做出更多的社会善事。我担心如今亦然：“开明的”英国的多数人一定要投票恢复死刑的，虽然这被认为是一个非自由的政策。 88

[1] 事实上，安纳克萨哥拉所相信的是，太阳比伯罗奔尼撒大。柯克，拉文和斯科菲尔德，《前苏格拉底哲学家们》，第二版（纽约：Cambridge University Press，1983），第 381 页。

克拉科夫
1997年4月2日

尊敬的以赛亚爵士，

收到您1997年2月18日无比珍贵的来信，难以表达我对您至深的感激之情。有一天，亨利·哈代告诉我，您并不是对于您收到的信件都予以回复的。[1] 我充分意识到我是多么荣幸——十分、十分感谢您。

感谢您的澄清，对于我在上次信中引用的《自由四论》的段落，我已经没有疑问。事实上，我本来理解得妥当，但是现在能看出来，我在信中愚笨地搞错了指代。不过，现在都清楚了。[2]

至于多元论与自由主义之间相互关系的基本问题，我还有几个疑问。如果您同意格雷的论纲：价值多元论不一定和自由主义联系在一起，那么您是否也承认“没有论据给予自由论价值观普遍优先态度”和“自由主义最好作为一种特殊的生活形式来理解”呢？您似乎不太相信这一点，因为您在《两种自由概念》中写道：“多元论，伴随着它蕴含的那份‘消极’自由，在我看来是更真实和更富人性的理想，超过那些在宏大的、纪律严明的威权结构中寻求阶级、民族或者全人类的‘积极’自

[1] 我很不明智，对伯林重复了哈代私下里告诉我的话，那是他为了帮助我在收不到回复时减少失望感才说的。

[2] 进一步考虑之后，我领悟到，伯林真的错解了我的意思：参见上文第84页，注释2。

我控制之人所追求的目标。"[1] 您在上一封信里没有进一步提供对于自由主义的多元论的辩护，但是您的自由主义出发点显得依然是普遍性的："我维护消极自由的理念［……］我不是作为一个多元论者，而是作为一个自由论者这样做的——我相信这是最好的社会，我能够举出理由来。"[2]

在您和伯纳德·威廉斯一起写的文章《多元论与自由主义：答复》中，[3] 您不同意乔治·克劳德的论纲：多元论破坏了自由主义的论据。但是，在您以前的信里，您写道："格雷说，多元论世界观不一定就是自由论的，我认为他说得很正确。"[4] 另外一方面，您，作为一个自由论者，在您的论著中断言，自由应该被赋予超越其他终极价值观的总体的（虽然不是普遍的）优越地位。那为什么，像您所说的，自由社会是最好的呢？它最好，是因为它是"您的文明"的一部分，还是因为存在着对于它的某种普遍的辩护？ 89

对不起，我还有另外一个重大的问题要请教您。在您上一封信里，在谈论纳粹现象的时候，您写出下面的一段："纳粹们不是狂人，他们的信念是简单地立足于危险的、破坏性的、致命的荒谬理论上的，这些荒谬理论必须全部铲除，因为真理是一种独立的价值观；在我这自由的社会里，我认为追

[1] 伯林，《两种自由概念》，参见《自由论》，第 216 页；比较下文第 245，255，286 页。
[2] 1997 年 2 月 18 日信，上文第 86 页。
[3] 以赛亚·伯林和贝尔纳·威廉斯，《多元论与自由主义：答复》（回复乔治·克劳德的文章，《多元论与自由主义》），《政治研究》42（1994），第 306—309 页。
[4] 1997 年 2 月 18 日信，上文第 84 页。

求这样的价值观是正确的。”[1]一个自由主义者，像您一样的，能够谈论真理吗？[2]如果可以，真理是什么呢？真理就像其他的价值观吗，就是“至少，在大部分有文字记载的历史上，被大多数人所接受”，[3]抑或就是您在您的自由社会中所理解和相信的？您在1992年3月20日给我的信文似乎支持后一种论说：

> 我的多元论没有提出这样的假设：所有的信念、道德等等，单纯地就是其本身——没有办法认为其中某些比另外一些更好或者更糟——也许还包括邪恶。当然，我的判断基于我的理解和信念，我不是在多种道德之间摇摆，我信我所信，但是同时能够想象，如果对方是一个古罗马人或者日本神道教信徒，他会有何想法、有何感觉。[4]

在您和伯纳德·威廉斯合写的文章中，您批评了克劳德选择的“无限抽象水平的论据”。对于我所在的世界来说，自由主义的哲学基础问题十分重要。是否存在着对于一套自由价值观的普遍性辩护呢，还是自由主义就是一种特殊的生活方式呢？

问题显得盘根错节了，请谅。

[1] 1997年2月18日信，第86页。
[2] 在这里，我完全误解了伯林。我指的是纳粹的价值观和价值观领域中的真实，而他想到的是认识论的真实感。1997年6月18日信文最后一段提及这一误解（并且强调指出），参见下文第102—103页。
[3] 伯林，《欧洲的统一及其变迁》，参见《扭曲的人性之材》，第204页。
[4] 参见1992年3月20日信，上文第72页。

对于您任何的回复，我都衷心感谢。

致以亲切的敬意。

贝阿塔·波兰诺夫斯卡-塞古尔斯卡 90

1997年4月19日

亲爱的贝阿塔，

谢谢你4月2日的来信。你提出了重要的问题，我觉得必须尽力回答。很高兴你以这样的措辞写信，因为这封信的确催促我深入思考一些问题——此前我很可能没有考虑清楚。

让我从头说起吧。我认为，格雷十分正确地指出，在多元论和自由主义之间没有逻辑的联结，虽然有其他各种（在某种意义上同样重要的）联系，我将逐一谈及。首先要说的是，我们承认“人权”和“反人类罪行”。你知道，我不信对这些或者绝对价值观的先验性辩护。如果相信的话，情况会容易一些，但是必须说明我们相信什么——就我的情况而言，我就该说“知道”什么是真实的。然而，有些普遍性的原则可以借助，而且是没有人拒绝或者否认的。纽伦堡审判就以这些原则为依据，虽然我们可能争论这些原则是什么，但是还不能从哪方面出发将其断然否定。自由主义无疑是拥戴这些原则的。当然，在这一层意义上，为了取乐而折磨儿童的行为被视为非人性的，违背人性或者自然权利法则；但是这还不足以确立自由的原则。思想自由，或者集会自由，或者信仰、言论的自由是否列入其中，大概是有争议的——我要说，从上面提示出来的意义来看，这些都是人性法则的一部分。有人可能不同意。不管怎么说吧，这些总体性的原则，几乎在每一个地方，几乎在全部的时代，几乎被每一个人接受（即使不是严格地必定处处都被接受），足以为道德提出依据——无论是政治的还是个人的道德。

现在谈一下要点吧。一个人能够成为一个自由派和反多元论者吗，一个人能够成为一个狂热的自由派、寻求铲除全部替代形式的政府吗？在理论上，我认为可以，但仅仅是在理论上。我来解释一下。自由主义基本原则之一，至少在我看来，并且我认为在从任何意义上谈论此事的大多数人看来，是宽容。这是指对于与我不同的观点表示宽容。这就必须理解这些观点是什么，允许这些观点得到表达，即使这些观点不符合我的观点，有时候可能与我的观点对立。若非如此，在我看来，就没有自由主义。同时，多元论蕴含对不同文化所追求的，或者作为这些文化基础的价值观的理解。这些价值观中的某些肯定必然是在被描述为自由的社会中应得到允许的。普遍的宽容 91
带来的结果就是：全部这些价值观，在过去无论是否被荷马时代的希腊人或者红种印第安人，或者中世纪的宗教裁判所，或者纳粹分子所拥抱，都必定是被容忍的，尽管引起争议，尽管像我相信的那样，这些世界观的大部分根据是错误的，这些错误终究可以用普通的、自然论的、经验论的手段驳斥——例如，我们能够设法表明，西方的进步无论怎样解释，都不是单一地起源于其北方人的或者条顿族的渊源，Untermenschen（下等人）不存在，这样的人是一种邪恶的杜撰，一种臆造——我认为，这些情况是可以显示出来的，通过普通的、理性的论证，以经验论的观察和共同的推理为基础。即使我在这个问题上是错误的，即使我认为不可容忍、奸诈、邪恶等等的观点来源于根深蒂固的心理根源，这些根源不能够凭借任何数量的理性和经验的论据根除，那么，还是要承认，如果一个自由的社会想要存在下去，就必定有某些观点因为十足危险而得不到容忍。并非一向如此，例如，在第二次世界大战以前，法西斯主义在英国是弱小的，可以说我们的民主能够容忍它——不存在即将降临的颠覆的危险。而其他反常的或者邪恶的信念，也是如此。但是，在这里，伦理学变成了政治学，你也许可以理解我的意思：如果这些观点变得足够强大，威胁到了一个自由国家或者（无论自由与否）民主国家的基础，在这样的时刻，我们就要提出，宽容（宽容是自由主义固有的，而且在某些人看来是民主社会固有的——是关于党派体系的理念所蕴含的）必须让位，必须采取措施保护忠实于宽容的社会。换言之，自由社会有权利反抗，甚至是镇压任何可能变得强大到足以颠覆自由社会基础的运动。这就是你说的原则，亦即，除了那些消除宽容之可能性的事物，你可以宽容任何事物。[……]

换言之：如果你是一个多元论者，你就要忠诚于对各种观点的宽容——不仅是宽容，还有对这些观点的理解。一旦你理解了他人的观点，你就有机会理解（在时间和空间上）遥远的文化十分不同于（你所在的时代的）你自己的文化的观点。但是，如果某一种文化对于它所威胁的多元社会变成了危险文化，则这一多元社会——以保护多元论和/或自由主义的名义，如何称呼，悉听尊便——就有权利镇压、反对这样的文化。因此，第二次世界大战因为反抗法西斯主义而得到赞同——如果苏联共产主义变成对于西方自由主义的某种严重威胁的话（没有人确认是否就是），反抗也是会得到赞同的。这
92 是我的观点。换言之，我不是简单地观看各种类型的宪法，然后因为我感觉喜欢其中某个（虽然我无疑是这么觉得）就看好自由主义的。我想到的超过了这个情况：我自忖，宽容是一

种人权，一种普遍性的权利，或者，按照我的说法：准普遍性的；如果是这样，而且只有自由社会才能够充分地予以实践，则这就是二者之间的联系——这不是一种逻辑的联系，而是事实上的，且并不差。宽容是全部这个问题的核心，而在宽容之中，理解乃是先决条件。这是一个在哪里停止的问题。自由社会有一个特点，自由社会对各种不同的观点有某种宽广的理解范围——也就是说，在自由社会里，可以存在不同的见解，而且社会因此变得更好（在西欧，几百年来，我们倒是宁愿不相信这个道理）——在某种意义上，这是一个现代的观点，但是在道德上仍然是成立的。不知道我把话说清楚了没有，希望说清楚了。

如果你还有问题，请写信告诉我。你的信给了我很大的激励——我想，我以前从来没有这样清晰地表达过我的思想，所以，如果你愿意，就请再写信来。我充分理解你提出的问题的重要性。

我不能确信我把自己的意思完全表达清楚了。如果自由主义包含了作为核心原则的宽容原则，问题就是：在一个自由社会里，宽容的界限应该划在哪里呢？我的回答只能是，限度取决于保持自由社会的安全：（在道德上）我们有资格反抗，或者在极端的条件下，镇压严重威胁一个自由社会之稳定的见解和行动。亦即，这就是必要的自我保护的界限。反自由运动只要不是对于社会的严重威胁，是可以宽容的；如果是这样的威胁，一个自由社会则能够有道德地反抗或者镇压法西斯主义的、神政的、不主张宽容的传统主义等运动。这是我的信念。和伯纳德·威廉斯不同，我相信，政治理论是在公共事务方面实施道德——无论是何种类型的道德。我把你的文章给威廉斯教授（牛津基督圣体学院）[1] 看了，他提议我寄给你附寄的文章。[2] 这篇文章没有给我很大的启发，也许你觉得有用吧。

你的，

93 以赛亚·伯林

[1] 他是指他正在回复的信。

[2] 伯纳德·威廉斯，《政治理论中的现实主义和道德主义》，他的著作《行动为先：政治辩论中的现实主义和道德主义》（新泽西普林斯顿：Princeton University Press，2005）未发表的概要。

克拉科夫
1997 年 5 月 24 日

尊敬的以赛亚爵士，

十分感谢您 4 月 19 日极具启发性的书信。我真诚地感谢您最大的慷慨。也感谢您寄来威廉斯教授的文章。我觉得这篇文章鼓舞人心，但是对于我目前的研究帮助不大，文章从一个不同的视角探索了自由主义的基础问题。

问题本身依然萦绕我的脑际，特别是在我们国家激烈的政治话语语境下（恰巧明天在波兰要举行宪法公投）。自由民主的国家制度是我们唯一的理性选择吗？或者我们还有其他同样合理的选择？如果没有，那又是为什么？是因为（像约翰·格雷可能说的）我们特殊的历史传统吗？或者，因为自由主义有理由要求普遍的权威，因为它承认自由的价值，没有自由就没有选择，因而不可能保持我们所理解的人性？（这是您的立场吗？）

您在上次信中就［……］您政治理论中价值多元论和自由主义之间相互关系所提出的解释和您的论纲：我们在宽容之中能够看出解决该问题的关键和多元论与自由主义之间的连接环节，此二者似乎对我全部的疑问给予了回答。但是，我感觉最困惑的是格雷的论证似乎无懈可击！也许，您的推理脉络应该从心理学背景上看待，而他的推理应该从逻辑学背景上思考？这些问题都是十分繁复的；虽然都是理论性的，但是对于纯粹实际的事物有鲜明的关系！［……］

还有一个问题想请教您。我看到了理夏德·莱古特科[1]对约翰·格雷的政治理论的评论（莱古特科是克拉科夫雅盖沃大学的教授，我记得您1986年在万灵学院曾和他会晤）。这篇文章中有一节论述了您的和格雷的价值多元论。我觉得莱古特科提出了不容忽视的几个观点。第一，他讨论了各个低级别的善和终极价值之间的不可比性质。请允许我引用最重要的段落：

> 较为低级的不可比物，从史前时代起，就一直是我们
> 的经验的一部分，如果认为希腊人、中世纪基督徒或者犹
> 太人没有识别它们的能力，是显得怪异的。在此语境中，
> 94 如下的做法亦是误导：谈论“悲剧性的选择”，而暗示那
> 些发现并且为我们解释悲剧性概念（这是我们现代人不能
> 再现和模仿的）的古人对它视而不见。在当一个神父或者
> 士兵之间的选择——这显然是两个不可比物——不比在夏
> 天留在家里或者出外旅行更具悲剧性质。实际上，正是伯
> 林的和格雷的客观价值多元论显得缺乏任何真实意义上的
> 悲剧性。除了终极价值的宗教维度的问题（悲剧性的本质
> 组成部分，而对于格雷和伯林来说，几乎不是一个问题），
> 对于承认悲剧而言，客观价值多元论缺乏两个本质的组成
> 部分：必要性的观念和统一的观念。如果没有非人格的必
> 要性——命运或者更高的道德指令——就没有悲剧。安提
> 戈涅和克瑞翁，从价值多元论方面来看，最多不过是脱离

[1] 理夏德·莱古特科，《论后现代自由派保守主义》，《批评评论》8，No.1（1994年冬），第1—22页。

实际的教条论者，最差则是顽固的笨瓜，看不出对于他们来说有意义的解决办法是某种妥协，他们令人费解地拒绝妥协。同样，如果没有道德统一感——无论感受得多么模糊——也是没有悲剧的。如果神父和士兵被视为两种互不可比的生活方式，各有所长，我成为一个神父而不是士兵，会有什么道德损失呢？我的主张是，道德多元论，特别是道德多元论后现代变体是内在地反悲剧的，而且被视为如此。在一个碎片化的世界里，没有道德的中心，而只有边缘地区，每一个边缘都会变成自己的孤立的中心。因此，许多的选择都被认为同样良好，不因为拥有替代的生活方式或者替代的道德观而感觉受到蔑视。即使事实上某些生活方式显然为我们所不及，这也不是令人沮丧的，因为这些生活方式和我们的生活方式根本无法比较，我们甚至不知道我们所缺乏的是什么：有多少美国的大学教授或者电视新闻主持人，因为不能感受从某些不相干的标准来看无疑极为可贵的因纽特人生活的乐趣，而感到那是一场悲剧呢？[1]

然后，莱古特科从终极价值观方面分析了价值多元论。他同意，其信息对于构建任何伦理体系都至关重要——我们不能构建一个将会满足全部人类理想的体系。但是，他宣称，除了终极价值观的不可比性的重要性之外，古典哲学对现代世界依

[1] 理夏德·莱古特科，《论后现代自由派保守主义》，《批评评论》8，No.1（1994 年冬），第 6—7 页。

然是相关的：

> 第一，承认不可比性对于苏格拉底学派奠基人不是陌生的。就连柏拉图［……］也看到某些重要的价值观所固有的非可比性（《泰阿泰德篇》和《法律篇》的事例如下）。
> 95 ［……］第二，苏格拉底学派奠基人和中世纪哲学家们相信善的等级，他们谈到的最高的善不容易应用于实际事务。它更多的是一个神学的或者本体论的概念，而不是道德的或者政治的概念。［……］古典政治哲学具有一个神学的维度，这一事实使得该哲学实践者在某种非工具性的意义上设想最高的善［……］。在关于最高的善的概念中，没有什么因素妨碍他们看到政治机制以及对这些机制的评价的复杂性。第三，客观价值多元论本身［……］不免有乌托邦的倾向。［……］选择把价值多元论当作最高原则的新世界的人和古典时代乌托邦主义者没有很大的区别，因为他们都对其计划的造福性质表现出信心。他们还感受到了政治的和道德的终极性，古典哲学家们将其用于全能的官僚结构，他们则据此保卫一种无中心的秩序，这样的秩序以无依据的认识论为基础，为非等级制的人类理想服务。[1]

在我看来，莱古特科提出的观点十分独特，不是微不足道

[1] 理夏德·莱古特科，《论后现代自由派保守主义》，《批评评论》8，No.1（1994年冬），第7—10页。

的。您在《两种自由概念》中写道："如果［……］人的目的有多种，而且从原则上说彼此不能完全相容，则冲突——和悲剧的可能性就不能完全从人的生活中消除，无论是在个人的还是社会的生活中。"[1] 您写出这一论断的时候，想到的仅仅是终极价值观的非可比性吗，还是也想到了较低层次的善的非可比性了呢？如果是后面这一情况，那么您会怎样答复莱古特科呢？

非常抱歉这封信又写得这么长，而且提出这么多的问题。如果不是这些问题折磨了我，我是不敢冒昧如此打搅您的。

对于您可能的回复，我都十分感激。

您真诚的，

贝阿塔·波兰诺夫斯卡-塞古尔斯卡 96

[1] 伯林，《两种自由概念》，参见《自由论》，第 214 页。

克拉科夫
1997年6月27日

尊敬的以赛亚爵士，

费了几天的思索，我才决定在您能够回复我上次信件之前是否给您再写一封信。我充分意识到我是何等地莽撞，竟不断地去信，而且信中塞满急切的问题。我这样打搅您，唯一的原因是我意识到我写作一本论述您的思想的著作要承担多么重大的责任。

在写作关于您的多元论的一章的时候，我不断地回顾其他作者对您思想的评论文本。再次阅读熟悉的著作的时候，我们会发现很多新的事物，这真是难以置信的。在通读伯纳德·威廉斯的一篇文章的时候，遇到了下面这一页：

> 价值观是不可比的［……］这个论断说出了某种真实和重要的事；或者可以说，多于一件真实而重要的事。这一论断可能被认为涉及至少四个重要的否决；这些否决具有逐步增长的力量，所以，如果接受清单中的后者，就涉及接受前者：

1. 化解价值观每一种冲突的通用办法是不存在的。

2. 针对价值观的每一种冲突，都存在独立于任何冲突价值观的某种价值，可以借用来化解这一冲突？——并非如此。

3. 对于价值观的每一种冲突，都存在某种价值，可以用来

（独立地或者不独立地）理性地化解这一冲突？——并非如此。

4. 价值观的冲突都不能理性地解决。[1]

这一论述说明了您的立场了吗？（伯纳德·威廉斯似乎认为说明了。）对于最后这一个论断我有很多疑问，在我看来走得太远了。您在《两种自由概念》的结尾处说“价值观很多，并非全部都是可比的”，这是不是说，其中有些是可以比较的呢？ 97
因而，是不是说，有些价值观的冲突能够理性地化解？如果考虑到您举出的关于一个人往他人躯体里按图钉时感到愉快的事例，那么不能够理性地化解这个人的快乐和他那些牺牲品的痛苦之间的冲突吗？

我一直觉得您是指向理性判断的极限的，但是您完全没有否定理性（您告诉拉明·贾汉贝格鲁说，您是一位自由派理性主义者）。在这件事上，我是正确的吗？伯纳德·威廉斯是错误的吗？

请原谅又拿出一个问题打搅您。我许诺这是最后一个问题。如果您太忙，或者感到厌腻，就请忽略。

祝您暑期得到很好的休息，万事顺利。

您亲切的，

贝阿塔·波兰诺夫斯卡-塞古尔斯卡 98

[1] 伯纳德·威廉斯，《价值观的冲突》，参见《自由的理念：以赛亚·伯林纪念文集》，（牛津：Oxford University press，1979），第 227 页。

1997年6月28日

亲爱的贝阿塔，

谢谢你5月24日的来信。你提出了值得探索的问题，我准备尽力作答。

感谢你接受我关于宽容乃是多元论与自由主义之间一座桥梁的理念——我自信这个理念是正确的。

为什么需要政治民主呢？例如，为什么不要神政，或者还有，不要对传统规则盲目服从的传统的生活呢？让我开门见山地说吧，是存在着所有伦理和政治信念都需依据的某些基础的（这个问题我们以前谈过，不过不必介意，我还要重复）。随便界定这是心理学的、生理学的、生物学的等等都好：人不能没有饭吃，不睡觉，没有性生活、呼吸、安全、交流、感官生活。这以某种基本的选择自由为前提——我选择起床，还是躺在床上；我休息，还是工作？等等。若非如此，我们就降低到了物质的东西，或者，最多降低成为凭借本能做事的动物。因此，你可以说，如果没有这些条件，我们就被非人化了——这些都是人从根本上需要的，所有的人都需要；这不是一个先验的论断（因为我不相信存在着关于生活的先验的真实），而是以观察为根据的。除此之外，人，作为人，十分普遍的是，需要社会——霍布斯的孤独的野蛮人从来就是不存在的（这一点，从某种非自觉的方式看，甚至适用于动物）。对于一切人都需要的社会和交流的需要，乃是以某些应该遵守的价值观为前提。例如，真实——如果人人撒谎，人人都不相信任何人，如果这样，社会就要解体；某种善恶感，追求什么，避免什么——这也包括审美和其他所有积极的价值观；某些规则，亦即，正确与错误，是必不可少的；要守信用，否则，不守信用的行为也要令社会解体。其他事例还有：禁止谋杀、偷盗等等，不然，社会还是不能存在——如果这些行为不被禁止的话；即使规则被破坏，绝大多数人还是必须在这些规则指导下生活。所以需要制度，不然就没有社会。

但是，这个情况没有引出政治自由的问题。人可以在专制制度、神权制度下、在传统的独裁体制下生活。这都没有导致非人化——那还何需自由民主？人类学观察能够发现的事实是，人寻求不同的价值观——消极自由、积极自由、平等、正义、仁慈、理性的组织、家庭生活。我们知道，其中某些是冲突的，但是问题是，为什么要寻求这些，是什么令其成为价值观的？回答是：归根结底，一切都是心理学的——人被创造 99
成这样，各不相同，人选择价值观，因为他们是这样被育成的。如果他们彼此有冲突，随后他们可以彼此妥协，例如，在传统的权威和脱离权威的自由之间；脱离的办法是造反、抵抗暴政——通常是少数人的反抗，等等。主要的妥协，当然，是在各种制度与个人自由之间。没有制度，社会就不能存在；但是如果彻底制度化，政治自由也就消亡。所以我们选择民主，意思就是，如果得不到社会成员足够的支持，如果政府不知道自身可能被撤销（无论使用什么机制——通常是选票），政府就不能够治理。如果有足够多的人喜欢，政府甚至可能是专制的——这也依然是民主的，尽管自由派不喜欢——但是，必须取决于这样的事实：政府不是完全安全的，按照存在的规则它可能被推翻，这是政府所接受的规则——

这一点使得它成为民主政府，这一点给予个人所谓的政治权利等等。然后就是个人的自由——这一点使得民主是自由的，即个人选择的机会——大门都是敞开的。我要重复说，这可能引起冲突。所以，为了生存我们要妥协，从中得到我们能够得到的。民主是指政府能够被推翻，自由是指有足够多的道路开放供我选择，无论政府可能做出怎样的决定。如果政府阻拦我走上这些道路，我就要自问我是否需要反对政府，在规则范围之内开始煽动——社会是这样运作的。除此之外，还存在着人所广泛接受或者向往的某种价值观体系。有些人选择一种社会方式，另外一些人选择另外一种，但是他们之间一定存在足够的共同的价值观，使得他们之间的争辩成为可能。我能够努力说服他人接受我的观点，这就是说，我依靠我和每一个他人之间存在的数量充分的共同价值观，能够展开辩论，说服、求助于共同的价值观。这一点又是应该从人类学上确立的事实。

还有，为什么还需要特别讲自由的民主呢？不是为了格雷提出的理由（亦即，所有价值体系都是自成体系，这只是它们之间一个非理性的扔硬币式选择），因为我们可以提出我们所做选择的理由，取舍的理由；是否我们坚持传统或者否定传统，是否我们愿意在共和制或者在君主制下面生活。如果我们的理由对于否定这些理由的人不是可以理解的，我们便不能就上述观点提出争论，而且提出我们的理由；我们就不能尝试说服奴隶们起来反抗；我们就不能理性地坚持也许不是被普遍地，但是被广泛地接受的某些一般性规则——这些事一律办不到。所以，自由的民主是具有各种制度和享有一定程度自由二者之间的一种交叉，我们愿意择取这样，不只是因为我们喜欢，而是因为我们能够提出理由，虽然这些理由不一定能够说服他人。100

不知道我针对格雷的这一点说清楚了没有。如果说不同价值观体系追随者之间的争论是可能的，则这就不是扔硬币的事——现成的每个体系各自为政，都不能够指责任何其他体系。当然我能够责备我憎恨的体系，我不能做的事是佯装我不理解它们（多元论）。我能够看到有人愿意在某种对我说来令人厌恶的制度下生活，但是，之所以令人厌恶，是因为我的生活、和我的生活联系在一起的许多其他人的生活——我的整个的社会——都选择在另外一种制度下生活。他们为什么这样选择呢？你可以说这是心理学上的，但是在这一意义上，一切都是心理学上的，一切都不是逻辑上的。

我在这封信的末尾来回答你提出的关于真理概念的问题，现在来谈谈莱古特科。我认为我要放弃你提出来的第一个长段的引文。因为我不信宗教，所以不能够猜度一个信教的人怎样看待悲剧：但是在他引证的事例中，出现了克瑞翁和安提戈涅，出现了在严格意义上是悲剧性的价值观冲突，而且得到索福克勒斯如此的表达。安提戈涅接受了必须遵守的不成文法，她相信（克瑞翁和我都不相信）有一些先验的绝对规则是必须遵守的，如在这一事例中教她埋葬她哥哥的规则。而克瑞翁相信应该服从国家，不然就会出现混乱。不管采取哪一个决议，无论克瑞翁还是安提戈涅赢，都要出现悲剧，因为造成了损失：如果克瑞翁得势，则安提戈涅（正确或者错误地）信赖的原则遭到破坏；如果她得势，则国家的权威遭受损害。无论是哪种情况，都有某种损失；悲剧简单传达的理念是：你不能同时选择二者——如果你不能选择二者，你就遭受损失；这是痛苦的，如果造成损失，就部分地破坏了你的安宁，有时候还破坏你整个生活观。他说得很好，一个人能够选择当神父或者当兵，如果他选择其一，就不可惜其二——当然，也就没有痛苦——像他所说的：我去散步，或者不去。而当两种价值观都强烈地拉扯你，痛苦就来临，随之而来的就是悲剧（悲剧涉及的就是这样的事）。你对二者都深深忠诚，想要实现二者，它们都是你据以生活的价值观；如果二者冲突，你就不得不牺牲其中之一，除非你找到妥协的办法，这个办法不能完全满足你的愿望，但是能够防止剧烈的痛苦，总之，防止悲剧。这就是妥协的价值。一言以蔽之，我认为他把克瑞翁 / 安提戈涅的情节看错了。

让我说清楚我的观点。无论哪一方赢，另外一方价值观的
101 损失都不可能是赢的一方的痛苦来源，因为赢者抛弃另外一方的价值观。所以这里没有悲剧，只有一种冲突。悲剧是给雅典观众的，他们大概是相信这两套价值观的，相信安提戈涅遵守的不成文法、永恒法则和克瑞翁的信念，亦即，国家是最终的权威来源。这里不仅存在着某种冲突，而且，无论哪一方赢，另外一方的损失对于观众都是痛苦的来源，因为观众相信这两个不可调和的方面。这是悲剧性的。

莱古特科认为柏拉图也相信价值观的不可比性——这个观念取决于《泰阿泰德篇》和《法律篇》中的范例。我是否可以得到有关的引文？不然我就不能判断这一观念正确与否。他还认为，希腊哲学家和中世纪的哲学家认为最高的善乃是

一个神学的概念，而不是一个道德的或者政治的概念。我认为这也许是正确的，但是他说的话与此并不符合。对于柏拉图而言，“最高的善”是哲学家们所熟悉的事物，因而哲学家们可以相应地管理城邦；这是和民主对立的，因为在这里绝对的权威藐视多数人或者个人的见解——你可以说“最高的善”是一个神学的概念，但是它肯定是具有某种工具性的意义的。我认为莱古特科是错误的。对于中世纪我所知甚少，但是说到底，上帝的律法取代了一切，我们都知道这些律法：如果因为上帝禁止，我们就不谋杀；如果因为教皇是教宗而且以上帝的名义（正确地）言说，我们就接受他最后的判决，那么，这就和政治的或者道德的行为有直接的关系了。我不理解莱古特科说的“政治的和道德的终极性”是什么意思，虽然存在他认为他们接受的价值多元论，在古典哲学家那里——我不懂“一种无中心的秩序，这样的秩序以无依据的认识论为基础，为非等级制的人类理想服务”是什么意思。所以，你如果问我莱古特科的独特性，我认为他没有什么独特之处可言，至少对于我来说是这样的，如果情况没有得到进一步的说明。

至于人的目的的不相容性是否既适用于较低的善，也适用于终极价值观的问题：是的，无疑是这样的——但是较低的善，因为不是终极的，所以可以从终极的善的角度来决定。它们可能是不相容的，但是如果你从某一终极价值观方面来解决冲突，是可以的——即使可能使得其他的终极价值观被弃置不用。所以我看不出有什么必要来回复莱古特科。

你关于“真理”的询问：在价值观上，我是一个多元论

102 者，但不是在认识论上。[1] 真理不因为文化或者社会的不同而不同：如果是真实的，就会“永远”真实。我不能确认我的信念都是真实的——永不错谬、绝对的知识，依我看，都不在我们的掌控之中；但是我能够把某些判断视为无法矫正，而且这样的判断不取决于环境。如果有人对我说 2+2 = 193，我不说：“普遍接受的”算术规则决定了这毫无道理，而在某些文化中，这似乎是可以接受的。我要说：这不是真实的，毫无意义，就算术之为算术而言，这是荒诞的，而且无论是谁、在哪里、在什么时候说的，都依然是荒诞的——我不想再添一句：在金星上，可能有另外一种我们所不知道的算术有效。这里没有多元论。

致以最佳的祝愿。

您的，

103 以赛亚·伯林

[1] 伯林在这里把对于他的观点的错误解释归于我，但是我没有做出过这样的解释。这是累积起来的误解的结果，从开始就该由我负责，因为我问过一个考虑不周的问题（参见第 90 页，注释 2）。

1997 年 7 月 17 日

亲爱的贝阿塔，

收到你 6 月 27 日的来信，请原谅复信拖延了这样长的时间，我因为外出，直到今天才得以作复。

你说得对：伯纳德·威廉斯对我的观点讲述得太极端，你的疑虑是很对的。某些价值观不是互相冲突的，并非全部的价值观都是互不相容、不可比校的，这一点很明显。有些价值观显然可以比较——我们每天都在比较。至于理性地解决冲突，当然我的偏好在某些情况下不仅可以比较：例如性质十分不同的两种愉快，我决定择取其一而放弃其他，不单纯是通过投掷一枚硬币（非理性地），而是因为我的偏好是能够以理性的论据——道理为根据的；虽然说到底我们是受生活所依据的价值观的组合控制的，这些价值观和其他的文化所遵守的其他的组合又常常是不可比较的和互不相容的。整体的观念可能是不相容的，我的观念说到底来自许多的因素（性格、经验、我的社会传统、语言、习惯、习俗等等，还有某一个神父或者思想家可能令我皈依的价值观，或者我自己突然觉醒而接受的世界观）——这一事实表明，这整体的组合是存在的，不是我个人的选择，它选择了我，一如我选择了它，它是我所生活于其中的文化的一部分。换言之，它不仅是我自己的生活方式，而且也是我所属并与之交往、交换观点、争论、有分歧的人群的生活方式的一部分。整体的组合和其他的——例如罗马人、因纽特人、任何什么人的——整体观念组合很可能不相容；但是这不意味着价值观总是有冲突，或者我没有理由偏好某种特殊的行为方式或目标。关于这一点，你是绝对正确的。

你问我“伯纳德·威廉斯是否错误？”，因其否认我是理性主义者，或者理性的。他没有错误，因为他没有如你所说走到否认我的理性那么远——我认为你也许稍微误解了他对我的观点的解释。也许“理性的自由派”比“自由派的理性主义者”好些——这是对于我的立场的最好的描写。

这封信回答了你的问题吗？希望如此。我年纪大了，思想常常混乱，所以不知道我表述我的思想是否像在我已经出版的著作中那样清晰。不过，我认为我持有某种立场，我想，你是完全把握住了这个立场的。让我表示对你的感激，并且希望你的著作获得理所当然应该获得的大成功。

你的，

104 以赛亚·伯林

访　谈

1991年10月

不要绝望

贝阿塔：几年前，[1] 在我和您第一次见面的时候，我提出一个一直在我心里盘桓、挥之不去的问题："还有希望吗？如果还有希望，那么这个希望到底什么时候出现呢？"您的回答是："会发生的，因为事态正在变化。也许在一百年之内。"对于已经发生的重大事件您有什么感触——特别是关于独立的拉脱维亚？

伯林：和你见面的时候，你问我关于共产主义和苏联体制等等的问题，那时候我没想到这是可能的，没想到它会这样突然地、彻底地垮台。我有一个朋友，一个英国诗人，叫斯蒂芬·斯彭德。在他接受的一次采访中他报告说，他曾经问我："今天世界上可能发生的最奇妙的事，您认为是什么？"我说："最奇妙的事是苏联及其共产主义垮台。但是，当然，不会在我们的时代里发生。如果发生的话，也是在我们都死去很久以后发生。"

贝阿塔：但是的确发生了……

伯林：这是那种没有人预料到的事件。全世界都感到震惊。有些人无疑感到失望，有些人感到得意。有的极为高兴和
107 快乐，像我。而且松了一口气。高兴的是，世界变成了一个好一点的地方。但是我想告诉你的是：我遇见的差不多预料到了

[1] 1986 年 7 月的一次谈话，没有录音。

这件事的人，说来也可笑，是英国驻莫斯科的一个大使，他的名字我忘了，大约在十年前。我和他在伦敦的一次会议上见面，他说："苏联不能够这样撑下去了。腐败和低效率耸人听闻，早晚要垮台。混不下去了。混不下去了。那个体制不可能延续下去。"唉，但愿我能够记住当时谁在。但是，我必须说，发生了这个事件后我还记得这话。我想："他是唯一预言了这个情况的人。"他显然是一个很好的观察家。就公众事件而言，在我终老之前，这无疑是最好的事。我不是特别的反左翼。在1930年代，我曾整装为西班牙共和国战斗。但是我在1917年目睹了俄国革命。任何一个经历过那次革命的人，即使是一个天真的小孩子，像我当时只有八岁，也会觉得以后很难加入共产党：我不知道当时有谁在那儿，后来出国，而且再后来在西方成为一个列宁主义者。但是，当然，这样的人可能是有的。

贝阿塔：我听说拉脱维亚独立的时候，立即想到了您。

伯林：嗯，是啊，我的出生地。里加原来是一个十分美丽的小城。我最后一次看见它是在1928年。当时拉脱维亚是一个共和国，一个很小的资产阶级民主共和国，土气，没多大的意思，就我所知，没什么名人，但却是一个十分有尊严的地方，人民享有自由，快乐。拉脱维亚人应该有他们自己的国家。1910年以前，拉脱维亚的确是一个独立的国家，德国人和俄国人对待拉脱维亚人都很恶劣。他们被认为是不识字的农民。有的是，有的不是。

贝阿塔：几乎全部现代学说中的自由主义（除了您的）都追求构建某种理论，为某种自由社会提出完整的解决办法，或者蓝图。这样的自由主义不可避免地都是空想的。对于这一情况，您的自由主义的确是一个唯一的例外。对于一个几乎白手起家开始建设新的社会秩序的国家来说，您有什么建议？大家都愿意听到您的回答。

伯林：这涉及贵国——我理解。但是，期待哲学家和贤人对人类的问题提出现成的答案，这是一个错误。制造意识形态不是哲学家们的业务——请看看某些主义引发出来的结果吧，比如费希特的民族主义著作。

贝阿塔：但是哈耶克尝试提供蓝图。同样还有罗尔斯……

伯林：是的，有些事情你可以说说。你可以说，例如："我不知道一个市场经济社会是否比一个社会主义社会经济更
108 自由，我没有明确的回答。在有些情况下，是；在某些情况下，否。"在市场经济社会，穷人处境比在计划经济社会中更艰难吗？在一个有充足食物、有房子住、有衣穿、安全、生活过得去，但是缺少政治自由，生活在严格的纪律之下的社会，他们更自由吗？当然，不必为下一顿饭从哪儿来而忧虑，这是一种自由。但是其他的种种自由要付出多大的代价呢？我不知道。我不知道对于这个问题是存在着明确的答案的。你能够说的话就是，在今天的世界上，大多数人（不是全部的人）已经不再遭受某种意识形态的摆布——这样的意识形态都是被狂热地塞进这些人和他们的孩子的脑袋里头去的，有宗教的也有政治的。其实，他们大多数人生活依凭的价值观和各个社会里没有那么不同。这当然存在巨大差别。我不是说，中国人的 Weltanschauung（世界观）酷似（比如说）意大利人的世界观。但是我坚持认为，在大多数人中间存在着促进沟通的充分精神依据，据此，他们可以彼此交流，没有太多的困难。所谓

良好的自由社会，就是生活于其中能够最大程度地真正理解、从而能宽容他人的意见，这样，人们能够追求最多数量的目标而互相不致陷入太激烈的冲突；这样，在不同的人之间能取得最大程度的相互理解，人们理解他人需要什么、为什么，和他们缺乏什么，在何等的尺度上，而不去尝试强迫他们表示服从——这种服从的做法，虽然其他人表示反对，但是只有你和你们（你和你的朋友、你和你的党派）知道，它不仅对你，而且对其他的每一个人，都是善。换言之，一个自由的社会是一个不存在过多的父权主义的社会，无论是多么慈善的父。并不是每一个父权社会都是斯大林式的，但是，即使如此，父权主义也会有害。从总体上看，父权社会都降低人的自我发展空间，虽然在原始社会或者颓废的社会，父权主义可能是好的。

我回答不了你的问题。赫尔岑有一次问道：“生活的目的是什么？”他回答：“生活的目的就是生活。”生活没有总体性的目的，只有个体性的目的——快乐、正义、善良、自由、知识、美、艺术、爱、自我表现、愉快、娱乐。这一切都是目的，生活的总体目的是不存在的。人们会问：生活的目的是什么？我觉得这是一个没有意义的问题。我不是一个目的论者，不是亚里士多德主义者、黑格尔主义者、马克思主义者、基督徒，或者任何其他的主义者。你如果问：我的生活目的是什么？他的生活目的是什么？你为什么要这么做？你要在世界上看到的事物是什么？你的生活目标是什么？你准备为了什么
而牺牲你的生命？我认为，这都是可凭智力理解的问题。人 109
们都哀叹生活没有目的，没有意义，生活令人感到压抑。这是常常发生的——但是我一向都很愚蠢，理解不了这是什么

意思。

贝阿塔：约翰·格雷给波兰的建议是某种“伯林化的波普尔主义”。您对此有什么评论呢？

伯林：我回答不了。我不明白这是什么意思。不知道“伯林化的波普尔主义”是什么样子。对于这样的建议，波普尔会非常、非常恼怒的。

贝阿塔：格雷的理念是，在这个过渡的时期，我们应该使用波普尔建议的试错法。

伯林：我不反对这个。我认为社会工程、试错法的理念是一个很好的建议，但是有时候这个方法没有效果。在危机中，在紧急的情况下，你必须以果断得多的方式行动。在苏联，告诉击溃政变的人——你们不要一下子干得太多，要使用试错法，看看你们能不能达成共识，你们为什么不试验一下社会工程之法呢，啊？这根本行不通。对纳粹分子们、对萨达姆·侯赛因、对斯大林说这样的话有什么用？我当然是赞成自由、宽容、理性、某种开放的、松散的社会肌质的；但是，你们所要重建的社会早就受到残酷的打压，自由，甚至相对的自由，对于这样的社会都是比较新的、不熟悉的事物：这样的话，我就不赞成。我觉得，在那里，必须采取果断的措施，即使这些措施失败了——至少让大家试试。

没有通用的规则，哪怕是波普尔的以科学方法为基础的、人性的方法，无论这些方法是怎样合意地使用于特别的问题和情况。

赫尔岑是一个社会主义者，曾提出警告，反对以一种枷锁取代另外一种。他反对早期的前马克思主义者卡贝，和其他类似的人。赫尔岑谈到了公社的奴隶船。1840年代某些早期共产主义者主张全部生活彻底社会化——这就是赫尔岑所说的用一种枷锁代替另外一种。你砸碎了俄国沙皇尼古拉一世的枷锁，结果又戴上了另外的一套枷锁——这恰恰就是贫困的俄国发生的事。赫尔岑是一个自由派，清醒意识到了这样的危险。

所以我没法谈，一点点波普尔，一点点我自己。没有必要读波普尔或者我的书。只要简单遵从正常的道德本能就好。就整体而言，我不相信，共产主义的统治把什么是尊严这样的知识也从人民的意识中扫除掉了。还有其他的事物也存活了下来：看看教会吧——斯大林镇压教会没有成功——只不过把它 110
压制下去了，但是斯大林一消失，气氛一松，教会便又冒了出来，有时候是以一种反向的掩饰形式。民族主义也是这样的：被共产主义压制了下去，但是消灭不了。我是足够乐观的，相信世界上存在着某些基本的人类需要、愿望、价值观，我全部的要求是打破监狱牢房，有必要的话，就采取果断的行动，给予充分的机会，无论如何让某些核心的价值观得到实现，让另外一些价值观付出一些，但是不太大的代价。这是一个很悲哀的建议。它推荐协调办法——我在阿涅利讲演中谈到了这一点。唉，这不是迎风飘扬的旗帜，不是年轻人在寻求激进的解决办法时眼里看到的鼓舞人心的东西，不是祭坛——往那里可以送上重大的奉献。但我还是忍不住想到，如果没有意义的流血可以避免，那么我平庸的办法还是有价值的。

贝阿塔：您似乎是唯一的这样一位自由主义思想家——放弃普遍文明的概念，承认民族主义意识形态的力量。民族主义的根源是什么呢？我们可以做些什么事情来缓和其扩张呢？

伯林：首先，民族主义是某种并非一直存在的事物，但是部落主义却一直存在。有一种归属的欲望——赫尔德把这种欲望描写为人基本的、深厚的需要。存在着人在自己人当中生活的基本愿望，就是说，能够生活在无须解释就能理解你说的话的人群之中，他们理解你的手势、你的行为的意义，几乎是本能地（你不需要解释自己的意思——总之，你是在自己人当中）。我记得我在演讲里说过这样的话。我的一个黑山朋友说：“孤独，而不是孤单，就是处于一个没有人理解你的意思的群体当中。”你想生活在一个社会里，在那里人们理解你，明白你的意思，你不必多费唇舌来说明。这就是在家千日好。黑格尔说，“自由就是在自己家里”（Freiheit ist bei sich selbst sein）。我觉得这句话含义深刻。这不是民族主义，而是某种民族性的意思，某种民族意识，作为一个民族的一部分。我认为这没有什么错误。

民族主义是民族意识的一种病理性质的发炎。其症状是言说并且相信我的民族比你的民族优秀；我要兼并你们，或者至少也要把你们同化为我的类型。我知道怎样生活，因为我属于一个充满世袭智慧的民族，而你是一个堕落分子或者野蛮人。
111 我是文明的，这个情况给予我权利强迫你按我的方式生活，或者遵从这个方式、服从它的律法，无论你喜欢不喜欢、理解不理解。事实是，我那样说，不是因为这是正确的，而是因为我是一个德国人、一个法国人、一个祖鲁人，这是德国人 / 法国人 / 祖鲁人的方式、使命、其权威的根源。只要存在着傲慢、欺骗、虚荣、权力欲望、统治欲望——残酷的战争、屠杀、奴役，以及对陌生人、“劣等”种族、个人的权利的践踏就会继续下去。如果你给我一个办法，教人不要统治、不要追求权力、不要相信你的民族或者种族（或者教会、政党、文化）的优越品格让你有资格强迫他人服从，那也许会有解决办法。只要这个情况继续存在，尤其是在反抗其他群族对自己过去的欺辱的群族中间，施展侵略的民族主义的存在就不可能铲除或者忽视。

贝阿塔：我提出民族主义问题的时候，您能够猜到，我特别想到的是反犹主义。有什么东西可以把它和全部其他形式的民族主义区别开来吗？

伯林：我想，反犹主义是一个奇怪的问题。关于这个问题，心地善良的人们一般谈论的时候总是说，因为人都需要替罪羊这样一个事实：为了自己的失败或者不幸，人们需要找一个人加以责备，找一个不是自己同族的人来怪罪。其次，还说，犹太人总是自我抱团，自我隔绝，受到他们宗教的束缚只能在族内结婚，因此别人都感觉他们是一个异族，对于社会其他的人来说，是令人不舒服、有时候令人愤怒的原因——甚至是对社会完整性的威胁。有一个寓言，我说给你听听。假定你和我是在一个我们所知甚少的社会里，我们管它叫霍屯督社会吧。我们不懂霍屯督语言、习俗，所以觉得缺乏保护，感到害怕。在异邦，我们是陌生人。所以，为了搞清状况，我们学习霍屯督语言，研究他们的习俗，努力理解我们生活于其中的这个世界，自己努力适应它。我们成功了。为了学习不是我们民族的这些人的事物，我们做出巨大的努力，结果呢，不知不觉地我们变成了霍屯督人的专家。我们编写霍屯督语言词典和百科全书，对非霍屯督人解释霍屯督人的文化。我们这样做，是

为了生活下去，我们必须知道情况会怎么样，霍屯督人的行为和活动的规律。而他们是不必知道和学习的。他们该干什么就
112 干什么，按部就班地过日子，而我们得观察和预测。所有的少数人族群都得留神多数人族群干什么，有时候还相当地担心。时局好的时候，霍屯督人就喜欢我们，因为我们变成了霍屯督学的宣传员。时局不好的时候，因为我们有义务知道真实情况，因为我们的生活取决于真实情况，我们报告情况——因此变得不受欢迎：人都是不喜欢听他人告知错误、失败、不幸事件的。就像可能做出不吉祥诊断和预测的医生一样，我们招致气恼，甚至愤恨。我们感觉到这是不公正的，对他们说："你们为什么迫害我们？我们为你们做的事，比你们自己做得还多。"他们回答："关键就在这儿——你们为我们做了事，但是你们不是我们的人。是的，你们可能为我们做事，但是你们不和我们认同。你们是你们——你们可能是很努力的，但那是因为你们是异族的。"这是少数人群体的基本命运，尤其是当他们的生活取决于与多数人族群同化的努力程度——有时候努力过度，这都是出自一种不安全感。

歌德是一个德国人，一位伟大的诗人，描写大自然、爱、美、古代世界、人的生活和命运，描写精神的种种表现。因为他是德国人，所以他是一位伟大的德国诗人。海涅也是一位伟大的诗人，德国诗人，但是他常常思考和写作论述成为一个德国人有什么含义。他是一个天才诗人，用德语写作，但是他所深深关切的是成为一个德国人有什么意义，在历史上、政治上、精神上——这一切的原因恰恰就是因为，在德国人当中，他不是德国人，对于这一点，他的自我意识很强烈。所以他去

了巴黎，从外界观察德国。

费利克斯·门德尔松是一位真正的路德派教徒，德国风格的作曲家。是他创建了巴赫协会，来复兴伟大的路德音乐传统。他比德国人更具德国气派——几乎过度了。舒曼、勃拉姆斯都干脆就是德国作曲家。

有一位德国犹太人音乐家，赫尔曼·莱维，在拜罗伊特受雇于理查德·瓦格纳，这个犹太人是一位钢琴家和指挥家。瓦格纳当然是激烈地反犹的。莱维给自己身为拉比的父亲写信，说他这样生活不下去了，瓦格纳在午餐的时候说了犹太人的坏话，而其妻子科希玛更恶劣；但是，情况虽然难以容忍，瓦格纳的天才伟大，所以他又不能下决心离开拜罗伊特。后来他遇到了瓦格纳的岳父，弗朗茨·李斯特，一位以慈善闻名的人。李斯特说："莱维先生，您为什么不换一个姓名呢？"莱维说：
"为什么要换？"李斯特回答说："不是犹太人才行啊。"一个 113
犹太人在普通的社会里不能恰当地发挥作用。这是一位体面的人的观点，他是想帮助别人的。真正文明的人是不会沾染反犹主义的，或者，至少不会对这种主义有过多的感受。但是，完全正派的、文明的人数目不大——从来就不大。

以色列的存在，虽然以色列能够从悲惨处境中挽救犹太人，却没有减少世人对犹太人的不友好情感，特别是因为他们对阿拉伯居民的行为。不过，同化是起作用的；作用不大，但是有作用。通婚祖父母的孙辈，一般都不再是犹太人，或者被认为不再是。但是，这样的蒸发率，不论怎么看，都是很低的。犹太人只有在以色列才是完全自由的。以色列人是自己国家的人，本国人：没有少数人族群感，至少正常化了。

贝阿塔：您个人遇到过“过度同化”的事例吗？

伯林：有一次我遇到一个德国犹太人难民，记得是在1934年，在伦敦。在第一次世界大战中他在德国军队里打仗，得到授勋奖赏。我对他说：“你离开德国很早，运气好。你到哪儿去了？”“去瑞士了。”他回答道。我说：“你不觉得瑞士有点枯燥无聊吗？”“是的，十分枯燥。”“那你为什么不去巴黎，那儿肯定有意思得多。”他挺直身子，说：“做梦我也不想到我们敌人的国家去。”他是一个德国爱国者。希特勒把他当作一个犹太人、贱民、危险分子赶走，但是他还要展示他的勋章——这就是生活在浓厚幻想中的少数人族群的一员。

人们尝试和另外一个民族一起生活，努力和他们认同，但是他们热情过度，夸张，过头了。大家都不喜欢猴子和鹦鹉。不喜欢被人模仿，或者，像海涅那样，被人挖苦。美国的一位著名幽默作家，多罗茜·帕克，犹太人，据说说过：“犹太人就是像其他的一切人，有过之无不及。”

最后，依我看，反犹主义最重要的原因是：《福音书》，基督教《四福音书》。《四福音书》都讲述犹太人钉十字架、谋杀上帝或者上帝之子的故事。比如说，你是一个基督徒小孩，到主日学校去，有人教你关于基督的故事。你没有见过一个犹太人，这个词语对于你也许没有什么意思。但是有人告诉你，被称为犹太人的人完成了这桩不可置信的罪行和罪恶，这是你的宗教的核心事实。结果，一层乌云落在犹太人这个词语上。有
114 一天，你遇到了被称为犹太人的人。你免不了，哪怕仅仅是下意识地，在内心里有一种感觉，感到他们有那么轻微的一点奸险。即使你不考虑《福音书》里的故事，也觉得作为一个犹太

人总是有些不太好。这就造成了一个火种，一个发光的核心，它不一定扩大成为一团火焰。东西南北风能够把它吹成火焰：这风呢，有政治的、经济的、宗教的、民族主义的、惧怕外国的——都能把它吹得变成一场大火。如果不刮风，它可能发亮，没有什么害处。但是我的理论是，如果没有一个火种，就不可能有大火。其他同样激烈和常常是不太宽容的宗教——他们的信徒有时候可能对犹太人怀有敌意，甚至迫害犹太人，但是并没有包含像整个基督教传统特征中，对犹太人的那种深深的、永不止息的、不可磨灭的惧怕。无论教皇、主教、各个教派的教会人士多么频繁地对这一现象表示哀叹，并且否认犹太人对弑神负有责任，这个现象依然在教会和基督教文化中持续——而且我觉得还会继续下去，只要《福音书》简单、不加修饰、不加解释的信息还在讲授。这就是真正根源。悲哀，但是，恐怕是真实的。其他少数人群体在他们所来自的国家是多数人群体。犹太人在一切地方都是少数人群体，这是独一无二的现象。在一切地方，除了现在，终于除了在以色列。我认为，这就是以色列的情况。当然，反犹主义还继续存在，在某些情况出现的时候，变得激烈起来——在教会变得狂热，或者经济状况变得没有希望的时候——有人告诉寻求解决办法的人说，这都是犹太人的错误，或者，和在中世纪一样，说犹太人往水井里投毒；或者在东欧，或伊斯兰国家，有些现代仇恨犹太人分子，喋喋不休地说“秘密的锡安长老会为了杀害基督徒正在散布艾滋病”，等等。

贝阿塔：但是，另一方面，犹太人的反应，您觉得是不是常常夸张了呢？安杰依·瓦伊达制作了一个关于亚努什·科尔查克的影片。

伯林：我知道科尔查克。他死在集中营了。自愿陪着他照料的孩子们去了集中营。

贝阿塔：影片在戛纳上演了，但是后来禁止在法国发行。

伯林：为什么？

贝阿塔：因为它是反犹的。

伯林：可笑。

贝阿塔：影片是一个波兰人制作的，所以从定义上看必定是反犹的。实际上，恰恰相反。

伯林：我明白了。是亲科尔查克的。科尔查克是一个英雄和殉难者。

115 贝阿塔：偏见和恐惧积累、积累，到最后人就丧失了常识。于是就有了反—反犹主义。

伯林：这是一个麻烦的问题。搅扰了一切。任何令一个犹太人不愉快的人都被立即指责为反犹主义。因为希特勒，对于任何一个具有人类的情感的人来说，这都变成了一个极端敏感和微妙的问题。我自己对于轻微的反犹主义是没有反应的。如果有人说某某是反犹分子，我一般就会问："正常的反犹分子还是更严重的？"正常的反犹主义不比对法国人、德国人、许多波兰人对俄国人的非理性的厌恶更恶劣，反之亦然。民族敌视是一种坏事，但大家还能将就活着。所以我不愿意对此感觉太强烈；我认为，总是有人恨英国人，或者犹太人，或者阿拉伯人，或者黑人。避免不了的。这是十分令人遗憾的，而且有害，但是如果设想可以把它全部清除，那就可能太乐观了。但愿我是错误的，但愿，遗憾的是，我认为我没有错。

贝阿塔：再谈一点波兰的事吧。在 1990 年 5 月 29 日的一封信里，您提到亚当·米赫尼克在布拉迪斯拉发一次讨论会上关于民族学与政治之间关系的一篇文章。米赫尼克讨论了两种文化，其象征是俄国反共产主义反对派两名杰出的活动家安德列·萨哈罗夫和伊戈尔·沙法列维奇。您怎样评价米赫尼克对于他所说的我们时代基本竞赛的承认的态度呢？

伯林：我记不清楚米赫尼克说了什么，但是我十分佩服他。文章转载在《纽约书评》上了。我在什么地方读了这篇文章，把它寄给了《纽约书评》的编辑，向他们推荐。

萨哈罗夫是我生平见到过的最近似真正圣徒的人。除了他的勇气和高尚，他还是一个很好的人，相处十分愉快。萨哈罗夫相信人的尊严。他相信宽容。他憎恨民族主义。他信赖理性的研究、科学。这都是老式俄国知识分子的信念。他相信人与人之间个人关系具有重大的意义。他不是任何意义上的狂热分子；他不是某种意识形态的牺牲品。你看，沙法列维奇这个人认为，任何外来因素在俄国都是危险的，无论出于什么历史原因，都应该清除。这是激烈的沙文主义。比萨哈罗夫更少有沙文主义倾向的人，我还没有见过。然而他不是，你知道 116
我的意思，不是一个和蔼的世界主义者。他是一个深刻的俄国爱国者。他时时刻刻在考虑俄国，不太考虑世界其他地方。俄国对他无比重要。他想让俄国成为荣誉的、尊严的、宽容的、寻求真理的、诚恳的人民的国家。除此之外别无其他。即使如此也是大量的求索了。他所痛恨的是任何形式的狂热、激愤、牺牲其他一切而追求某一个目的、死心塌地忠诚于某一最终目的的做法，而这样的做法是要从视野里排除掉世界上绝大多数的事物的——就说美国人所说的“一孔之见”。有人谈到了以色列现在的总理（一个波兰人吧，我想），由“隧道尽头的光明”——而提出“隧道尽头是黑暗”。索尔仁尼琴在我看来很像是十七世纪俄国旧教派信徒。他知道真实在什么地方。他知道他在寻求什么样的俄国。他知道王位上坐着一个魔鬼。他知道自由主义是一种破坏真正信仰的软弱。他是一个笃信宗教的人和民族主义者，他知道他是明了善与恶之间的区别的，他不允许偏离向明确感受到的普遍的，或者至少是俄国的目标直接前进的行程。这可能造成人类很多的痛苦。我认为米赫尼克的文章很好，特别对于现代波兰来说。文章要求十九世纪俄国自由派所要求的事物，这些人是赫尔岑、屠格涅夫、别林斯基——不是托尔斯泰，他是另外一个故事了；也不是陀思妥耶夫斯基，他更是另外一个故事。被称作知识分子（Intelligentsia）的人——这是一个俄文词语吧，有些人说是波兰语词语，我不清楚，但肯定是一个俄国理念——知识分子要求的大概是最近两百年里在精神上和政治上都最具人性的文化。这是列宁主义尝试要根除的，但是它生存下来了。正如民族主义在斯大林之后依然存在，这类的自由主义也存在下来，这真是让我感到十分惊奇、诧异和愉快啊。如果你对俄国的年轻人谈这些，我相信在波兰也一样，他们都是有想象力的、文明的、诚恳的、人性的、自发的——他们要生活下去，而且让别人活下去，而且他们十分信赖人类尊严和善良的前途。有尊严的社会是自由派追求的；这也是知识分子过去和现在所追求的。他们认为，沙皇制度、东正教和其他诸如此类的体制压抑了这样的社会。赫尔岑认为，社会主义会创造出这样的社会。

实际上呢，没有。左翼，无论它根源的思想是什么，在一定程度上，都垮了（也许不应该垮得如此惨重），因为它和苏联共 117 产主义联合而受损。甚至可尊敬的、非共产党的左派分子，他们有些人都相信，虽然苏联在许多方面是错误的和恶劣的，但说到底它是在正确的一方：虽然犯罪，但是在某种意义上，是向着我们的方向走的。正是这一点在各个地方损害了左派的名誉。这是一个严重的幻想。现在可能有机会让他们重建某种更荣誉的形象。谁能说他们是否能够或者愿意这样做呢？米赫尼克的声音是萨哈罗夫和赫尔岑的声音——这是我最高程度的赞扬了。赫尔岑在多方面是特殊的，特殊之一是，他没有不喜欢波兰人——他和波兰人在伦敦一起工作——有谁能举出其他这样做的俄国人呢？

贝阿塔：再来看看民族之间的憎恨——是不是不可能完全消除种种的憎恨呢，憎恨的力量能不能至少缓和一些呢？

伯林：德国人不再像以往那样恨法国人了，法国人也不再那么恨德国人。

贝阿塔：德国人和法国人之间的仇恨根源是什么呢？

伯林：唉，德国变成一个大强国，在历史上是很晚的事。法国是十七世纪的光辉强国——Le Roi Soleil（太阳王）路易十四——法国人拥有一切，世界上的一切。他们有全部的艺术，探幽政治力量、哲学，他们是欧洲的顶峰。在人类活动的每一个分支，它们都是顶级的国家。他们以一种保护人的姿态看待德国人，将其看成狂饮啤酒的、原始的农民，用长烟袋抽烟。说到底，人都不喜欢受他人保护和小看。出现了强烈反应。十八世纪的德国人自然变得惧怕法国人。拿破仑战争之后，这个情况变得严重起来。此后，德国民族主义上升，作为一个巨大的愤怒的自卫现象，具有侵略性——我们都知道，德国制造了两次可怕的战争。

贝阿塔：德国人和法国人已经跨过了那些艰难的岁月了吗?

伯林：我觉得他们现在相处得很好——也许我错了，但是我认为他们处得不错。

贝阿塔：就是说，可以做到。

伯林：是可以做到。让我们大家不要绝望。Nil
118 Desperandum.

我不愿意宇宙太整洁

阿塔：最近以来，您在波兰变得广为人知，读您的著作的人很多，特别是您包括了《两种自由概念》一文的文集首次在波兰出版之后。您曾经告诉我，您写的全部其他的著述都是对这篇文章的脚注。为什么这篇文章是您生活“三个脉络”中的顶峰呢？

伯林：啊，我生活中的三个脉络。是的，这是有一次我在耶路撒冷说的，当时我在那儿得了奖。我不认为这是一个顶峰。如果我说了这样的话，那说得没什么意思，我常常是这样的。你知道，我写的东西都是约稿，按约定办。我从来没有自发地写过什么东西。

贝阿塔：怎么可能呢？您的书目包括二百多篇著作和文章呢……

伯林：有一次我写了一篇文章，谈已故的纳米埃尔教授，他是波兰人。我想，他的姓氏是伯恩斯坦，他换成了纳米埃尔。一定是来自涅米罗夫斯基，诸如此类的……他是一个著名的历史学家，有些天才，改变了十八世纪英国历史的论述方法。一个了不起的人。我认识他，佩服他，认为他更像卡尔·马克思，从个性上看，比我见到过的人都更像：威严、相当粗糙、聪明外露、极为智慧、笨重、有一点偏执。我想这些都适用于马克思。但我也许是错误的。我写的关于马克思的书是约稿，但是谈纳米埃尔的文章不是。其他每一件，我写的每一篇东西，都是约稿。我像一辆出租车一样。如果没有人雇用，我就停着不动。不开动。《两种自由概念》是我必须写出来的，我在牛津当了教授的时候，得发表一个就职演说。如果当时我能够躲避，肯定我就躲避了，因为我从来没有想到我说的话、写的东西有什么真正的意义。

但是，没有办法，所以我就选了这个题目。我不否认，马克思主义关于自由的定义——特别是在苏联，还有在整个铁幕后面的，都对我有些影响，令我反对所谓的积极自由。如果我今天写这篇文章，我就不会那样坚定地说，消极自由是比积极自由更文明、更重要的。我会对积极自由更友善的。我认为我是友善的，但是大多数评论作者都认为我的演讲单纯地就是对消极自由的辩护，而且，在一定的程度上，是对积极自由的一次攻击。我从来没有这样的意图。如果得到这样的解读，就是一个误解。显然，我表达得不够清楚。我的过错。还有，我不认为那是一个顶峰。

贝阿塔：如果您不愿意承认您最著名的（虽然是被迫写出的）文章是您著述中的关键，那么，也许自由这根线条在您的著作中发挥了主导作用？

伯林：自由一直是我考虑的主题，不仅在政治学上，而且在形而上学方面也是如此。我对意志自由的问题十分感兴趣。大多数哲学家都是决定论者。我不能相信决定论有效。我在《历史的不可避免性》中写道，我不是说它不可能是真实的。对于我来说，这是一个经验论的命题：我们做的每一件事都是有原因的，有些原因使得我们不可能以别的方式行动。但是，如果这是真实的，而且得到信赖，那么人们就得十分激进地改变他们的世界观（Weltanschauung）——特别是他们的道德观念。我不会忘记我的同事，一位著名的牛津哲学家约翰·奥斯汀对我说的话：“我知道他们都说他们是决定论者，但是你遇见过一个没有？”这是意味深长的。我属于少数派的思想家，我们认为选择的概念是成为人的基础，而“被决定的选择”这种理念（指的是，在这样的选择中，选项不是开放的，基本上是封闭的，因为只有一个被先行的原因决定），则是大多数人有意识或者无意识地不予接受的，无论其真实与否。不过，我依然能够看到，在某些情况下，我还必须屈服。我的意思是：如果有一个人走进一间房子，说：“你愿不愿意在十二分钟之内写下来你想到、感觉到、看到、听到、触摸到、闻到、尝到的一切？你不可能描写一切。
尽可能多写吧。”假定你都做到了。于是他给你一个封住的信 120
封，你打开了，里面写的正是你所描述的一切。于是，我想我得说“他们做到了”。对于决定论依然可能存在着逻辑上的反对意见，但是事实上将已发现它充分有效，从而不允许我们像以前那样谈论自由意志。我只是不相信这样的事能够发生。我认为我还依然深深相信我在那篇文章里谈到的一切。但是我的生活不是朝向一个单独目标前进的一元论的发展。

贝阿塔：《两种自由概念》起的作用像一根棍子捅进了蚂蚁窝。批评您的人当中有很多指责您的方法十分狭隘，死板消极，类似边沁的方法。另外一方面，您的思想的一位优秀的阐释者，罗杰·豪舍尔，告诉我说，您的观点很接近某种社会主义立足点。您实际的立场是怎样的呢？

伯林：我不反对社会主义。我不知道豪舍尔准确的意思。你认为他是什么意思呢？

贝阿塔：您赞成平等；您认为那是一种价值。

伯林：我是赞成。我赞成能与其他价值观相容的最大限度的平等。完全的平等是不可能的，会造成极端的高压政治。对于狼来说的平等，意味着羊的死亡。当然这就是不受限制的平等。有些人认为，平等单纯地就是一种理性的功能，亦即，在类似的条件下，类似的人应该得到类似方式的对待。我认为不完全是这样的，或者不仅仅是这样：我认为这是一个独立的目标。我来举例说明我的意思。假如有一块蛋糕，有五个小孩。给每个小孩五分之一块蛋糕，是自然而然的事。如果你给一个孩子五分之二，大家就认为不公平。是的，不公平，那是不平等的对待。但是我不明白为什么有人认为，没有一个有理性的人会想要做不公平的事。他可能不在乎平等。他也许说："如果我们都是严格平等的，生活就变得十分枯燥。我要求某种尺度的不平等，不平等使生活变得更令人兴奋、更有意思；精英理应得到两块蛋糕，蠢人甚至一块也不配。"这是不公正的，但这是一种可能的生活观，拜伦式的、浪漫的、尼采式的观点。对我来说不可接受。但是这个观点不能使得持此观点的人一定变成非理性的，而只是不公正的，有时候还是英雄气概的。这是我要说的话。我排斥这一观点，但不是因为它是非理性的：我相信平等就是这样的。

贝阿塔：那么，关于您对自由持极端消极观点的指责事实上是一个重大的错误了？

121 伯林：一根棍子捅进了蚂蚁窝……或者一脚踢进马蜂窝？批评我的人不过是引用边沁的话和霍布斯的话罢了。这些思想家说得对，自由的中心意义之一就是没有障碍，或者清除障碍。他们两个人都说了这样的话，其他说了这样的话的人不多。但我完全不是一名边沁的信徒。我不是功利主义者。我的消极自由的理念在于回答这样一个问题：我能够进入的道路、大门有多少。我做这件事、那件事，或者另外一件事，有多少机会。我认为这是这个概念的基本意义。有人问："那么道德自由又怎样呢?"那是某种不同的事。例如，斯宾诺莎的自由概念，我觉得，来自斯多葛派，所根据的理念是：人在精神上是自由的，没有人在精神上能够强迫他人；人在监狱里，在精神上也能够是自由的。这个学说是，一个人在精神上可以自由思考他思考的事，向往他向往的事；即使在躯体上受到限制，不能自由行动，这不是对他内心生活的精神束缚、精神锁链。是的，这是真实的，但是即使在这里，我们也必须说，享有自由意味着对于内心生活的自由功能、充分的功能没有障碍。我记得有一次你问我洗脑的事……

贝阿塔：斯宾诺莎会怎样对待洗脑现象?

伯林：如果斯宾诺莎知道洗脑是什么的话，我怀疑他是否还会说只有内心的自由重要。他很可能想到了爱比克泰德，这个人是一个奴隶，他说过，一个奴隶可能是比主人还自由的。但是如果这个奴隶被施以催眠术，被调教成了一个动物，那么，在任何的意义上，他也不是更自由的。

总之，自由，至少是政治自由(这是我一直谈论的)，指的就是别人不阻止你做可能做的事。因此，绝对的自由是一种没有意义的理念。没有什么结构能够阻止这样或者那样——除了你不受控制的意志之外，世界上别无其他。这正是人们认为属于上帝，而不能属于任何人的自由。正因为如此，人的完全的自由是难以设想的。但是如果你问自由是什么——是的，我要说批评我的人错了，说我的自由理念就是可能想象出来的最丰富的生活。这完全不是边沁的观点。

贝阿塔：但是，您的法律概念很像边沁的，就是说，您相信每一种法律都是对自由的违背。所以，您的批评者们对于您和边沁之间的相同之点的探索，看起来不是完全的误解……

122 伯林：当然，我应该说明这一点——违反我的自由能够在其他的某一个方面解放他人，或者甚至我自己。对于我的自由的违背，在某一个方面，是可能出现的，这是为了让他人在各种方面更自由——甚至自由得多。防止我杀人的法律使得他人免除了被杀的厄运；阻止我携带火器的法律防止我把这样的武器用于我自身，从而给我更大程度的自由，免于躯体的危险。每一种法律都制止了一种自由，但是，当然，它也是创造更大的和数量更多的自由的手段。所以，说每一种法律都制止了一种自由，这不是老生常谈。这是针对一些人的，这些人认为，被某种制度决定，成为某种包罗万象有机组织的一个元素，这一过程本身就是起解放作用的。这样说是针对黑格尔和马克思的，对于他们来说，自由是对必然性的感知，对于他们来说，服从如果是正确的，服从就和自由一样。服从可能是必要的，可能是无害的，可能创造的自由比压制的更多；但是，服从依然是对某些事物的压制——这才是我的意思。

贝阿塔：就我对您的著作的理解而言，作为您成就基础的主导思想是目的和价值观的多元论。约翰·格雷写道，这是对西方古典传统的致命打击。在您之前，有谁考虑到了这一点吗？

伯林：我回答不了这个问题。我不相信我是第一个想到说出某些终极的价值观相互冲突这样明显的事的人。你不能永远把慈悲和正义结合起来；你不可能享有完全的自由和完全的平等。知识是可能和快乐冲突的（我不会因为知道患了不治之症而更快乐）。对于做出细心计划的能力你不能运用自发性，等等。因此，在我以前肯定有人想到了这个理念——这是显然的。我的同事J.L. 斯汀在一篇哲学文章里谈到了这类的事；但是，起因是我对他提起了这件事，他也认为这是十分明显的——实际上也是。所以，虽然他没有这样说，但是这句老生常谈是从我这儿来的。但是，有关这个情况，我来给你说个故事。我有一个朋友，一个叫布莱恩·麦基的记者。他善于采访，对哲学很有兴趣，谈起哲学时说话也很聪明。他崇敬的人是卡尔·波普尔。他对波普尔说："在伯林以前，有人说过这样的话吗?"波普尔说："是的。""谁说过呢?"波普尔说："我说过。"在他的著作里，我没有发现。也许就在那儿呢，但是，如果在那儿，我也不知道。也许我和他像牛顿和莱布尼茨，我和他同时发现的。

贝阿塔：在波普尔的精神成长自传里有一个说明。 123

伯林：那是后来写的。

贝阿塔：我感到好奇的是，虽然他宣称是一个多元论者，相信价值观多元性，他却禁止讨论价值观。

伯林：不奇怪，因为这是非科学的和十分非客观的。

贝阿塔：他提的是渐进的社会工程，没有讨论这一工程有什么目的。对于他来说，都是不言自明的。

伯林：是的，这和我说的话区别很大。这不意味着价值观必定互相冲突。有些人认为所有的评价都是主观的，他是其中之一。对真实情况没有办法检验，就像在物理世界或者数学中那种检验。他认为在价值观范围里，一切都是相对论的，所以他不感兴趣。他对科学感兴趣。科学哲学。嗯，我是不接受这个的。我的另外一个不同意之点，理由就在这儿。虽然我佩服波普尔，但并不总是意见一致。

我不能相信我是说出某些终极价值观互不相容这样的话的第一个人。我也许是吧，但是这就像第一个说出“二二得四”的人。如果约翰·格雷认为如此，他可能是对的。他很有学问。他知道自己谈论的话题。如果他说得有道理，那就是一个独创的贡献。但是我会是最后一个这样宣称的人。我觉得，它是那么明显。

贝阿塔：我记得您有一次告诉我说，您不愿意现实太过狭隘、太过整洁。多元论的忠诚态度在多大的程度上是一个气质问题呢？

伯林：气质问题吗？我认为是这样啊。我说我不愿意世界太整洁，我就是那个意思。我不愿意世界不整洁，但是不要太整洁，一尘不染，像英国人说的；不要拧得紧紧的，kruto zavincheno*，像苏联共产党人说的。我宁愿相信，人的生命或者有生命自然界其余的部分中某些途径可能偶然地遭到破坏，偶然的曲折会出现。这样的现象，在我看来，给生活带来了活力、色彩、趣味和自发性质。我为什么偏向这个呢？因为我有这个倾向。归根结底，这的确是一个趣味的问题。我感到，生活是某种机制或者甚至某种生物有机体这样的思想压抑了我。也许是这样的。关于“永恒的轮回”，尼采也许是对的。但是我觉得那是令人窒息的。黑格尔和黑格尔理论的某些批评家把决定论说得像一个箱子，我们被装在里面，或者那箱子被叫作封闭宇宙，在这个宇宙里没有自由运动，虽然有某种类型的发展，但

* 俄语：拧得紧紧的。——译注

是存在着终极静止的事物。是的，其中存在着运动，但是运动是完全在一个静止的对象之中，而且受到它的控制。我宁愿世界 124
不是像这样的。我不能确认对于你来说不是这个样子，但是如果我确认是这样的话，我会感到不快乐的。我不愿意宇宙过于整洁。我既不愿意也不相信事物被封锁起来，所以我相信自由意志，和得到开放的机遇。事情可能是这样发生，但是也可能不是；这是很可能出现的事，但是谁知道呢，也许又不是，有奇迹出现。我的朋友，魏茨曼博士，以色列第一位总统，有一次对我说：“奇迹会出现的，但是我们得为奇迹工作，而且要十分努力！”

贝阿塔：您谈论价值多元论的时候，您认为价值观是什么意思呢？我引用您著作里的一段：“存在着客观价值观的世界。我是指人们为目标本身的缘故而追求的那些目标。”[1] 在别处您还写道：“我们不能不接受这些基本原则，因为我们是人。”[2] 如果按照您所说的，我们接受这样的“经验论的外衣”，为什么不称其为人类学的行为模式，或者社会学的倾向，而称其为价值观呢？

伯林：这个问题很重要。我不否认，我认为人都有自己的目的，都有自己的目标。但都不是固定的。很可能具有一个最终的目的，后来，突然间，又放弃了。皈依就是这样发生的，人从资本主义皈依共产主义，或者从共产主义皈依资本主义；价值观变了，皈依宗教就像这样。艺术家们有时候经历巨大的危机，道德的、审美的、精神的。他们突然之间以不同的方式看待宇

[1] 以赛亚·伯林，《追求理想》，参见《人类的恰当研究》，第 9 页。
[2] 伯林，《欧洲的统一及其变迁》，参见《扭曲的人性之材》，第 204 页。

宙。所以我不能说价值观在那儿，固定得像天上的恒星。但是在平常的一生的时间里，大多数人是按照一个星座生活的，一定的价值观就根植于这样的视野之中。现在你要问，这是一个经验论的论断吗？是的——因为我们知道的每一件事都或者是经验，或者是逻辑给予的。人生活依据的价值观网络、原则、信念都不是形式的结构，像逻辑那样，或者像象棋，或其他非经验论的科目。我认为在此之外和之间没有什么存在。说这是经验论的，不等于说这是偶然的。我再补充几句。假设我们提问：普通、正常的空间中三个维度——长、宽、高的存在是不是一种经验的事实呢？物理学家们设想出十九个维度或者 n 个维度——无限——而且研究出来全部的含义。但是我们想象不出来这么多，我们是空间中的普通人，与空间关系密切。也许，凭着很大的努力，我们可以想象第四个维度。例如，我们想象
125 一个人说：“你们看不见，但是我能看见某种东西，在与一个立方体成直角的角度上。”你回答说：“我看不见，这对我没有什么意义，在我的世界里没有这样的东西。”但是他们可能说：“你认为你的三维客体消失了，但是我在我的四维空间里依然能够看到它。”这就像二维的人不能看到三维的人看到的东西。事实上，五维、六维、七维，变得不可能了。这是一个经验事实吗？这样的框架似乎一成不变地预设在我们谈论世界的一切事物之中，应该把这称为一个范畴。各种范畴都是形而上的、绝对的吗？不，我认为，在原则上，范畴是能够变化的。对于我们，对于人类来说，某些范畴形成了我们的经验——这些范畴是给予的、基本的，我们被塑造得像这样。但是“被塑造”是一个经验论的用语。有些范畴不是很基本的，比如物质的客

体。例如，据一个十分著名的哲学例子，假如一部电话突然变成了一只鹅。

贝阿塔：或者一只猫长到超自然的维度，像魏斯曼描写的。

伯林：很好，一只猫。以后呢？你必须说，物理学或者生物学的规律必须得重新制定了。老旧的自然科学已经破产。你首先说——啊，这是幻想，不可能是真的。但是发生得十分频繁，有足够多的人看到了这变形，你再也不能否认了。在这样的情况下，我们对科学规律不得不改变，为这样的现象让出空间。所以，这一范畴比起空间和时间的范畴来就不是最基本的。但是，涉及你和我的时候，还依然是很基本的。没听说电话变成了猫；如果有人告诉你他看见过这样的事，你也不会相信他的话，你会说，那是做梦，是光学的错觉，或者纯粹的癫狂。不过，这是可能发生的，你不能先验地说不能。接着，就有比这更不稳定的范畴。我认为价值观加入了进来。它们这类范畴不仅是关于人的行为的社会学概括，而是比这更为深刻，不仅仅是些一般性的命题，只描述你可能称为社会趋向、行为方式的东西——社会学家和人类学家是研究这些的。

贝阿塔：我和罗杰·豪舍尔谈过这个问题，我必须说，我们觉得很难在经验地感受到的价值观与社会学的概括之间划出分界线。

伯林：我所谈论的是细致观察的结果，但是它可能不会产
生绝对的真实。我们可以说：这是大多数人的行为，或者，这 126
是趋势。我们注意到，多数人在看见火的时候都不把手指头伸到里面去，但是要把戏的会。多数人看见老虎的时候都设法藏身躲开它，或者竭力逃跑，但是有些人也许不跑。可是价值观

是比这更固定的。价值观是决定人的生活的因素，据此你的行为不仅能够得到描述，而且能够得到解释。我不是说 X 在 Y 处境中常常按照 Z 的方式行事，而是说 X 处于 Y 处境时受到以下事实控制——他的行为、思想、感觉受到以下事实决定：这些价值观、目的、目标在他和世界与他自己的基本关系中都是一个固定的点。我不能保证其永久性，但是这不仅仅是一种社会学的概括。社会学的概括之一是，大多数人都喜欢温暖，胜过寒冷。大多数人都宁愿多吃，大多数人都不喜欢挨饿——这些都是很好的心理学或者社会学概括。有一个社会学概括可能宣称大多数人愿意有家庭——这是以对于多数人的观察为依据的，数量很大的实例的人的正常行为；但这不是某种（相对）固定的事，从而如果你知道一个人的世界观是什么，你可以推断他会怎样地行动。不知道我把话说清楚了没有。价值观就像我告诉过你的关于外在世界的知识那些范畴，但它们是远为不太固定的，容易起变化，不太严格——但是依然是：范畴。范畴与概括之间是有区别的。范畴是框架，我们在其中思考或者有所感受。关于行为的社会学概括就是列出各种方式，在这些方式中，某些原因发生作用，某些反应出现。这是很不一样的。因此，我认为，康德首先明确指出正确与良好之间的区别——义务与（比方说）致乐行为之间的区别，后者指提高快乐的各种办法。他完成了一个伦理学的发现。他发现，人都知道他们所说的权利、义务、职责、良知、他们所愿意服从的事情的所指。你如果对某人说："为什么你不拒绝服从？"他可能说："我本能拒绝，我的良知告诉我不能。我知道不服从是错误的；你不要问我我怎么知道的——所有的人都知道好与坏、正确与错误、真实与虚假之间的区别。”康德对不对，你不必在意。我们说说善与它们之间的区别吧，善也许不过是让人愉快的事，或者做边沁让你做的事，或者画出美丽的图画：所有这一切都完全和权利、义务、道德的责任不同。慷慨就是善。义务则不一样。如果你出自义务感做某事，那就不是慷慨。康德教导我们说，词语是有世俗的、非
宗教的意义的，例如责任、义务、职责、良知——这些词语的意 127
义的依据是对于正确的事和错误的事的某种内在的感知。这就是把注意力导向一个基本的范畴，而不是导向某种经验性的概括。认出人们思考和感受所依据的某一种基本道德的范畴，这乃是一个独特的贡献。并不是说，在康德以前没有人从道德责任方面来思考。不是的。我不相信在公元前五世纪没有人理解康德指出的善良与正确之间的区别之所指。他们没有表达它的词语——可能是这样；也许他们还没有意识到这一点——考虑到斯多葛派。但是你如果做出解释他们肯定会知道你的意思的。这是基本的范畴。

贝阿塔：十分感谢您的谈话。 128

谈　话

1986—1995

我的录音带很混浊，极端模糊。不要把这录音带当成《福音书》！

——以赛亚·伯林和贝阿塔的谈话
牛津大学万灵学院，1986年7月5日

我很高兴和你会晤，谈谈你我之间的共识和分歧。

——以赛亚·伯林致贝阿塔
1988年3月7日

1986

在我第一次获得奖学金访问牛津大学期间，我会见伯林四次。三次约见有记录（1986年6月27日、7月5日和13日），但遗憾的是，记录得不全。我们主要讨论了伯林的自由概念和他著名文章引发出来的争论。至少，这是我想要讨论的重点；伯林常常走题。有很多时间都花费在了我在牛津逗留期间写的三篇文章上（其中两篇收入本书）。[1] 这些录音很长的片段，当然，是没有以文字记录形式收入的，因为太专业化，显得枯燥。对于我来说，这些讨论富有挑战性质，严肃，有的时候很紧张。但是，说来也奇怪，我却常常忍不住笑起来——伯林教授和我都忍不住。

《两种自由概念》的精神根源

贝阿塔：我可以提一个问题吗？这是一位波兰教授扬·沃伦斯基向我提出的。他的询问是："我想知道，他是从哪里选取了这个题目的。"这是他说的一句话；而他考虑的是您的自由学说。对于您的回答，我也很感兴趣。

伯林：从哪儿择取的？或者，换句话说，我抄袭了谁？模仿了谁？嗯，我可以告诉你。完全不是边沁，也不是霍布斯，一点 131
也不是，虽然我引用了他的话。我想，有三位思想家确是对我有一定的影响。一位是邦雅曼·贡斯当。首先是他论古代人和

[1] 参见下文第235—252页。

现代人的自由概念之区别的著名论文。大约15页，也许更短一点。[1] 但我是一般地阅读贡斯当的。他是一位瑞士的自由派，法国大革命的暴力给他留下了可怕的印象，他经历了这场革命，还有对自由的压制。是他写作了著名的《拿破仑宪法》。他划清了古代自由与现代自由之间的区别，古代自由是没有人得到保护以防备他人的侵犯。换句话说，在公众集会上，谁都可以发言反对他人；这是自由，是的。集会的投票可以驱逐任何人。没有人能够禁止我说话。不能禁止任何人深入了解我的生活。现代的自由，我称为消极自由，是一道篱笆，我在其中可以为所欲为。在古代希腊，私人生活的概念是没有的。唯一的一次提及私密性，是在伯里克利的一次讲演里，他说："我们和斯巴达不同，我们是一个松弛的社会，如果其他人做了我们不同意的事，我们不会皱眉，但是不参加公共生活的人是不好的。" idiot（白痴）一词就是从这儿来的，来自 idiotes，这个词语指的是完全专注于私人生活的人。我们还用 idiosyncrasy（癖好，习性，特异体质）、idiomatic（有个人特色的，习惯用语多的）这些词语——这些带有 idio-的词汇都是指"个人的"意思。所以 idiotes 是指身处社会之外的个体，不参加我们共同的生活，无论他是一个神还是一头野兽。好，对于贡斯当来说，这就是现代自由的核心。他列出一个清单，上面列出的事谁都不能做，无论法律怎么说。例如，你不能对革命揭发你父母，你不得做假证，还有其他

[1] 实际上，在剑桥大学出版社 1988 年版中，有 20 页。邦雅曼·贡斯当，《古代人的自由与现代人的自由之比较》，参见《政治论文选》（冯塔纳编，剑桥：Cambridge University Press，1988），第 309—328 页。

诸如此类的事，绝对的恶。我认为可能出现一些情况，让你能够做这样的事，但是很少，很少。贡斯当就是这样的。存在着一些绝对的规定，绝对的价值，你不应该违反，那是革命恐怖的结果。

贝阿塔：像十诫。

伯林：是的，贡斯当有四诫。他没有提及谋杀。他考虑到了人民在革命期间做的事，例如做假证、揭发父母亲、侮辱人等等。后来亚历山大·赫尔岑影响了我。最后是约翰·斯图亚特·穆勒。二十世纪呢，没有人。

贝阿塔：研究您的自由学说起源，我有很多的问题。但是现 132
在我知道，您的童年是它的来源。我觉得在追溯您学说灵感的时候，应该考虑您学说的两个方面：消极自由概念和积极自由概念的区分，和对积极自由概念的批判。批判完全是您的，但是区分呢？

伯林：有人在我以前就找到了区别。不是独创的。

贝阿塔：在哈耶克那里，我得到一个启发。在他的《自由秩序原理》中有一条注解，注解 26，我会没齿不忘的。他说，积极自由和消极自由的区分是托马斯·格林传播的，通过他最终地追溯到了黑格尔。

伯林：可能是在那儿。

贝阿塔：在黑格尔那里我发现了作为发展基础的消极性概念。另外一方面，在《精神现象学》中有一条引用语提示出类似积极自由的东西："我思考，我自由，因为我不是在他者之中，而是简单地、独一地和我自己合一。"[1]

[1] 黑格尔，《精神现象学》，米勒英译（牛津：Clarendon Press，1977），120。

伯林：在黑格尔那里，自由的定义是 bei sich selbst sein——在家里，chez soi（法语）。这其中的意思就是只有在没有障碍的时候，我才是完全自由的。只要存在着另外一个国家，只要存在着另外一个人，我就不是完全自由的。所以只有上帝才可能是自由的。换句话说，黑格尔的理念是，如果你把东西吸引进了你的体系、你的思想，这些东西就变成了你的，你就不再受到它们的压迫。所以你需要的是吸收，变成整个和谐世界的一部分，这样，世界就是你的家园，没有阻碍你的东西，因为万物都是理性的。万物恰如其分。如果你不想要任何一物有别于它必然的样子，你就是自由的。

贝阿塔：但是他强调了两个意义：自由是消极性，是发展的基础，而他者是“由自己而定”。

伯林：我不懂消极性是什么。这不是我们所说的消极性的意思。

贝阿塔：绝对不是。

伯林：消极性是一个模糊的概念。

贝阿塔：在黑格尔那里，事事都是模糊的，大概。但是在他后面，在马克斯·施蒂纳那里，有另外一种区分法……

伯林：嗯，是的。

贝阿塔：……还有一种在马克思和恩格斯那里，另外一种在桑塔亚纳那里。

伯林：我知道施蒂纳；他的确在几个方面都是赫尔岑的启发
133 者。我觉得在那儿，在巴黎，在 1840 年代，有些影响。我不太知道桑塔亚纳，也没有想到施蒂纳，也没想到黑格尔。也许。

贝阿塔：但是，您是否记得从哪里取得区分概念的？

伯林：不太清楚从哪里。也许是一个模仿吧。我可能无疑是从别的什么地方借用的。区别肯定是在我以前完成的。我不是这一区别的创造者。但是它从来没有受到这样的重视。我来想想看在哪儿出现的。

贝阿塔：在现代的论著中，实际上在全部涉及政治自由的文章中，都谈到了这个区分。每个人都把不同的意义强加给这两个概念。局面是一团混乱。

伯林：我肯定没有意识到黑格尔著作里有这样的情况。T.H. 格林，大概。我也许看过格林的书，也许记得。他是 1870 年代、1880 年代的英国哲学家。

贝阿塔：是的，我知道。他受到了黑格尔的影响，对吧？

伯林：当然，黑格尔和康德，两个人。我告诉你另外一个影响了我的哲学家。这就是康德——当好你自己的主人、不受外界因素的影响的理念。积极自由是康德，绝对地。在良好的意义上，当然。这是全部。我给不出我知道的其他的来源了。

贝阿塔：您的学说里对我最珍贵的是对于积极自由概念的批判，和对于作为其依据的理性主义形而上学的批判。我冒昧认为，这完全是您的。

伯林：我认为这大概是新颖的。

贝阿塔：完全新颖。

伯林：还有价值观的冲突的理念。我不知道还有谁说过这样的话。最终的价值观彼此冲突、不能和解的理念看来是显然的。我认为从天堂里的亚当起，每个人都想到了这一层。就我所知，我不是从他人那里摘来的，虽然如果威廉·詹姆斯和 / 或者其他什么人说这样的话，我不会吃惊，但是我不知道。我有一个朋友叫麦基，写书的时候问波普尔……

贝阿塔：是的，布莱恩·麦基，论波普尔专著的作者。

伯林：他对波普尔说，“在伯林之前，有没有人想到过价值观的冲突?”波普尔说：“有。”麦基说：“谁呀?”波普尔说：“是
134 我。”但是在他的著作里找不到证明。[1] 如果他想到了，肯定是没有说出来。每个人都想到了，痛苦选择的观念不是新奇的；但是，可能存在一种解决办法的假设在概念上是条理欠缺的——这样的理念，我认为这也许是我的理念。但是，如果不是，它至少也是真实的。我来告诉你我一直使用的两个很好的引用语。一个来自 C.I. 刘易斯，二十世纪美国一位著名的哲学家。他说：“没有理由认为，如果真理被发现，它定然会很有趣。”

贝阿塔：这很深刻。

伯林：这是一个很好的评论。如果一件事是真实的，这就足够了——不需要把它变得有趣。有趣是一回事，真实是另外一回事。有的人喜欢事物真实，有的人喜欢事物有趣。我想我也许喜欢有趣的事物，但是我承认真实更好。另外一句精彩的引用语来自康德：“扭曲的人性之材造不出平直的东西。”来自他的一篇文章，至理名言。

贝阿塔：假定某种解释现实的体系能够建立起来，似乎是很令人欣慰。但是，这大概又不是可能的，因为现实是如此的多面体。

伯林：就像怀特海，他说：“寻求单纯，避免单纯。”你必须

[1] 参见：http://berlin.wolf.ox.ac.uk，“前伯林和非伯林的多元论”（‘Pre-/non-Berlinian pluralism’，亨利·哈代编，在 Popper 条目下；2005 年 12 月 31 日访问）。

寻求单纯，但是又要惧怕它，必须是不太单纯的。愿意的话，就寻求体系，但是要警惕。费希特有一次说过：“如果你想要理解一种哲学，就要自问这哲学家的性格是怎样的。”我认为，在我这方面，一切都是秉性使然。我不愿意这宇宙太整洁——它就来自这里。我要例外、奇迹、偶然的拐弯。伊壁鸠鲁谈到过拐弯：the clinamen（希腊语词）。所以你是不能预言的，因为原子可能突然变异，没有原因，像在量子理论中那样，你明白吧？所以说，在整体上，我不愿意事物过于紧凑。我愿意事物松弛，能够发生变化。天才的突发应该是没有预兆的。天才不是体系的一部分，你明白吧？这是赫尔岑所说的“大自然的奢侈”。大自然偶尔地允许自己享受一番产生天才的奢侈。正常地说，大自然是规律的、严格的和完整的。从原因到效果的发展整齐有序。偶然地，它允许自己享受突如其来的奢侈时刻——这是它允许自己享有的来自纯粹丰盛的事物。对于太多的秩序，它突然感到烦闷，所以天才人物出生。我愿意这样想。

贝阿塔：您对于本质上可以论争的概念这种理论有什么见解？[1] 您受到了它的影响了吗？

伯林：是的。我认为其中有很多的真实。

贝阿塔：约翰·格雷是从这些方面来解释您的自由学说的。 135

伯林：他是对的。我想，我写作那些东西以前，从来没有阅读过那篇文章。我是在大约十年前第一次阅读的，所以没有受到它的影响。它是正确的，我同意它的道理。我认为这些概念中

[1] 关于一个本质上可以论争的概念之见解，得到 W.B. 盖利的推广，《本质上可以论争的概念》，《亚里士多德学会研究报告》，56（1956），第 167—198 页。

有些是可以论争的。这就是所谓的开放的肌质，法国人称其为poreux。

贝阿塔：开放的肌质来自魏斯曼。但是又稍有不同，因为它是指经验的概念。

伯林：绝对是。魏斯曼是不同的。我很理解魏斯曼。

贝阿塔：我喜欢他关于猫的著名举例。[1]

伯林：怎么回事？

贝阿塔：假定您进了一间屋子，那儿有一只猫，它忽然长得硕大无朋……

伯林：巨大，像一头大象了。

贝阿塔：是啊，或者它死了，又复活了。对于这样的一只猫，我们还能够使用同一个词语吗？

伯林：或者举别的例子吧。假定一部电话突然变成了一只猫。当然，这样的事一般不会发生，但是假定你突然进入一种物理规律都被取消的环境。一个奇迹。那你又怎么说？你是不是说，"电话变成了猫"或者"猫变成了电话"？我的同事奥斯汀说："我们没有描述这个现象的语言，没有做好准备。语言不能尝试表述这一类型的情况。"你说一只猫变得大得像一头大象，"我不知道该

[1] "假定我必须检验'邻居有一只猫'这个论断；假定我走到邻居家门口，推开门，看看里面，果然看见一只猫。这不是充分证明了我的论断了吗？或者，除此之外，我还得去抚摸这只猫，拍拍它的后背，逗得它喵喵叫几声？假定这几个动作我都做了，是不是我就可以绝对地肯定我的论断是真实的呢？于是，我们立刻遇到了从古代起积累起来的大量著名的怀疑论的论据，例如，如果这个造物后来长成巨大的尺寸，我又该说什么呢？或者，如果这只猫显示出一般在猫身上看不到的奇怪行为，比方说，在某种情况下，它能够死而复活，而这是正常的猫办不到的呢？"弗里德里希·魏斯曼，《可证实性》，参见《逻辑与语言》（牛津：Basil Blackwell，1952），第119页。

怎么叫它”。这就像是说：“桌子什么时候不是桌子呢？”假定一张桌子有半英里长，它还是一张桌子吗？你在哪儿画出界线来呢？这个来自维特根斯坦，你知道。他说：“你会发现这条线他自己会画出来。”“他自己”（himself）应该是“它自己”（itself）：他的英文不是完美无缺的。

贝阿塔：通过它自己？

伯林：不是，不是，是“画出自己”。这条线画出它自己来，突然间，你发现这条线画出来了。维特根斯坦全部关心的就是这个。有人问你：“你什么时候进来的？”你可以回答说：“差五分三点。”但是如果有人问你：“你什么时候穿好衣服的？”你就说不出 136
一个精确的时间来。你不能说：“在三点半”，你甚至不能说“在6月7日”。你说：“哎，我不知道啊，大概嘛，我想，是在1983年的一个什么时候吧。”但是我说：“确切点，到底在什么时候？我问的是这个精确的时间。”你看，你没办法准确回答。或者，例如，你梦见一张桌子，你醒了之后我说：“你梦见的桌子有多长？”你回答说：“哎呀，大概两米长。”我说：“两米？不能说得再准确一点吗？我需要精确的数据。两米长，你是什么意思呢？多少厘米？”你说：“十分抱歉，我不能返回到梦境里，做梦的时候我没有尺子，没有量它。”“不行，我非得要一个精确的答案！你为什么这样模糊？你说‘大概’，你什么意思？不要‘大概大概’的。要*准确*。”这都挺有意思的。这就是，可以说，“精确的”语言不适用的地方。客观地说，是不适用。说“大概”没有什么错误，意思不是你不知道。在这样的情况下，这意思是：“这是在原则上可能的最好的描写。”魏斯曼常说：“我在威尼斯。我在运河上划船，运河两岸都是美丽的宫殿。准确的颜色是什么？”你可以说粉色或者红色、浅红色、浅黄色。“是的，但是我要准确的回答。确切地说，到底是什么颜色?”你说不上来。这都是很真实的，我当然都接受。自由，也是这样的。

麦克弗森和泰勒的批判

贝阿塔：我想问问您，对于 C.B. 麦克弗森和查尔斯·泰勒的言论，您有什么感觉。在我看来，他们是您自由学说的两位最有挑战性的批评家。

麦克弗森写道，您关于消极自由的“机械的和惰性的”概念归功于赫伯特·斯宾塞。这个概念通过边沁推溯到霍布斯，又推溯到伽利略。它源于惰性运动的概念：物体一直运动下去，直到被其他物体的作用制止。按照麦克弗森的看法，对自由的这一理解从机械输入了政治。[1] 这一点，您同意吗?

137 伯林：不，不是这样的。这是错误的。消极自由是没有障碍，这是对的。的确，霍布斯和伽利略谈论了空气中的自由落体。为什么这不适用于我，是因为一个自由落体，在这个意义上，是不自由的。它没有不下落的自由。如果它想要停止，是停止不了的。太粗暴了，这件事。我知道他想说什么——他想说，这是一个机械的比喻。他是对的。全部的政治都是比喻。我记得在文章里说过。说到底，全部的政治谈论都是建立在与其他某物的类似性之上的。正如 E.M. 福斯特所说的：“一切东西都是像什么东西

[1] 参见 C.B. 麦克弗森，《伯林对自由的划分》，见于《民主理论文集》（*Democratic Theory:Essays in Retrieval*. 牛津：Clarendon Press，1973），第 103—104 页。

的，这个像什么呢?”[1] 一切东西都像某种东西。不然你就不能谈论它了。在柏拉图那里，比喻是数学的。我指的是从善的理念的逻辑推论。在亚里士多德那里，是生物学的。在十六世纪——也许十七世纪——社会契约理论是合法的。在十八世纪——狄德罗——是机械的。对于黑格尔，人们说，是有机的。这不太正确。是音乐的。可以说是审美的。如果你阅读黑格尔，你会发现他谈论正题、反题、Aufhebung（扬弃），全部语言，都是有关音乐的。

贝阿塔：他把人比拟为曲调。

伯林：或者一个声调，或者不同的声调。这些声调彼此冲击，彼此结合，创造出某种新的和谐。对于音乐，这些比喻的作用优美。但对于生活则未必。这个理念是，一切事物都有其对立面，这些对立面必定冲突，导致某种新的事物，这新的事物包含了它们，但是又超越了它们。在政治上有什么含意，除了德国人，是没有人懂得的。但是在音乐中，它的作用优美，特别是在和声中。我们真的有主题、反题、和谐、对位。所有这些事物都发挥作用，不是线性的，不是直接的，不是一个接一个的。对于曲调的、中世纪的音乐，这并不好。对于单音部也不好。一旦你在十六世纪晚期、十七世纪早期有了多音部，它就发挥了作用。在这方面，黑格尔和莱布尼茨有些共同之处。

贝阿塔：啊，是的，在莱布尼茨那里，也似乎有多音部!

伯林：黑格尔似乎爱好所有这些浪漫的语言：任何事物都不

[1] E.M. 福斯特，《我们的消遣》，3，“The Doll Souse”（1924）：《阿宾哲收获集》，（伦敦，1936），第 49 页。

是其本身，而是已经包含了对于自身的否定，所以这种否定以某种方式激发出某种新鲜的事物。如果用在音乐上，会发挥得很美。如果用在生活上，就不怎么美了。但是，著名的辩证唯物主义——当尝试把某种非线性发展的黑格尔概念转入社会生活，或者甚至物理学——那么，它里面无疑还是有些东西，当各种力量冲突时。

贝阿塔：但是，不是一切。

138 伯林：的确不是，我想，不都是那么多。我一向以为在艺术、在音乐里它发挥作用。我认为整个浪漫主义运动都是把审美当比喻用于生活。例如，德国人羡慕拿破仑，但是羡慕的不是他的理性。他们羡慕他，不是因为他比别人更善于打胜仗——这是某种技术类的能力，在一定的程度上，是可以教导训练出来的；克劳塞维茨尝试做出解释。他们钦佩拿破仑的，当然，就在于他乃是一个新形式生活的创造者，是一个艺术家；别人都不可能做到，因为这是一个想象力的而不是理性的过程。正是这一点令海涅兴奋。至于你和我，如果我们不能创造一种新形式的社会，至少我们能够把自己奉献出来，成为这些政治艺术家之一的材料。即使这样做给我们造成折磨，甚至死亡，也是值得的，因为一件伟大的新艺术品正在被创造。我们作为他的材料向前奔赴，他是Fuehrer（元首）。

贝阿塔：所以，您在讲述把人当作原料的有灵感艺术家的时候，您是想着黑格尔和拿破仑的。[1]

伯林：黑格尔对拿破仑的钦佩超过对一切人，不是因为《拿

[1] 伯林，《两种自由概念》，参见《自由论》，第 197 页。

破仑法典》比德国宪法更具理性——也许是这样，但这不是要点。他创造了一个新世界。你知道这句名言：绝对物在马背上。黑格尔写《精神现象学》的时候说："我在耶拿看见拿破仑的时候，历史给我写了一封信。昨天我看见了绝对物，它是在马背上。"这是要点。令人兴奋，因为他是一位世界创造者和变革者，历史的力量寓于他一身，他是某种浩大宇宙运动的工具，这运动就是：冲突、冲撞和超越。主要之物是审美的语言，半生物学的语言。事物被凑在一起，造成某种新物。就像赫尔岑说的，"一支歌被唱出以前，这支歌在哪里？舞蹈没有跳出，这个舞蹈在哪里？"[1] 无处可寻。我创造，我不从自然抄袭，这是别人做的事。这不是模仿。艺术不是给自然竖起一面镜子。艺术是发明性质的，崭新的，从自然或者人提供的材料中实现的创造。我为什么对你说出这样的话呢？因为全部政治的言谈，说到底，都是建立在模型、类比、比较、其他的什么东西上的。因此，如果麦克弗森说我的概念是建立在机械的比喻上，而这比喻是从斯宾塞返回边沁、霍布斯、伽利略，这也许是对的，但是我认为是错误的。他能说的话就是："创造一个更好的样板。"我应该用过的是 139
什么样板呢？或者他该用过的？政治不是一门独立的科学。你能想到的每一个政治家、思想家都是按照某种类型来行动的；而类型总是来源于其他的什么地方。不存在以政治起家的原政治（Ur-political）思想家。说到底，政治就是把伦理用于社会，意思就是，存在某种社会概念，机械的、有机的、审美的、法治的等

[1] 改写：参见亚历山大·赫尔岑，《三十卷文集》（莫斯科，1954—1966），卷 6：第 33，335 页。

等，作为任何一个特别的时期主要政治观点的基础。这是我想到的回答。现在告诉我……

贝阿塔：……查尔斯·泰勒。他在文章里说，您追随边沁和霍布斯，他们的道德心理学就其目的来说，太简单或者太粗糙。

伯林：泰勒的自由理念是什么？

贝阿塔：嗯，他同意，自由的学说有两个家族，但是他主张，任何可以得到保护的自由观点都必定涉及某种程度的自我实现。

伯林：我明白了。泰勒是一个真正的黑格尔主义者。他相信宇宙向某一个目的地运动，人在生活中是有某种目的的。人按照上帝或者大自然为他们创造的目标发展；因此，自由意味着按照导向某种完美的格式发展。我们更加自由的程度就是我们接近自己的目的的程度。亚里士多德说了同样的话。对于亚里士多德来说，一切都有目的。植物的目的是开花；胚胎的目的是变成一个躯体。蛹的目的是化为蝴蝶。这就是目的论生物学。泰勒愿意相信终极的目的；就是说，一个蛹的任务就是为变成一只蝴蝶而工作；如果一个蛹理解它的天性，它就愿意成为一只蝴蝶。如果橡子知道自己要什么，就会愿意成为一棵大树，长着又大又圆的叶子：一棵橡树。这样的欲求是对自由的欲望。否定这一点的第一个人是斯宾诺莎。斯宾诺莎实际上是——否定目的论——说万物没有目的的第一位思想家。万物就是万物：这是思想史上向前迈出的一大步。对于亚里士多德来说，万物都有目的，全部的目的都适应了某种和谐。如果万物都各司其职，就会出现一个和谐的世界。对于黑格尔来说，精神的发展导致可怕的冲突。但是到最后，还是出现统一的。卡尔·马克思常常用它来解释历史。出现了形形色色的悲剧、奇奇怪怪的恐怖杀戮、屠城、战争，但是到

最后，当然，一切都如愿以偿。到最后我们都很高兴，彼此之间的关系都极为理想。 140

如果你相信这个，那你就是相信了泰勒相信的事。你就得说，自由并不就是毫无障碍。自由就是朝向一个既定目标的自我实现，而这个目标不是你创造的，而是在你身上被创造出来的，存在于你的身上，由他者创造的：上帝，大自然。这就意味着按照某些规则、沿着某些路线的发展。其他的都不是自由。但是我可能突然说："我不愿意成为一只蝴蝶，我就愿意一直当一个蛹。"也许我办不到，但是在不准我怀有这一想法时断言我自由，则是错误的。

贝阿塔：我想，他不知道怎么就把两种自由概念联系起来了。他说，革除自我实现，造成的结果就是保留消极自由的一种漫画式的变体。

伯林：因为他相信目的。因为他相信自由在于实现某种个性。

贝阿塔：他是这样写的："'自由'可以修改为：对于我所真正或者确实需要的东西，毫无内部的与外部的障碍。"[1]

伯林：是的，"真正"是一个重要的词。真正的是我实在的自我，不是我想要的，而是我真正想要的。"确实地"，他说啦，是吗？

贝阿塔："确实地"，是的。

伯林：意思是一样的。你说你要买一个冰淇淋。我说，"那不是你真正想要的。你不是真的想要这个东西，你实在想要的是某

[1] 查尔斯·泰勒，《消极自由有什么不对》，参见《自由的理念》，瑞安编，第187页。

种更高贵的东西”，于是我说服你。你说你想要爱。你想要的不是爱，你想要的是某种更低级的东西。现在我教给你了，这是真实的爱。这是你确实想要的东西。如果我要得到冰淇淋，冰淇淋就是我想要的。泰勒告诉我说，广告艺术家搅扰人的天性，因为他们的广告，在西方，让人认为自己需要实际上根本不需要的东西。如果我知道宇宙真正是什么，我就不会要它。也许不要。但是，如果我需要毒品，我确实是需要的。如果你给我戒毒，你就是阻断我的自由，做得对，因为它对我很不好。如果你不给我冰淇淋，你可能会改变我，让我要求我现在不需要的各种东西，这些东西会使我变得更为自由。这可能是真的，但是你却把自由停止片刻。

贝阿塔：让我们返回麦克弗森的批判吧？他提出的反对意
141 见，我觉得是基本的。在引用了您的四个理性形而上学假设[1]之后，他争辩说，第一个假设不能引发出其他的三个一元论假设来："真正的一元论包含在后面三个假设之中。[……] 但是这三个不是来源于第一个假设。[……] 我的要点是，后面这三个假设是任何积极自由的概念所不需要的。[……] 积极自由的提倡者不必强调或者假定存在单一的一个普遍的和谐类型，而全部理性的存

[1]“第一，所有的人都具有一个真正的目的，只有一个，这就是理性的自我导向；第二，所有理性存在者的目的都必定适合于某种单一、普遍而和谐的模式，这一模式，一些人比另外一些人更有能力清晰分辨；第三，所有的冲突，因此所有的悲剧，都源于理性与非理性或不充分理性因素的冲撞——与个人或者集体生活中不成熟和未发展因素的冲撞；这样的冲撞原则上是可以避免的，而且对于完全理性的存在者是不可能的；第四，如果所有人都被造就得富于理性，他们就会遵守自己本性中的理性法则（这些对于他们所有人都是完全一样的），因而他们完全遵守法律而又全然自由。”伯林，《两种自由概念》，参见《自由论》，第 200 页；比较下文第 237 页。

在物都必须适应它。”[1]

换言之，按照麦克弗森的见解，积极概念的扭曲不是源于积极自由的逻辑。所以，可以而且应该摆脱您令它受到的指责。这是一个关键之点。[2] 而其他的作者，比如约翰·格雷和罗伯特·科齐斯，看来有类似的反对意见。[3]

伯林：你看，如果我的第一个假设是正确的，那么，对于每一个问题，都会有一个真正的答案，我指唯一的一个。所有真实的答案都必须符合。

贝阿塔：但是他写道，如果我们接受第一个假设，就要出现的不是一个类型，而是出现许许多多的生活方式。请看看相应的片段。

伯林：等一等——“如果对于人的发展潜能的主要障碍消除，如果，就是说，他们得到平等的自由，那就会出现不是一个，而是许许多多生活方式和风格，这些方式和风格不可能加以规定，也就不一定冲突。”[4] 142

是的，这是绝对正确、完全真实的。排除障碍很可能导致

[1] 麦克弗森，《民主理论》，第 111 页。
[2] 同上。
[3] “某种真实的或者理性的意志之某种有用的变体，将会超越其根源传统上所在的理性主义形而上学和哲学心理学的终结而继续存在。[……] 凡是能够存在的自由观点都不会不适用于理性选择的某些条件。”约翰·格雷，《论消极自由与积极自由》，参见《自由主义：政治哲学文集》（伦敦：Routledge，1991），第 59，66 页。“有很多形式的自我实现。[……] 一旦提供了成长的土地，人的自我实现过程将会带引我们进入互不相同、互有冲突的方向中去。”罗伯特·A. 科齐斯，《论人类道德发展的连贯理论：超越以赛亚·伯林爵士的人性观》，《政治研究》，31（1983），第 386—387 页。
[4] 麦克弗森，《民主理论》，第 113 页。

百花齐放；当然可能导致多元论。但是，第一个假设是，对于每一个问题都有一个正确的答案，而不单是应该消除障碍。消除障碍，对于我来说，不是指你可以对每一个问题得到一个正确答案。如果每一个问题只有一个正确的解决办法，那么所有的解决办法都必须符合一个类型。既然这是正确的解决办法，那么应该被去除的障碍则是对此的障碍。

贝阿塔：所以您认为这都是根植于第一个假设当中吗？

伯林：是啊。我想，这第一个假设是十分错误的，就是说，对于每一个问题只有一个客观的解决办法，而且是仅有的一个，并且，我们还可以认识它。我们可能是太虚弱了，或者太愚蠢了，我们这一辈子也可能都认识不了它，但是它是存在的。

贝阿塔：但是他说每一个人都有他自己的自我实现的方式。

伯林：是的，你可以这样说，但实现的是什么？真正的目标吗？

贝阿塔：他自己。

伯林：不，这不好。我真正的实现和你真正的实现不能够冲突，因为我真正的实现是以对于应该怎样的感知为依据的。对于"我应该是怎样？"这个问题的回答是什么呢？对于这个问题，只有一个真正的回答。如果回答对于我是正确的，对于你也应该正确，因为我们都是人。全部的问题都是普遍性的——理性的哲学家一直深信这一点。

贝阿塔：所以，这一切都根植在理性的理念中吗？

伯林：所说的那种理性，被定义为发现给予全部问题以客观真实答案的能力。如果问题没有答案，或者同一个问题有两个答案，那就不可能是真实的问题。你不能告诉柏拉图，或者亚里士多德，或者斯宾诺莎，或者狄德罗，或者黑格尔，对于这一个问题有两个同样真实的答案。真实只有一个。我不相信这个，但是他们相信。如果这是一个真实的问题，就必定有唯一答案。你不能说有四个可能的答案，而且全都是真实的，彼此都不相容。比如说吧，我可能是一个律师，或者一个医生，或者共产党的成员，或者——我也不知道是什么——一个扫街的吧。当然，这些行业我可能都干，但是总有些什么我应该干。如果都是无关紧要的，我们就说，这都是不足道的问题，都不是需要回答的问题。你想要什么？喝什么酒，红酒还是白酒？没有一成不变的答案，但是，在理论上应该有。对于每一个真正的问题，必定有一个真正的答案。 143

贝阿塔：我觉得应该区分开下列的两者：一是积极自由的学说，其目标在于调节一个社会里人与人之间的关系，一是关于自由的纯粹内在的概念，这是为个人制定的。也许只要某种积极的概念目的不在于调节社会，就不会引起危险？

伯林：但，你没办法画出一条线来；你做的每一件事都显然对他人产生某种作用。

贝阿塔：但是，我觉得全部现代文化都是相对地更涉及积极的概念。例如，存在主义是建立在自我实现上的，对吧？在小说、戏剧里，还能够遇到作为自我指引的自由理想……

伯林：是的，但是，你看，困难在什么地方？如果我以一种方式实现我自己，你以另外一种方式实现你自己，你我就可能想要彼此杀戮。那我们该怎么办呢？我们必须创造某种机制来避免这个。但是这不是自由。这是调解自由的机遇的机制。事实上我们谈的是法律。我的立场是边沁的立场：法律是必不可少的，但是法律不会增加这样的自由。一项法律告诉你不能做某些事。它当然增加你享有的自由总量，但是法律本身不是自由的一种形式。这是一种机遇的形式。它创造的框架中存在增大了的自由。这是正确的。所以你不能把二者分开。为了创造一种在道德上令人满意的生活形式，你必须保护你自己和他人免遭败落的厄运。因为不是人人都完全善良，所以没有监狱是不行的。

贝阿塔：我考虑过这个。如果自由和自我实现认同，从一切普遍的类型中抽出，则无数的冲撞就必定发生。所以必须有建构社会的某种原则。

伯林：是的，穆勒认为，就是必须有最低限度的强迫，这是最大限度的自由所必不可少的。但是如果两种自由冲撞，当然得想办法预防。我说梭子鱼要吃鲤鱼，狼要吃羊，就是这个意思。必须防止狼吃羊。不过，无疑这就减少了狼的自由。必须防止天才们击溃其他的人。不多说这个了，让人感到痛苦。你准备给有才能者多少自由来对付没有才能者？萧伯纳有一个著名的剧本叫《医生的困境》。主角——虽然别人还都不知道——是卡尔·马克
144 思的女婿。这是个臭名远扬的恶棍。他叫阿韦林，娶了马克思的小女儿埃莉诺。我记得最后她自杀了，而他死于吸毒，或者这类的东西。一个伤心的故事。剧情是这样的：他是一个画家，很有才华，他要作画，我们假设，他的确是天才。为了作画，他的妻子和家庭不得不挨饿。他们逐渐地饿死了。这是对呢，还是不对呢？没有答案。各人有各人的选择，这取决于你有什么样的总体生活概念，你所做的是否符合你心目中最低限度的可容忍的生活。如果你认为让他们都死去的事不可容忍，那就让他停止画画。这就像我在战争期间听到的故事。假设某一座华美的城市——威尼斯——要被毁灭，你是不是宁愿让一百个人被杀死

呢?不同的人回答得也不同。

贝阿塔:依据价值观的等级。

伯林:或者价值观的冲突。问我的那个人说:“虽然,如果替代办法是死一百个人,我不能阻止毁灭,但是威尼斯被毁的想法是不可想象的。”我的观点不一样。即使是一个生命也比威尼斯的价值高。但这是一个私人的判断。这向你表明这个人是什么人,和他的整个的道德境界。和我谈话的这个人是一位优秀的文学批评家,美学评论家,而且还是一位十分值得尊敬的人——现在去世了——他的确深深挖掘了每一种艺术作品。他不愿意在一个没有艺术的世界里生活。你还记得陀思妥耶夫斯基在《卡拉马佐夫兄弟》里的一个著名的片段,那个人说:“你愿不愿意以一个儿童受折磨致死的代价来购买几千年、几千年的幸福呢?”伊万·卡拉马佐夫说:“我不愿意观看这个演出,我要退票。”[1] 无论为我提供什么,都不用付代价。如果你是一个功利主义者,你会说:“真是疯了。让亿万人幸福?嗯,一个儿童——十分悲哀呀,但是你不能如此地不负责任,说你不愿意观看这个。这是一种顽固不化,是你的保姆教给你的,你的神甫教给你的。这不好。要理性一点!”这是一个没有明确答案的问题。

兴趣的变迁:传记的主题 145

贝阿塔:您可不可以多谈谈您专注哲学的经历呢?

[1] 对于这一段话的记忆:“和谐的代价太高。我们付不起这样昂贵的入场费。所以我急忙退了门票。”陀思妥耶夫斯基,《卡拉马佐夫兄弟》,两卷(Harmondsworth, UK:1958),I: 287。

伯林：哎哟哟……你指的是什么呀？

贝阿塔：您在《概念与范畴》中谈到您的兴趣的变化。您首先感兴趣的是……

伯林：……哲学，后来还有思想史，是吗？

贝阿塔：经过是怎样的？

伯林：嗯，可以告诉你。我在那本书里描写了。[1]

贝阿塔：在和……谈话之后。

伯林：和谢弗。[2] 经过是这样的。我还可以再说说这件事。战前，我是一个普通的牛津哲学教师。我好也好不到哪儿去。还算不错吧。不是带头的哲学工作者。我常常改正别人的书，批评，等等的。我是一个好教师。后来战争爆发，我去了华盛顿。到哈佛大学访问了一次，会见了谢弗，因为他是我在华盛顿认识的一个人的朋友。谢弗是一个十分谦虚、羞怯的人，一位数理逻辑研究人员。他对我说："你知道，现在，哲学变得错误了。全部都陷在逻辑和实证主义里了。如果我真的知道我的著作造成这样的结果，我就会一个字也不写的。"后来他对我说："你看，哲学不是一个求进步的科目。哲学里只有两件事能够取得进步。一个是逻辑。逻辑像数学。你可以想到一个新方法，或者新工具。在这样的情况下，旧格局被丢弃，解决什么问题的新等式或者新方法出现。还有就是心理学，当然你能够做出新发现，但是那是经验的，不真是哲学。有哲学史。但是不能说什么人精通伦理

[1]"作者序言"，参见以赛亚·伯林，《概念与范畴：哲学论文集》，亨利·哈代编（牛津：Oxford University Press，1980），vii—viii。

[2] 亨利·M. 谢弗（1883—1964），英国逻辑学家，1913 年证明，逻辑计算的全部通常的运算符都可以使用一个连接，亦即"谢弗竖"来规定。

学。没人可以成为认识论学者；这没有意义。换句话说，你不是在积累。起初，你以为你知道得很多很多，但是以后的事实会把你良好的自我感觉推翻。新问题要出现，还有新的解决办法。这不像是物理学，你不是从先驱者肩头开始建造。”这是他说的。后来，在1944年，我乘一架轰炸机返回英国。飞机机舱没有加压，所以我们得吸氧气。黑暗，但是不允许我们睡觉，因为如果 146
你睡觉，你可能吞下给你供气的氧气管子。那是危险的。你必须保持清醒，却又不能读书，所以我被迫思考。真是难熬。我记得笛卡尔说过，对于他来说，紧张的思考只能延续四分钟。不管怎么样，如果你被迫思考，你会思考的。我突然想到，也许我愿意在生命结束的时候知道得比在开始的时候更多些。我想，我会喜欢另外一个科目的。1944年，我返回牛津，告诉了我的同事，他们都十分震惊，不以为然。我说我要研究思想史——特别是俄国思想，因为在战争期间我阅读了赫尔岑，阅读了别林斯基，阅读了所有这些人的书，感觉万分有兴趣。我继续教哲学，直到1950年。后来我从我教书的地方新学院回来，到了这儿（万灵），开始写作你读过的这些东西。后来我变成社会与政治理论教授，我把政治理论解释为这些理论的历史。我讲课总是从历史方面展开，而不重分析。我认为，理解一个哲学的时期，就是从发生学角度来理解——它来自哪里。不是每一个人都会采取历史的方法的。像康德或者维特根斯坦或者笛卡尔，都对思想史不感兴趣。他们无疑都是天才。但是，除非我知道思想是如何发展的，从哪儿来，要解决什么类型的问题，在特殊的语境下怎样面对这个问题，我就不理解这些思想。例如，我的一个理念：浪漫主义是欧洲意识中最大的单一变迁，乃是一项纯粹的历史观察。我对研究思想史最感到舒服。不是狭隘的社会思想和政治思想——而是总体的思想，促成了变化的思想，亦即表明事物不是一成不变的思想。这些是要紧的思想。转折点是我喜欢的，意识的历史采取了新方向的那种转折点。在此之后一切都与以往不同的关键时刻。这是我对你的问题的全部的回答了。

贝阿塔:《两种自由概念》也是一个转折点。我钦佩您的文章，原因之一是它出现在英国的土地上，在英国，其他的学者都对逻辑实证主义和语言分析感兴趣。

伯林:他们对政治哲学都不感兴趣。对于这些学者来说，那是一个泥坑：太模糊、泡了水、太浑浊。他们想要的是干燥、准确、清楚的东西。他们认为政治哲学中不可能有什么精确，这个，
147 我同意。但是我要维护我的不准确。罗素有一次说："你知道，对于全部的哲学，或者大哲学家们的哲学来说，基本理论总是十分简单的。机智而繁复的是针对反对意见保护自己。要塞有一张简单的平面图，繁复的是挂在墙上的武器，用来防卫和对付实际的和可能的反对者。这些人使用最大限度的机巧，但是你所保卫的一般都是比较简单的东西。"[1] 我相信这个道理。为了理解政治哲学家，您得知道世界是怎么看待他们的。不是他们说道出来的

[1] 这是对于下面一段的复述："每一位哲学家，除了他提供给世界的那个形式系统之外，还有另外一个简单得多的、他也许清晰意识到了的系统。如果他意识到了，他可能还认识到它不完全站得住；所以他把它隐藏起来，又推出某种更复杂的东西，他相信它，因为它近似于他那个粗糙的系统，但是他要求他人接受，因为他把它造就成了这个样子，他认为读者是不能不赞成的。复杂性来自反驳诸种反驳，但是只靠这个办法还不足以取得积极的结果：这表明的最多也不过是，某一个理论可能是真实的，而不是必定真实。积极的结果，无论哲学家理解得有多么少，都是源于他对想象的着迷，或者桑塔亚纳所说的'动物的信仰'。"罗素，《西方哲学史》（纽约：Simon and Schuster, 1945），第 23 章，第二段。

道理，而是这些道理如何适合于某种Weltanschauung（世界观）、某种态度、某种生活观——你得抓住这个。你抓住了，就理解了。对于黑格尔、康德、柏拉图、亚里士多德，全部这些人，你必须尝试移情，努力洞察在他们看来万物像是什么。但是，如果你看待的态度十分学究气，像哲学家们容易犯的这样的毛病，如果你是一个命题一个命题地抠，你就永远也不能理解他们说话的原因何在。你必须对核心类型有感觉。

贝阿塔：像黑格尔著作中的音乐！

伯林：像黑格尔著作中的音乐！你知道黑格尔喜欢的作曲家是谁？你喜欢音乐吗？

贝阿塔：是的，我爱音乐。

伯林：黑格尔到了巴黎，接待他的人，维克多·库桑先生对他说："您愿意去歌剧院吗？"他说："是的。""您愿意听哪位作曲家的作品呢？"

贝阿塔：瓦格纳？

伯林：1827年，瓦格纳还是一个小孩呢。[1]

贝阿塔：嘿哟，对了，瓦格纳在黑格尔后面。我说的话多愚蠢啊。因为那形象看着有点……

伯林：绝对，我同意。不不不，没什么愚蠢的，瓦格纳很像黑格尔的，你说得对。但是黑格尔说的话——要让你惊奇；我几乎不想告诉你，你会震惊的。黑格尔说："哪个作曲家？罗西尼。" 148
你同意吧，够惊人的。康德根本不懂音乐，一辈子也没有写一个小歌，根本不懂音乐。叔本华很懂音乐，是唯一对音乐发表

[1] 黑格尔（1770—1831），瓦格纳（1813—1883）。

了高见的人。黑格尔和音乐没有关系，真的。他应该说出贝多芬来，至少说出《费德里奥》。罗西尼！哼！记住这个悖论吧。黑格尔也许有点不太纯正的东西，身上多多少少有些不真实。我一直怀疑黑格尔是半个江湖术士，虽然智慧外露，出类拔萃。他的出版人，科塔，[1]有一次对他说，觉得他最后一本书有点太短，他回答说："好啊，我可以把它拉长，你要多长就拉多长。"他说了就干，又加上了十万个词，诸如此类的。这不是很地道。我觉得有一点像是宗教的咒语。他就是没完没了地对着他的学生唱歌，公式连着公式，怎么延长都是随意的。这和康德正好相反，他说该说的话，适可而止。休谟、伯克莱，甚至叔本华，都是有什么说什么。但是，黑格尔说起来可能就没完没了，一再重复，像讲道一样，像一个神学家的行业。是啊，你知道，他是作为一个神学家起步的。

贝阿塔：真的呀？我还不知道呢。

伯林：他不是神职人员，但是他在图宾根最初研究的是神学。可以肯定的。

内在的障碍和洗脑：对自由的作用

贝阿塔：再来看看您的《两种自由概念》吧。可以讨论您提及内在障碍的一个片段吗？原文是："自由观念的本质，在'积极'和'消极'的意义上，都是阻止某物或者某人——阻止侵入我的领地或者对我施展权威的他人，或者阻止迷念、恐惧、神经症、非理性的势力——一类或者另一类的入侵者和

[1] 原名为 Johann Friedrich Cotta (1764—1832)。

暴君。”[1]

所以，内在的因素，比如迷念和恐惧，在您看来，也构成了对自由的障碍了？

伯林：当然，为了我的积极自由。当然。

贝阿塔：为了积极的，不是为了消极的。那么，消极自由只能被外在的障碍阻隔了？

伯林：其他的人。其他人阻止我做我想做的某些事。

贝阿塔：谈谈洗脑吧。

伯林：遭受洗脑，或者调教，或者操纵，意思就是你控制 149
自己或者决定你自己的行动的能力，在一定程度上通过干扰你的精神状态而受到削减。

贝阿塔：无疑洗脑构成了一种内在的障碍。但是看上去也是外在的！

伯林：是的，当然，那也是别人做的，但是他们不会告诉我不要走那条路，他们不说“禁止你”，他们只是操纵我，让我丧失做这件事的愿望。

贝阿塔：这样，他们所干涉的就是我的积极自由。

伯林：这就像给我一种药。给了我药之后，他们说：“现在你看，如果你愿意，你还可以走，但是你不想走了，对不对？”这就像医治我抽烟的欲望似的。这可能是一件好事，但肯定是干涉了我的积极自由。如果我愿意受到干涉，好。但是如果我医治你抽烟的欲望，我就必定要缩减你的积极自由，无论这样做对你的健康有多少好处。我不是在扩展它。

[1] 伯林，《两种自由概念》，参见《自由论》，第 204 页。

贝阿塔：我觉得这有一点牵强。如果我的躯体属于我私人的独立的领域，为什么我的精神就不是了呢？

伯林：可不是嘛。我不否认。我唯一的要点是，被洗脑的效果与其说是它关闭了你可以穿过的门，不如说是堵塞了你决定穿过任何道门的能力。它干涉的是你的个性。

贝阿塔：但是他们压迫我！事实上，他们阻拦我选择！

伯林：相当于限制我的机会。我的意思是，积极自由是和消极自由一样重要的。我想要澄清的正是这一点。

贝阿塔：但是，如果有人打我，他就是干涉我独立的领域。

伯林：是的，他损害了它。

贝阿塔：把二者分开，不是奇怪吗？我的精神不属于我独立的范围吗？

伯林：我来告诉你。它自然是属于你的，没有疑问，这不是区别。对比不是在属于你的和不属于你的事物之间，或者私有的和不是私有的事物之间。对比在对于两个问题的答案之间：一个是，我能做我决定要做，或者我能做的事的范围是什么。另一个是，谁控制这个范围？好了，凡是控制了这个范围的人就是调教我或者给我洗脑的人。他就是真正干涉我的选择
150 能力，而不是看守那些看门的人。

贝阿塔：所以，如果他们给我洗脑或者操纵我，他们不也是妨碍我的消极自由吗？

伯林：不。我想，在技术上是这样的。

贝阿塔：因此，我的消极自由不保护我免遭这一损失。所以，即使我是在一个自由的社会里生活，也完全可以设想我是

遭受洗脑的？

伯林：一个自由的社会，不是一个消极自由的社会。积极自由应该出现在所有的社会。我的积极自由是同样重要的，这一点你还没有理解。这是我说的话。也许没有说清楚。自我控制，自己做出决定、不受他人摆布，启动我自己的行动，我为了我自己的主旨而做事，我不受人命令，我行动之来源乃是我自己，而不是控制我的任何他人——这样的理念就是积极自由。反常的情况是，我开始谈论两个自我：一个自我操纵另外一个自我，等等。积极自由是一种完全纯真的概念。要求你是你自己的主人，是完全纯真的。干涉我的积极自由，是和干涉我的消极自由一样可怕的。如果我被催眠，这就不是门都对我关闭，而是我进入任何一道门的能力被削弱。我不再是一个人，不再是一个自我。我不再能够选择。

贝阿塔：所以，积极自由的学说变得危险，其关键是自我的分裂吗？

伯林：是的，我认为是这样的。或者甚至当我说："我尽可能这样做。我所做的不真是我尽力做的，不是我真实的自我做的。"

贝阿塔：但是有两种威胁：一种是理性主义的，一种是非理性主义的。

伯林：是的，同等的。如果我强迫他人做他们自己可能觉得不想做的事，而且以一个理想的名义——他们一旦理解了这个理想，自己就会跟随。理想不一定是理性的；理想可能是任何的理想，只要不是他们的，而是我的。我迫使他们接受，因为我说话，是为了他们浪漫的个性，不是为了他们的理性的个性——为了他们的创造性个性，他们的艺术的个性，他们精神的个性。这是天主教的做法。天主教让我做某些事。神父想要影响人们，或者有时候甚至把他们投入监狱，像宗教裁判所。他们的行动代表我的灵魂，不代表我的理性。但是，他们行
151 动的依据依然是我如果理解就会做的事，或者如果我像他们一样，如果我也具有对于未来生活的这种伟大的、创造性的愿景的话。假定他们强迫我做如果我像他们一样就会做的事，这就摧毁了或者损害了我的自由，积极的和消极的。借口是："这扩大了我的积极自由。"显然，结果当然封闭了消极自由，因为我既不得向右走，也不得向左走。但是这也同样封闭了我的积极自由，因为我不再指导我自己，而是被他们指导。所以伤害了二者。

贝阿塔：关于内在障碍的另外一个片段，您可以再听一听吗？有一个论点我不能说我理解了："常识也许对这些障碍的多样性意识不足：障碍可能是物理的或者心理的，'内在的'和'外在的'，或者由两种因素组成的综合体，很难阐明，而且由于社会因素和／或者个人因素，也许在概念上不可能阐明。普通的见解可能把问题简单化，但是我觉得倒是涉及了它的本质：自由就是不存在行动的障碍。"[1]

伯林：障碍可能是心理学的。

贝阿塔："行动的障碍"。这一点改变了全部。为什么谈到行动？为什么没有谈到我的选择？

伯林：对的，也许不准确。对选择能力的障碍。

[1] 伯林，《自由立于希望和恐惧》，参见《自由论》，第 270 页。

贝阿塔：因为我不必行动。我可以选择被动。

伯林：选择是一种行动。行动不仅仅指从椅子上站起来。如果我作了决定，某种事发生了，就是某一个心理学的行动发生了。即使这样，解说得也不好。你说得对，我应该说“选择”，当然：“自由就是清除选择的障碍。”你可以这样说，如果你想要引用我的话，说，“行动这个词，应该用选择来取代”，这是完全可以的。

贝阿塔：因为人为了利用自己的自由，不一定必须采取行动。

伯林：不不不，不必。可以坐在椅子上。

贝阿塔：这是一个潜能的问题。

伯林：清除行动的障碍不是指必须采取行动。

论埃里希·弗洛姆：消极自由和积极自由

贝阿塔：您对弗洛姆自由概念的见解，我十分感兴趣。这 152
里有一段相关的段落：“积极自由在于完整统合的个性的自发行动。”[1]“积极自由也是指这样的原则：没有比这个独特的自己更高的力量，人是他生活的重心和目的：人的个性的成长和实现是一种目的，这一目的永远不能屈服于据称具有更大尊严的目的。”[2]弗洛姆当然代表积极的态度，这个态度，您认为更可能变异。这些具体的规则有什么错误吗？

伯林：弗洛姆方法的错误在于他认为积极自由已经足够，假定我在内心上不屈服于非理性的欲求。弗洛姆要求的仅仅是

[1] 弗洛姆，《惧怕自由》（伦敦：Routledge & Kegan Paul，1960），第 222 页。
[2] 同上，第 228 页。

整合。整合是极好的事，但是和自由不是一回事。

贝阿塔：但是他没有使用理性这个词。

伯林：我知道他没有。但是理念是在那里的。我为什么害怕自由呢？因为我是非理性的。这是害怕自由的唯一的真正原因，假定我没有某种完全非理性的欲求。精神分析者让我摆脱了对我母亲或者我父亲的痛恨（因为他对我母亲的关系），或者摆脱了对于蓝色的痛恨（因为我在儿时曾经被一个披着蓝色斗篷的男人奸污），诸如此类。你明白我的意思了吗？我摆脱了全部这些压力和欲求的时候，我所摆脱的是非理性，虽然他没有使用这个术语。享有自由意指自己自由地决定选取哪个方向，即使对于弗洛姆，也是如此。这是积极自由。但是他不允许消极自由存在，他认为这不重要。对于他来说，要点就是，我的灵魂必须安宁，和对斯宾诺莎一样。假定我享有和谐，假定我没有被冲突撕扯，假定我没有因为形形色色的生物学的或者心理学的原因被逼疯，或者逼迫得患精神病或者心理疾病，我就很好。这意思就是我说：“我在监狱里，但我是理性的，我很好。我享有和谐，不在乎我在监狱里。暴君是非理性的。我很好。”一个人被戴上了锁链可能是快乐的、享有和谐的、充实的，因为他不在乎枷锁，而且在乎枷锁的想法是非理性的。我不在乎枷锁，我在监狱里，我也不在乎。我所在乎的全部事情是我内心的状
153 况，我内心的状况是和谐的，充满了爱，充满了希望，充满了理性，充满了创造力。如果我知道我被投入监狱了，我在乎什么呢？英国诗人洛夫莱斯写了一首著名的诗，这样说

的："顽石墙壁没有构成监狱 / 铁栏铁窗没有造成牢笼。"[1] 这就是弗洛姆、斯宾诺莎、斯多葛派等等。这是十分可尊敬的观点，但这是不够的。因此，你需要消极自由。如果我在监狱里，我就是在监狱里。如果你受到极权主义国家的控制，那么，在心理上，你要让自己漠视对你的折磨。

贝阿塔：是的。所以，如果我认为对于您来说，消极自由比积极自由重要得多，我对您的解释正确吗？

伯林：我没有说更重要。消极自由被偏向积极自由的人忽视了；他们完全不注意它。消极自由是一个必要的条件，没有它就不可能有真正的自由；同样，没有某种程度的积极自由，也不可能有自由。

贝阿塔：但是如果二者冲突呢？

伯林：怎么能冲突呢？你的意思是，有人给了我一个替代选择？或者有十七道门开着，但是我不是自己的主人？或者我是自己的主人，但是只有两道门？如果有十七道门，我却不是我自己的主人，我就不是自由的。今天，我愿意保卫积极自由。（大笑）

贝阿塔：看起来是这样啊！

伯林：对积极自由的扭曲把你导向灾祸。对消极自由的扭曲也一样，但是程度小得多。这是历史的观点。强调消极自由不是否定积极自由。而强调积极自由常常是否定消极自由。

贝阿塔：是的。所以您全部的学说都是某种元学说，我的

[1] 理查德·洛夫莱斯，《狱中致奥尔泰雅》，参见 *Lucasta: Poems of Richard Lovelace*（芝加哥：Caxton，1921），第四节，第1—2行。

意思是，建立在其他学说之上的一个学说吗？

伯林：是啊，你可以这样说。它只是对概念的分析，就像所有对概念的分析一样。

贝阿塔：我阅读了很多谈论您的文章，主要批评您的消极自由概念……

伯林：太狭隘。对我的指责从来都是一样，即，某种枯燥的、消极的个人主义，不允许社会的爱。

贝阿塔：我觉得您的自由概念等于一种讨论，不是一套学说，比如，像哈耶克那样的。

154 伯林：不是，肯定不是。不是一套学说。嗯，不是的，是讨论。只不过是说，“自由”这个词有两个意思，都有效。两个意思有些重合，但是不一样。每一个都受到歪曲。消极自由遭到歪曲，这比积极自由遭受到的歪曲对人的危险要小得多。我不多注意消极自由，因为我想要写的是积极自由遭到的歪曲。在这一点上你是对的，所以关于其一只有 8 页，而关于其二有 23 页，不管说了什么。[1] 这是对的。但是如果你问我：“积极自由怎么样？”我要说，这是一个不可或缺的理想，当然。我们不是说弗洛姆说内在的和谐重要有什么错误，但这是不够的。如果没有消极自由，那就是说没有自由了，那就是某种别的事了。那是宁静、快乐、道德的满足，但不是自由。

贝阿塔：那么，如果您要构建一套学说，像边沁的，或者穆勒的，或者其他什么人的，您会怎样保护这两种自由呢？

[1] 指我在《论伯林自由学说的又一个声音》中的一句话：“伯林拿出 9 页篇幅谈论对消极自由的理解，而他对积极自由的批判占用了 24 页。”参见第 236 页。

伯林：我要说，没有消极自由，就没有真正的自由，在政治上。我们是在谈论政治自由。没有消极自由，就完全没有自由。

贝阿塔：您怎样保护积极自由呢？

伯林：你保护积极自由，就要努力不被灌输某种意识；制止他人对你的影响——制止在精神上对你施加压力。例如，有的家长对孩子施展精神讹诈，说："你如果做这件事，会让我很不愉快。你如果做这件事，就是违背我们家的整个传统的。"这是对积极自由的干涉。没有门是关闭的，但是我被强令想到，如果我做这件事就是犯罪。我不想当罪犯。所以消极自由是重要的，因为没有消极自由就没有政治自由。积极自由是一种精神的考虑，不是政治的考虑。积极自由把个性造就成为个性。没有积极自由，我就不能以一个自由人的资格来发挥作用。

贝阿塔：但是，如果这个功能被扩大到涵盖超个人的实体，它就变成政治性的了。

伯林：当然，是的，例如有人说："我要为你做你自己做不了的事，因为你不理解。"这时候压力就开始了。

贝阿塔：因此，这和批评您的多数人所建造的形象十分不 155
一样！例如，他们说，坚持您关于消极自由概念的唯一的学说就是边沁的学说了。

伯林：边沁做出一个论断，我引用了，这就是，法律无论多么聪明或者必要，都是一种障碍。我引用边沁的就这一点。我不是功利主义者。

贝阿塔：他们写道，就连穆勒也有某种积极的学说。所以您的回答是您不会在严格消极的、十分狭隘的前提上建造一套学说。

伯林：我认为积极自由基本上是一个以消极自由的理念为依据的比喻，但这是某种绝对纯真之物的比喻。通过坚持积极自由，你可以排除消极自由，因而扼杀自由。但是通过坚持消极自由，你会保持一定程度的自由，虽然你的个性可能遭受损害。

贝阿塔：所以您同意我的论题：您的学说形成了关于自由的一个元理论了？

伯林：绝对地。我所做的全部的事都是考察这两个概念及其运用。

贝阿塔：这是在论述您的自由概念的文献中我们遇到的许多错误的来源。您的批评者们把您的论文解释成为一套学说，得出结论，认为您坚持一种极端消极性的立场——这是错误的。

伯林：是错误的。当然。感谢你为我辩护。

贝阿塔：（笑）做得不够啊！

哈耶克在铁幕后面受到欢迎——民主

贝阿塔：我们同意，您对自由的研究不是一套学说。我极为感兴趣的是知道您对当前在波兰十分受欢迎的一个概念的看法——哈耶克的一个概念。

伯林：哈耶克的自由概念是单纯经济方面的。我有些赞赏它，但是太死板，会导致一个人们彼此竞争的社会。我不喜欢哈耶克的地方是，他是一个狂热的放任主义自由派，这造成对于我所说的消极自由的可怕扭曲。从民主的观点出发，他有话可说，但是它导致完全消灭福利国家。

在这一点上令人十分感兴趣的不是哈耶克，而是熊彼特。156
他是一位奥地利经济学家，以各种方式定义民主。他不喜欢的民主是真正的多数人统治。多数人统治导致暴政——群众、乌合之众——你可以轻易抓到人民的选票。他想说的是，民主取决于两个或者三个候选人之间的冲突、只有那些遭到被替换之危险的政府才是民主的。因此，他们不得不阿谀奉承，不得不笑容可掬，或者取悦于选民。他们如何达到目的是另外一回事——他们可能使用十分腐败的手段，这样，就成了腐败的民主，但是仍然是一种民主，因为到最后，选民会把他们撵走。如果他们总是处于丧失权力的危险之中，那就是民主。如果他们没有危险，就不是民主。这可能是某种更好的政府形式——你也许愿意要这个，你也许说这样更好、更稳定——但是这不是民主。

贝阿塔：我问哈耶克的事，因为他在波兰读者很多。我不得不等待差不多一年才借到唯一的一本《自由秩序原理》。

伯林：今天早上我看到一个叫莱古特科的波兰哲学学者。看样子哈耶克给他留下了印象。

贝阿塔：在克拉科夫的哲学系，每个人都受到了哈耶克的影响。他们阅读哈耶克，像读《圣经》似的。

伯林：像《圣经》，是啊。我攻击了哈耶克一番，但是他以为我还是可以接受的。还有奥尔特加·伊·加塞特，我一点也不喜欢。他写了一本反对大众文化的名著，《大众的反叛》。他认为法国大革命是恐怖的邪恶，1793 年以后所有的事都是错误的，乏善可陈。只有乌合之众和乱民，和民主，一切都是恐怖的行径。在波兰我能看到这个——反马克思主义的立场，它死死地抓住一切反对群众喧嚣、群众控制的事物。

贝阿塔：不是抓住一切……

伯林：嗯，这些人是。

贝阿塔：为了生存，在精神上。帮助很大。不然，生活会很艰难的。

伯林：我完全理解，当然理解。所以团结工会[1]是这样一件大事。

157 自由和各种自由——权利

贝阿塔：根据政治哲学的论点，应该讨论的不是自由，而是特别的自由，对此，您有什么见解？哈特、德沃金、罗尔斯、阿隆——他们都放弃了抽象的自由理想，认为讨论一般性的概念没有意义。

伯林：我认为有意义。但是我理解他们的意思：各种自由都是权利、特权等等的东西。自由的意思多多少少是指：我有做这件事的自由，我有做那件事的自由。从某种方式看，他们是对的。然而，这些自由都有某种共同的东西。你必须说，全部这些自由都被称为自由，不是偶然的。经济自由、信仰的自由、会议的自由、集会的自由都被称为自由也不是偶然的。有

[1] 团结工会（Solidarnosc），波兰反共社会政治运动，采用了工会的组建形式，1980 年出现。大约 1 000 万波兰人加入了团结工会（当时波兰人口大约 3800 万——译注），而在 1980 年代，波兰共产党（波兰统一工人党）最多有 300 万党员。

某种共同的东西，有一个核心，有某一个中心。

贝阿塔：有没有自由的权利呢，总体的权利？您的理论是以权利为基础的吗？

伯林：不是，不，因为我不知道“权利”指的是什么。你如果能为我解释“权利”，我会很高兴的。

贝阿塔：不能啊，我也是一样的。

伯林：我来告诉你为什么我说这样的话。你不能抽象地简单地说“权利”，某人应该得到某种对待。有规定或者法律说，你不应该杀人。不被杀合乎我的利益，因为我不想被杀。所以我把这当作一项权利。对我来说，权利简单地说就是，按照某种法则，做起来是正当的事，而且正好是我要做成的事，符合我的利益的事。有些是做起来正当但是我不愿意做的事，例如被关进监狱。如果我做了某种可怕的事，把我关进监狱就是正当的，因而我可以说我有权利被关进监狱。但是人们都不说这样的话。某项权利总是指我需要的东西；所以，权利就是人们欠我的那些东西，因为法律这样说，或者领袖这样说，或者十诫这样说，或者上帝这样说，或者亲王这样说，或者我这样说——没有关系啊——而且正好是我的需要或者要求，或者符合我的利益的。我从来也不理解什么权利具有绝对的意义。权利只能从规则上来解释，而规则说：这是对的，这是错的。

贝阿塔：我担心我们一旦放弃了普遍自由的古老理想，只局限在具体的自由上，控制人民就变得容易了。虽然总体的概念是模糊的、不清晰的，它似乎为个人的自由提供了更好的保障。

伯林：人们说，“我不自由”，我知道指的是什么。他们 158

说，“我被奴役了”，“我丧失了自由”，这不是没有意义的。你不会说：“请把话说准确。你没有失去呼吸的自由，没有失去皱眉的自由，没有失去弯曲手指头的自由。你究竟是什么意思呢？”他们指的是完成我如果完全独立自主就需要完成的行动的自由。这是你的全部需要。

贝阿塔：因为没有了老的自由理想，欺骗人民就容易多了。这就是某些人在共产主义招牌下的做法。他们在宪法里罗列某些权利，说：“你们有自由啊，你们有权利嘛。”

伯林：你指的是吃饭、喝水的权利吗？

贝阿塔：是说受教育、工作、医疗等等。

伯林：依照他们要求的方式投票。你有权利申请入党。

贝阿塔：是的，是的，就是这样！

伯林：你有权利告密某人是反革命。你还有权干什么呢？你有权利表示感恩戴德，你有权利赞扬主席。

贝阿塔：您怎么能够还记得这一切？您在共产主义的国家生活，那是很久、很久以前的事了！

伯林：你有权利通过增加工作时数增加工厂的生产率。你有权利成为斯达哈诺夫运动模范。[1]

贝阿塔：听您说话，像吸进氧气一样……

伯林：你有权利反对美国。（笑）

贝阿塔：即使这部电话现在变成一只猫，我也不感到奇怪！

[1] 1935 年，A. G. 斯达哈诺夫（1905—1977），顿巴斯煤矿矿工（生产了每日生产定额的 1 474% 的煤）发起了竞赛，旨在增加工业产量，导致了对工人的残酷剥削。

伯林：就是这样啊。我理解。一切都是不一样的。你突然觉得自由，就这么简单，你觉得自由。但是这为时不久，你坚持回去。你是一个波兰人，你愿意和波兰人在一起生活。就像说这样的话的人：“我不仅准备为我的国家死去，我还准备和我的国家一起死去。”阿赫马托娃，一位俄国女诗人，对我说：“我不离开，我不准备移民，我准备和我的国家一起死去。”很大的英雄气概。但是你确信你需要如此这般的英雄气概吗？请你至少回来看看吧。 159

1988

1988 年春天我对牛津三个月的访问是四次访问中时间最长的。我想不起和伯林约定会晤的准确次数，大约有十次。我还记得罗杰·豪舍尔对频繁会晤的评语：“我们享受不到这样的特权啊。”他叹息道，想到了研究伯林思想的西方学者们。

那一段时间我记录下来的谈话的数量和涵盖的范围都是有愧于那些会晤的内容的。伯林很不情愿我对他的言论做录音。他愿意我做笔记。我很少打开录音机的原因就在这里。只有在我们讨论关于我写作一本论他思想的著作这一模糊设想时，我才得以录音。原来官方的理由不再有效，因为在我第二次访问之前，我已经做完博士论文答辩。因此，几次长篇的谈话，而且可惜还是最有趣的，都没有录下音来；其中有引人入胜的自发性的谈话，或者也许我应该说——独白。除了关于伯林思想的进一步的文献，和我要发表的一篇文章[1]以及文章提出的问题（主要关于波普尔的哲学体系），我们还讨论了范围广泛、彼此完全没有关系的主题，比如生与死、文学与音乐、在极权制度下的生活。

波普尔的主题谈起来是一个难题。在我们讨论了波普尔之
161 后，某些疑问仍然存在，所以我提议我们和约翰·格雷会见讨论有争议之点。在那次会见中，我几乎控制住了自己没有发言，而情愿全神专注于这两位哲学家的言谈话语。在另外一个场合，

[1]《“自由”作为抽象理想已近黄昏？》，参见下文。

伯林追忆了他在革命的俄国度过的童年。虽然这些回忆的记录在别处[1]发表过，我还是将其收入，因为这乃是第一手的叙述。

每当回忆那些会见，我就对一个生动的情节微笑不止。我常常被请求朗读讨论他的思想的文章中的片段。这个任务不是很容易，我时时觉得很难做到发音准确。有一个造成我表演不佳的形象挥之不去：伯林告诉过我，大诗人安娜·阿赫马托娃为他朗读拜伦的诗歌。英文原文的。他连一个词也没有听懂。

1988 年 4 月 22 日和 24 日 162

以赛亚·伯林的童年

贝阿塔：我可否向您提出一个很大的请求？我已经准备好听您说“不行”，但还是希望得到惊喜。如果我要写一本谈论您成就的可靠的书，我就需要注意您自由学说的灵感。有一次您告诉我，实际上那是来自您童年时期在革命的彼得格勒一次梦魇般的经历。那不过是您随意说的一句话，但是对于我十分重要，我想要更多地知道您早年的情况，记录您的回忆叙述。您同意吗？这真是您给予我的一个大恩惠。

伯林：好吧。我来告诉你我的童年，收录在你的录音机里。打开了吗？

贝阿塔：打开啦！太感谢您了。

伯林：我生在里加，在当时的沙皇俄国，生在 1909 年 6

[1] 参见迈克尔·伊格纳季耶夫，《伯林传》（伦敦：Chatto & Windus，1998），第 20—32 页。

月 6 日。根据俄国旧历，那是 5 月 24 日。我父母亲和我是一个十分受尊敬的、中产阶级的犹太人家庭。伯林不是我真实的姓氏。我来告诉你事情的经过：

早先，在 1850 年代的俄国，有一个姓伯林的犹太人。后来，他在一个地方买了一块地。那时候，是允许犹太人买土地的，情况并不总是那样。在那块地上要修建铁路，所以地价涨到了十二倍，于是他变成了一个百万富翁。他有两个儿子。生活在俄国的犹太人只有两个办法提升社会地位，一个是凭金
163 钱，另外一个是凭学问。所以有钱人都愿意让孩子们和有学问的人的孩子结婚，这就是在犹太人住区社会上层人物通婚的方式。这个人除了有大量的财富之外，还是一个哈西德教派的成员。所以他让儿子娶了一个有名的哈西德拉比的孙女。她没有钱，他们也没有所有的犹太人都想要的孩子。拉比的儿子领养了他妻子的妹妹（我曾祖母）的儿子，因此，因为联姻，我爷爷是这个富人的侄子。这个百万富翁说，如果我爷爷把姓氏改成伯林，他就把金钱给他；我爷爷当然无疑急忙办理改名换姓的事。按照婚姻的关系，我父亲是这个百万富翁的侄孙，操办起他的生意业务。在俄国，他拥有森林。木材顺着德维纳河漂浮到里加。在那儿砍削、锯开、切凿，再卖到德国、法国、意大利和英国去。我父亲因为是一个受宠的收养孙儿，所以为这一切负责。为了生意目的，他学会了全部这些语言：他的法文很好，英文也很好。他和我母亲都进了里加的一所德国学校，所以他们的德语和俄语同样流利。他娶了我母亲，她是他第一个堂妹。他们住在里加，常常旅行：去英国、去法国、去德国。他们在各国都有朋友和熟人。

我告诉你这个富人是怎么个样子。他住在里加，只说意第绪语。每年冬天都去法国南部的芒东，带着四十个人。他生活得像一个土邦的邦主；他们带了两个拉比、一个洁净食物屠夫，还有宫廷丑角、三个秘书。他们占用三个别墅，完全与世隔绝。酷似某种印度土邦，绝对是中世纪的。每个夏天都去巴特洪堡，在德国也是那个样子。但是我父亲是所谓受过教育（evolué）的人，他进化了——说几种语言，等等。他是受到严格犹太人宗教教育的，但是他背教了，我母亲也背教了。

三岁以前我的语言是德语，后来我有一位俄国人家庭女教师，成了说俄语的。1914 年，我五岁，第一次世界大战来临。德国驻扎在很近的地方，在坦嫩贝格附近转悠。我想，我父母亲不特别在乎战争。他们不在乎德国人来到里加，就像当时波兰人不太在乎德国人来到波兰，都希望从俄国人统治下解放出来。但是他们害怕和他们的森林隔离开来，所以撤退到深处去了。1915 年初，他们到了一个小村子，叫安德烈波尔，是我 164
父亲的公司拥有的。后面是两千个农民，当伐木工人。他们加工木料，做小筏子，乘小筏子顺水流漂到里加。前面有一个很小的半城镇，有一百座房子，里面住着全部的职员、检查员、簿记员、邮差、几个俄国军官。我们在那儿过了九个月，我很喜欢那个地方。那儿有等着复员的军官，晚上，他们对着我母亲朗读俄国文学。当兵的带着我乘卡车游玩。他们演奏三弦琴。还有那些簿记员的女儿们，都穿了肥大的衣服去采摘浆果和蘑菇。有一个地主快死了，一个有魅力的贵族老成员。有一个荒野的公园，允许走进去采摘浆果和蘑菇。那是古老的、契诃夫笔下的那个俄国。我的家庭女教师，很可惜，和一个藏起来躲避俄国人的德国人相好。有一次被发现了，她被撵走了。后来我的家庭返回了彼得格勒。主办事处在那儿，我在那儿，在 1917 年，目睹了俄国革命——两次革命，自由革命和布尔什维克革命，我记得清清楚楚。但是你不会愿意我说给你听的，费时间……

贝阿塔：这是我最感兴趣的！

伯林：那好，我告诉你吧。1917 年 2 月 28 日早晨，我父母亲带我到了一个阳台。

贝阿塔：在彼得格勒吗？

伯林：是的。我还在睡觉，他们在九点半叫醒了我。从阳台上我看到人群举着旗子呼喊："要土地，要自由！""打倒战争！""打倒沙皇！""全部权力归杜马！"——主要是"要土地，要自由！"他们打着旗子到处行走，我在六层楼上看得很清楚。然后我看到军队向他们开去。我不明白那是什么意思。当时我七岁半。军队和革命群众成了兄弟，都混合在一起了。没有攻击，都成了一个队伍。我亲眼看到的。我父母亲很高兴。他们是革命派，像所有自由派一样。我父亲有四个兄弟、两个姐妹，我母亲有三个姐妹和一个兄弟，全部这些人都总是去参加会议，都去听克伦斯基讲话，他们都十分兴奋。整个的事件像是一场政变，好像舞台上演的节目。我没有到街上去，因为我太小。我记得没有枪声，没有流血。依然忠于沙皇政府
165 的人只有警察。在书本里你看不到这样的描写。警察从阁楼、从楼房屋顶上对人群射击。

我当时常常和家庭女教师，还有沙皇的芬兰事务部部长的女儿一起散步，走得不远。一天，在一次短途散步的时候，我

看见一个人在其他几个人中间挣扎，那些人显然正在把他拉走，拉去处死。这个人苍白，大概是一个穿便衣的警察。这个人被拉他去送死的人围住；他苍白、挣扎、万分惊恐。我永远也忘不了。这是我亲眼看见的最恐怖的事。这件事令我一辈子都厌恶暴力。这是我见过的唯一一次的革命恐怖。

后来，在一个夏天的节日，我们去了一个叫老俄国（Staraya Russa）的休养地。那儿有许多小孩，我和他们一起玩。有很多奇装异服的聚会，没有人谈战争的事。那儿有一个意大利乐队，乐队没有新乐谱。老曲子演了又演，标题不断变化。起初叫《威尼斯进行曲》，接着叫《芬兰进行曲》，接着又叫《美国进行曲》，但曲子还是那一个。我和乐队指挥交起朋友来。他说他渴望“离开这个可怕的国家”，但是不知道怎么没有走成。这是小孩子能记住的事。但是我在那儿很快乐。后来我回到了彼得格勒，看到立宪会议的大广告。大概有三十四个政党，包括犹太复国运动派。如果我没有在俄国，我是不会看到这个场面的。每一种社会主义的、每一种自由派的、没完没了的政党，有严肃的，有愚蠢的。接着我看见两个年轻人把那些广告撤了下来，又贴上巨大的宣传画，上面画着镰刀和锤子。我感到高兴，觉得很有意思，撤下那些横幅很有意思。我告诉我父亲了，他不觉得高兴。10 月份到了。在我那个资产阶级的世界里，没有人知道已经发生了革命。他们知道出了事。电梯停了，没有报纸，没有电车，没有轿车或者公共汽车，一切都死了。爆发了反对革命的总罢工。铁路工会和其他工会都罢工了，工会都是反布尔什维克的。我那个世界里的人心里想：“有两个人，一个叫列宁，一个叫托洛茨基，据说跟这个情况有关系。”关于布尔什维克们起初那些没有成功的暴动我一无所知。列宁被认为是一个很正直的人，狂热，危险……

贝阿塔：正直？

伯林：是的，正直的狂热分子。狡黠、狂热、很危险，但
166 是肯定是正直的。托洛茨基被认为是一个大大的滑头。说到这两个人的时候，都不分开；列宁和托洛茨基两个姓氏不分开，好像一个公司的名字。过了大约一个星期，没有出什么事。我只记得报纸。有一种报纸叫《白昼》，被取缔了，就以《午后报》的名字出版，后来以《晚报》，后来以《夜报》，后来以《午夜报》的名称出版；后来以《最黑之夜》的名称出版。后来停刊。就连我们一家人也渐渐地、渐渐地领悟到，革命发生了。那个时候，有人群游行。那个时候，我听见了彼得堡远处有枪声。阿芙乐尔号巡洋舰攻打冬宫的著名事件根本就没有发生。那是一个神话。

贝阿塔：真的呀？

伯林：严格地说来，是有一群水手去了冬宫，冬宫是不设防的。水手们直接进了冬宫，发现那儿有一个临时政府，便试图逮捕他们。有的人逃跑了，有的人没有。没有大规模的攻打，没有使用机枪的大战斗。

贝阿塔：都是编造出来的？难以相信！我上中学的时候，课上讲的是英勇攻打冬宫，标志着一个崭新的世界开始。有歌颂攻打冬宫的诗歌，让我们背会，在学校里朗诵！虽然对于思想灌输我是免疫的，但是我做梦也不愿意怀疑像这样的历史事实！

伯林：没有重大的反抗。后来，渐渐地，生活恢复正常。我父亲继续为俄国铁路供应木材。有人在铁路上睡觉。都是这

样，没有受到触动。没有食物或者燃料，所以我们都挤在一间小屋里。燃料只够取暖。大家凑合活着。医学教授带来泥炭或者木头。各种重要人士都突然变成了脚夫。有一个组织叫居民委员会，是住在一所房子里的无产阶级的委员会，由一个看管住宅供热设备的人主持。不知因为什么，他变成了我母亲的一个朋友。我不知道为什么她跟他处得好。我们常和他会见，对他谈谈供暖的事，所以没有受到迫害。但是，格鲁吉亚公主，住在我们上面一层，芬兰事务部部长（我和他女儿常常作短途散步），还有作曲家里姆斯基·科萨科夫的外甥马克斯·斯坦贝格，和他女儿住在我们楼下——他们受到的待遇都不好。有大量的、真正的迫害。人群被赶到了院子里，被命令扫雪。他们
被迫干不需要干的活。那是对旧制度的纯粹羞辱的一例。 167

我们有一个女仆，她是一个激烈的保皇派，契卡派警察来搜查我们单元的时候，她在门口遇到他们，咒骂他们，告诉他们立刻滚开。她是一个无产阶级，所以他们不能够强行通过。在革命最初的几个月和几年，凡是无产阶级的人都能够制止袭击。所以我们没有遭到搜查。当时我们仅有的珠宝埋在阳台上的雪堆里，后来我们非法挖了出来。1917 年末和 1918 年我们就是这样过的。我穿了毡靴排长队购买食品、燃料等等的一切。但是我们也去马林斯基剧院听了夏里亚平在《鲍里斯·戈东诺夫》中的演唱。隔壁是一家电影院，变成了施粥所，但是有时候那儿也有音乐会。生活就这样继续下去。1918 年夏天，我们去巴甫洛夫斯克休假。我还记得那儿的音乐厅。那是铁路车站的一部分，所以皇室人员一到，音乐会便可以开始。我听了塞萨尔·弗朗克的交响乐，是他指挥的。我没有被送到学校上学。

我父亲的弟弟们教我俄国文学，他们都是大学生。他们给我讲加里波第、瓦格纳的《指环》、《罗亨格林》、《唐豪瑟》，讲《尼伯龙根之歌》。我读了一本关于古代希腊的书，从中学到很多知识，还有一本关于古代埃及的书，是我父母亲给我买的。我绝对吸收了这两本书的知识。我读了又读，读了又读。跟我一起散步的那个小姑娘还活着。大约十二年前，我在美国遇见了她。她告诉我，我们常去散步。我当时是个大书呆子，总要告诉她我读书读到了什么，关于希腊、关于索福克勒斯、伯里克利、埃及。我读了儒勒·凡尔纳全部的小说，俄文的，还有大仲马。后来，十岁的时候，我开始阅读《战争与和平》，读得很愉快。

到了 1920 年。那一年，我父母亲回到里加，因为拉脱维亚独立，他们选择了拉脱维亚国籍。他们获准出国，很顺利。我们在里加逗留了两个月，然后去了英国。我父亲崇拜英国，他认为那是世上存在过的最好的国家。我先去了一个叫瑟比顿的郊区小镇上学，后来去了伦敦圣保罗学校，在那儿学拉丁文和希腊文六年。他们对待我很好，我这个小学生，生活得很愉快。我从来没有反叛。如果有枷锁，现在我还戴着。参与不是我的事，我天性就是一个观察者。我的生活中没有革命。

贝阿塔：除了给我父母亲和后来给我的生活投上阴影的那次。非常感谢您的回忆。

三个篮子——大自然的统——经验的范畴

168

贝阿塔：我想和您谈谈耶日·沙茨基的文章。[1] 他写的文

[1] 耶日·沙茨基，《以赛亚·伯林爵士：思想史与哲学》，参见波兰杂志《世界文学》，No. 6（1986），第 195—207 页。

章，波兰语的，恐怕您看不懂吧。

伯林：天啊！但是，我可以念出来！（尝试用波兰语朗读）

贝阿塔：我怕您念不出来……（笑）这是关于您思想史研究最好的论文之一。除了其他方面，他写的文章十分赞赏您关于三个篮子的概念。[1]但是您有一次告诉我，您不再相信这个了！

伯林：我想，我是依然相信三个篮子的。但是，让我动摇的是，有时候你说不清。关于量子理论的理念是哲学的呢，还是科学的？怎么分辨出来？在一种意义上，实验可以找出某种区别，在另外一种意义上，也许找不出来。所以，就存在着边缘界限的问题，而每个问题都或者是经验论的，或者是形式的，或者是哲学的，这样明确清晰的观点太死板。你不能这么黑白分明，要出现灰色区域的。例如，以科学哲学为例。什么是科学哲学？它是经验论的吗？你问，“量子机械论的中心概念是什么？”好，这是个哲学问题。但是假设做出了某种实验，它驳斥了某种情况。这就不是一个有关哲学的事件，是科

[1]“系统的人类思想史大致上是一种持续的努力，要阐述人类遇到的全部的问题，而对于这些问题的回答将要落进两个大篮子之中的这一个或者那一个里：经验论篮子，亦即，问题的答案最终取决于观察的数据；形式的篮子，亦即，问题的答案取决于不受事实知识约束的纯粹计算［……］但是，有些问题不能轻易适用于这一简单的分类。［……］如果我问：‘时间是什么？’‘数目是什么？’‘人在地球上的生命有什么目的？’‘我怎么能够知道不再存在的事实呢——在哪儿不再存在呢？’‘四海之内皆兄弟，是真的吗？’我该怎样寻找答案呢？［……］这些问题有别于另外一个篮子里的问题，原因在于问题本身似乎没有包含可以找到答案的方法的指针。［……］这一情况表明，在经验的和形式的这两个篮子之间，至少还有一个中间的篮子，而所有不能进入其他两个篮子的问题都是存在于这个篮子里的。”以赛亚·伯林，《哲学的目的》，参见《概念与范畴》，第2—3页。

学事件。所以，出现了某种重叠。

我给你举一个十分困难的案例。我曾经写过一篇关于自然统一性概念的文章。[1] 我说（或者我没说但是意指）问题是："科学的理性方法是什么意思？"意思就是，你假定归纳法是
169 正确的，过去发生的事，将来也会发生。自然界里有某种统一性；如果有因果性，效果必定跟随其原因。但是，没有人知道为什么必定跟随。这是什么命题呢？正常情况下，都被认为是哲学的。我的概念是，事物重复其本身这一命题最终是经验的，但是，与此同时，也是某种范畴。如果事物不是统一的，如果 A 后面不总是 B，如果我们不能假设水要向下流而不是向上流，如果我们不能假设火会烧掉一张纸、一张纸扑不灭火，我们就不能预言任何事情。因此就不可能提出普遍性的命题。不可能妥当地思考。但是，情况就是这样，理性思考只能在有规律的世界里存在这样的假设，本身就是一个经验论的假设，因为它可能是别样的。可能是别样的，但是恰恰不是。我们必须假设它不是，不然我们就什么也不能说了。我们不能避免做出假设。这是演绎法的基础。我们不能避免做出假设说：未来是像过去的。我们能够使用的全部事物就是过去。我们怎么能够了解未来的事呢？现在几乎是不存在的，未来还不存在，所以我们拥有的就是过去。这是我们能够使用的全部的东西，这是我们的资本。所以，如果未来不能模仿过去，我们就不能说出什么话，我们就不能生活，我们不知道下一步该做什么；因

[1] 以赛亚·伯林，《归纳与假设》，参见《亚里士多德学会研究报告》，副刊，卷 16（1937），第 63—102 页。

为我们对于何事将要发生不能做出任何假设，所以我们就会被毁灭——我们会陷入完全的混乱。

但是这个命题是经验论的。有些人会说："不，这不是一个哲学的前提。这是一种理性的调节理念。这是我们思考所依据的某种范畴。"关于空间，我也是这样想的。例如，经验的理念就是空间有三维。如果你生活在一片很平的土地上，那儿没有深度，你就不理解我说"深"这个词指的是什么。到最后，范畴成为十分多变的经验特征。不是每一个人都相信这一点的。康德认为范畴是永恒的、不变的、先验的。

贝阿塔：是的，沙茨基把您对范畴的理解和康德的理解联 170
系了起来，强调指出了区别。[1]

伯林：这真是一个十分大胆的理念。我的观点是，范畴具有不同程度的稳定性。例如，空间是很稳定的。时间是极端稳定的。我们不能从两个时间方面来思考。如果我们想要从两个时间维度来考虑问题，我们会变得疯狂的，像塔尔斯基曾经说过的那样。但是某些事物是不很稳定的。例如，物质的东西。我们生活在占有空间的物质团块的世界之中，但是东西能够融化。如果东西融化，我们就没有数学了，因为我们不能计

[1] "《概念与范畴》的作者是指康德，或者严格地说，是指康德对事实与范畴的分辨，而主体是根据范畴来组织经验数据，感受事实，构成事实的形象，对其加以思考的。对于伯林而言，哲学的领域正是这些范畴、'模式''概念结构''范例'[……]，依据这些，人们组成他们的经验世界，监督他们的实践活动。但是，不必给伯林贴上康德主义者的标签。《概念与范畴》的作者在几个重要的方面背离了康德，所以我在伯林那里真正见识到的是类似于（而且，这只是一种松散的类似）这位德国哲学家的概念，而不是其概念的实际运用而已。"沙茨基，《以赛亚·伯林爵士：思想史与哲学》，第199页（本书中波兰语英译都是我完成的）。

数。你可能说："哎，物理学的法则变了。我们是错误的。我们做梦也没想到会变化的东西是能够变化的。"你不得不重审一切了。有些东西是不稳定的，颜色等容易变化。心理学的事实完全是不稳定的。我们关于人如何思维的总体命题完全是流动的。社会学和历史同样也是。其实践者们努力确立科学的概说，这些概说是完全不稳定的。历史上有什么范畴是稳定的呢？例如，工业必然随商业而来，商业必然随农业而来。可能是的，但也可能不是。假定在某一种情况下，一个商业社会变成工业社会，然后又毁掉了全部的机器，又变成了农业社会呢？不太可能发生，但是，不像空间的变化那样不可能。我们提出的假设，我们工作所用的框架，都是属于不同的稳定性次序的。但是我不接受先验的范畴。每一件事都是经验性的。是实际情况。数学不是经验性的，因为是我们发明了数学，但是有的人认为数是客观的。柏拉图认为如此。

贝阿塔：音乐呢？

伯林：我们发明的。和自然没有关系。音乐是唯一绝对……的艺术。

贝阿塔：……绝对是我们的发明，是的。我考虑过这一点。音乐是完全地人性的。音乐是我们可以感到骄傲的。

伯林：是的，我们创造的。不是来自自然。语言也不是来自自然。语言不是噪声，不是来自动物的声音。关于这一点，赫尔德是正确的；不是来自啼叫。它和精神的成长有关系。动物不可能真正地有语言。动物有交流的办法。

贝阿塔：但是想一想婴儿。婴儿很小的时候，是使用一种噪声的语言的……

伯林：是啊，动物也是。语言和交流不同。语言是一个框架，有结构和语法。

贝阿塔：可以返回沙茨基教授的文章了吗？他说，您的范畴即使在一种文化之内，也不是普遍性的。其中有一些，不同于康德的，也许只指向某一个特殊的范围。

伯林：嗯，也是，也不是。有些范畴是普遍的。 171

贝阿塔：只有其中的一些。

伯林：一个范畴是一种总体的思维方式。波利尼西亚人思维的方式和你、我思维的方式不同。例如图腾文化。如果你说，"我们是鳄鱼"，这是什么意思呢？"他们是驴，我们是鳄鱼。"巴西的一些部落说："我们是鳄鱼部落。"我们不懂他们的意思，范畴不同。"崇拜"牛对印度人意味着什么？有人也许说："那是对自然的崇拜。"这是我们嘴里说的话，但是实际上我们不理解。我们并不真的理解犹太人为什么崇拜金牛犊。为什么是牛犊？为什么不是山羊？我们不知道。偶像崇拜，偶像在什么地方代表了别的东西，我们理解不了。

贝阿塔：沙茨基还说，您的范畴、模式和范式总是多数的，内在地彼此矛盾和彼此竞争。您同意吗？

伯林：可能。一个范式废除另外一个。他是在谈论政治范式吗？

贝阿塔：不仅仅谈政治范式。

伯林：不仅仅，但尤其是。例如，父亲的宗教范式和他孩子的之间的区别，对比社会契约的范式，对比作为一个有机体的社会，或者作为一种机制的社会，或者作为其他什么的社会的范式。我们根据这些模式思考，一个模式排除另外一个。这些范式互不相容。你有一种机械的模式，某人破坏了它，你说：“是的，这跟一般事物的情况要相似得多得多。”

贝阿塔：但是他有一个问题。我记得我们在通信中讨论了。[1] 他说，一方面，您是多元论者。您肯定多样性，您相信在政治学、道德或者艺术中没有客观的标准，可用以评判其他所有的互相竞争的理念。但是，在另外一方面，在您的著作中，又有对于人性的某种普遍规范的渴望。[2] 是这样的吗？

172 伯林：说到底，各种哲学和世界观之间的所有区别都归结为关于人性的不同概念。我是这样说的。

贝阿塔：但是您举了一个事例，沙茨基提到了，说有一个人真的分不清他是踢了一个石子，还是杀了他一家人。您说，在这一个案中，我们应该谈论的是疯狂，不是不同的道德准则。

伯林：对的。或者举休谟的著名例子。一个人走到你跟前，问你，为了抑制你小指的疼痛，你是否愿意摧毁宇宙。为什么不呢？

贝阿塔：所以，在人类世界里，有某种普遍的东西。

伯林：是的，的确。这是一个经验论的命题。甚至伦理学的。如果一个人在某种方式上在普遍的框架之外，在某处你说：“那个人是疯子。”你想象有一个人说：“我喜欢把图

[1] 1986 年 1 月 21 日信和 2 月 24 日信，参见上文第 37—41 页。

[2] “伯林的意图可以说在于调和历史主义与被设想为某种普遍规范的‘人性’形象［……］但是这样的规范的地位，在我看来，在伯林那里是十分明显的。［……］我倾向于认为，这一规范，即伯林设想的那样，恰恰就是思想史等为这位哲学家揭示出来的。”沙茨基，《以赛亚·伯林爵士：思想史与哲学》，第 206—207 页。

钉扎进人的身体。”你说：“为什么？”他说：“因为给我带来愉快。”这是非常好的回答。你又说：“但是为什么给你愉快呢？”他说：“嘿，我就是喜欢图钉进入这些表面的感觉。”你继续说：“你看，那会带来疼痛的。”那个人说：“怎么了？”你说：“如果别人对你这样做，你是不喜欢的。”他说：“不喜欢，他们如果对我这样做，我就不喜欢。但是如果我对他们这样做，我不感觉疼痛。为什么要普遍地推理？”所以你说，“看，假如我给你一个橡皮球，代替这个人，你往它身上按图钉，还那么快乐吗？”“是啊，一样好。”那你会认为他是一个疯子。他是疯子，因为他说疼痛无关紧要，给人带来剧痛不是我们要注意的事——简直没有人性。[1]

权　利

伯林：（朗读）“德沃金声称作为特许权的自由理念是靠不住的，并努力通过辩论把它否决。因此，有利于某种自由权利的共识在他看来是荒唐的。结论是坚定的：不存在总体的自由权。我们只有‘某些自由的明确权利，例如自由表达的权利，以及在个人关系和性关系方面的自由选择的权利’。”[2] 我不知道权利与具体自由之间有什么区别。它们很类似的。我告诉过你我关于权利思想的理论了吗？

贝阿塔：是的，您简略地说到了，但是我很想录下音来。

[1] 同一个例证也见于别处，例如，《价值判断的合理性》，参见弗里德里希编，《法则七：理性决断》（*Nomos VII：Rational Decision*，纽约：Atherton Press，1967），第 222 页。
[2] 我的《“自由”作为抽象理想已近黄昏？》，下文第 260—261 页。

173 伯林：为你的录音带，我来告诉你吧。从前，有人相信自然法。这其中的意思是，人是为了某些目的创造出来的，他们只能够以某些方式实现自己：为上帝服务，不说谎，借债还钱，不杀人。一个人如果不按照这些律法行事，就不能实现自己。如果他没有实现，那是因为他遭到扭曲、怪异、有残疾。一个正常的人必须为自己服务。自然法就是这样的：旧式意义上的遵守法则（pacta sunt servada）。后来斯宾诺莎出现，他说根本没有自然法。宇宙简单地就是人和物的集合体，被一切种类的形而上学的需要捆绑在一起。因此，目的都是人制造出来的。一个钟表的目的是表明时间，因为我让它这样做。我的目的是什么呢？我的目的是吃饭，我的目的是让人享有更多的自由，我的目的是写一本书，我的目的是为真理服务。当然，为真理服务是正确的，我的目的是做正确的事。但是也不一定，可能有阴险之人，他们说："我的目的是说谎。"这是可能的。如果你和斯宾诺莎一样，不相信上帝造人，那么自然法就要蒸发，目的的理念就是指人的目的。好，权利的根据是：如果我遵从自然法，我就需求某些东西。我需求某种程度的自由，我需求食物，我需求饮料，我需求活动的机会，我需求爱。如果我没有这些，我就无法实现上帝给予的目的。这些都是自然权利，但是你一旦否定自然法，这一切都消失。相信这一切都依然是可能的，但是理由已经蒸发。杰斐逊在美国宪法的著名序言中说，每一个人都有生活、自由和追求幸福的权利。这是因为他相信，自然是上帝创造的。但是，如果你是一个无神论者，情况就不同了。要提出的问题是：权利是什么？我认为，有些事情我们相信或者知道（如果我们相信知识）是正确的。如果这些正确的事情符合我的利益，我就教导你做正确的事，于是你就有义务去做。如果我不教导你去做，你就没有必要完成你的义务，因为我不认为那是权利。我可以放弃我的权利，我可以牺牲我的权利，我可以把我的权利让与你。我不可能有反对自己的权利。我也许有权利让你不要阻拦我这样做，但是你有权利给我食物或者不给，你有权利向我要钱或者对我提出诉讼。这意思就是我不付给你钱是错误的，你从我不做错事这一事实中得益。就这些。我只在这一层的意义上来谈论权利。去见格雷吧。给他这篇文章。[1] 告诉他说，我有异议，说我欣然同意会见你们两个人。我们可以讨论讨论波普尔。 174

1988 年 5 月 6 日（和约翰·格雷）

有三个人参加了这次谈话：以赛亚·伯林，约翰·格雷和我。地点在牛津大学万灵学院。

波普尔对本质论的批判

贝阿塔：上次聚会时候，有两个有争论的观点，我们没有取得一致的见解。您质疑过我对波普尔本质论的解释 [2]，还有他对讨论价值观的态度。格雷博士很慷慨，阅读了我的文章。

伯林：我感到震惊的一件事是你对波普尔的引证。我不知

[1] 我的《“自由”作为抽象理想已近黄昏?》，下文第 260—261 页。
[2] 同上，下文第 255—256 页。

道他反对对意义的探索。

格雷：他是反对。

伯林：可怕。我不明白，哲学家如果不探讨，还怎么办。

格雷：他说任何谈论词语意义的人都是本质论者。

伯林：是本质论者！这意思是说，每一个词语都是钉在一个客体上。

格雷：是的，但是，例如奥斯汀和维特根斯坦都是本质论者了——这是荒唐的。

伯林：是的，是荒唐，但是，一般地说，如果不知道词语
175 的意义或者人如何使用词语，我甚至不能阅读词语。这是反常的，我觉得奇异、狂热。这都是反对实证主义的。就是反对这样一个说法：一个命题的意义检验它的手段。一个命题的意义不是我们想要知道的东西。我们需要知道它是正确还是错误；不需要帮助，我们就理解它的意义。

格雷：对的，用不着分析。

伯林：也用不着帮助。我们大家都知道这些词语的意义，所以对它用不着费心。我没有意识到这个情况有多深远。

贝阿塔：波普尔只是在他自己的精神自传里，才以这样极端的方式解释了本质论。[1]

伯林：我的确对于他在这方面的门徒感兴趣。他们当中有人说出了这样的话吗？

[1]“永远不要接受蛊惑去认真对待关于词语及其意义的问题。应该认真对待的是事实的问题，和关于事实的论断：理论与假设，它们解决的问题，和它们提出的问题。”波普尔，《未完成的探索》，第 19 页；比较上文第 61 页，下文第 256 页。

格雷：嗯，他留下来的门徒很少……

伯林：嗨，你和［布莱恩］麦基谈谈，他会告诉你，在美国、德国、意大利，在世界上一切的地方，都召开波普尔主义者大会，充满了波普尔门徒。但是他们都不是哲学家，大概。

格雷：不是哲学家，就是嘛。有的是科学家，有的是心理学家——很少哲学家。

伯林：我告诉你谁是：拉卡托斯。你知道拉卡托斯关于他说了什么话吗？

格雷：不知道。

伯林：前几天我发现了。他认为《开放的社会及其敌人》应该改称《开放的社会：来自其敌人之一》。

格雷：好得很！

伯林：拉卡托斯是杰出的。他是一个匈牙利社会主义者和共产党人。铁杆的斯大林主义者，1947/1948 年以后匈牙利真正的政委之一。后来，在 1956 年，他和共产党人争吵，认定他还是改行好。他本行是数学。他学的是数学物理和数学哲学，变成了波普尔忠实的门徒。出现了严重的争执，后来他死了。不知道他最后立场怎么样。

格雷：他认为自己是有批判精神的波普尔主义者。

伯林：他是一个很聪明的人。

格雷：很聪明。他论波普尔的文章比波普尔更聪明。好 176
得多。

伯林：但他总是有一点疯疯的。在这儿，给了他一个工作，数理逻辑方面的。这个学院附设一个委员会，我因故参加。他给我们发来一个电报说他为了面谈而来到里丁车站，但是后来觉得不来好，又回去了。

格雷：他英年早逝，是吧？

伯林：是啊，可惜。波普尔谈到他说："我给他写推荐书使用的评语莫过于这几个字：他改变了我的思想。"没有其他的人可以指望如此。很有意思。抱歉，返回正题吧。首先，本质论。

贝阿塔：他对它的理解有演变。

伯林：在《开放的社会》里，它有一个清晰的意义。全部的本质论都是指，事物具有一个不变的内核或者性质，它不能被经验的力量替换，而且确定了事物的发展，亦即，其未来或者可能具有的一切。他认为柏拉图或者亚里士多德说的就是这个。[1] 他是对的，他们说过，因为他们相信本质。康德相信这一点，莱布尼茨相信这一点，还有其他很多的人。

格雷：甚至斯宾诺莎。

伯林：斯宾诺莎相信这个。形而上学是对世界上实体的性质和发展的研究，不需要经验的帮助。嗯，有经验的帮助，但是不能遵从经验的见证。所以，在理论上，如果你拥有特殊的眼睛，魔幻的眼睛，通过十分、十分专注地观看一只鸡，你就会知道，这只鸡一定会下蛋，虽然你没有见过这种事。

格雷：是的，下蛋是鸡的本性。

伯林：鸡的本性是不能避免下蛋，你能够预言它会下蛋，

[1]"我使用方法论本质论这个术语来说明柏拉图和他的很多追随者持有的观点，亦即，纯粹知识或者'科学'的任务乃是发现和描述事物的真实性质，亦即，事物的隐藏的现实或者本质。"波普尔，《开放的社会》，卷 2，第 31 页。

而不必看到过一个鸡蛋。这是一个轻微滑稽模仿，但是在一定程度上，情况就是如此。人必须以某些方式发展，如果他不是以那种方式发展，就会遭到歪曲，遭到扭曲，是造物的一个失败。就是这样。这是一元论的，因为你不能够拿出两条路，让这个实体形而上学地被迫行走。

格雷：所以，本质不能包含不连贯的情况，或者甚至繁复的情况。

伯林：正是如此。不能。我想，任何人都不会认为本质能
够包含这些。在黑格尔那里，本质是辩证的。本质不一定会有
矛盾。本质包含发展，发展呈现某些冲突的形式，结果又形成
别的东西。冲突是不可避免的，结果是不可避免的，全部的情 177
况都是可以预计的。很少有人预告这一情况，因为他们太愚
蠢，或者太无知，或者偏见太深，或者没有阅读过黑格尔的
书。但是，原则上……

格雷：所以，波普尔早期的本质论含义是很清晰的。

伯林：完全清晰，这是他后期所否认的，这是所有经验主义者支持波普尔和他那本书的原因。但是也有另外一种含义，根据这一层意思，对于词语的检验取决于认为，词语以某种形而上学的方式依附于宇宙中的某物，就像帽子依附于脑袋瓜一样。

格雷：他宣称，早期的维特根斯坦认为如此。

伯林：是啊，早期的维特根斯坦说，全部的词语都是原子事实的名称。因为世界是由原子的事实构成的，所以，如果你有足够的名称，而且名称之间的关系和事实之间的关系调节协调，那你就能够迅速读出事物与事物之间的关系，好像观看一

张图表一样。

格雷：波普尔似乎认为，凡是关注意义的人，都必定有这一条信念。

伯林：原子事实是罗素个人的发明，维特根斯坦拿了过来。除了罗素和维特根斯坦，没有人相信原子事实。这是一个特别的信念，附加在关于世界由什么构成的一种特殊的形而上学学说上，而真正相信这个学说的只有两位哲学家及其当时的弟子们。

格雷：维特根斯坦放弃这个见解的时候，说了一句很滑稽的话……

伯林：他说："我的上帝啊，我原来以为全部的词汇都是名称，其实不是。"

格雷：是的。后来他说："我没有举出原子事实的一个例子。我以前认为那是一个纯粹经验的事。"

伯林：这些事实像物质的细小颗粒，很细小的东西，小原子。他说，这些原子是不可分的，是世界的终极组成部分。可以说这是很天真的，但是莱布尼茨的看法也是一样。这是一种尝试，说数学可以用于世界，如果有一种准确反映现实的数学结构的语言，你可以瞬时读出这个结构。所以，这是一个老的理念，通过莱布尼茨传给了罗素，我想。

格雷：是的，他的第一本书是论莱布尼茨的。

伯林：不是他的第一本书，他第一本书是论德国社会民主
178 的。[1] 对不起，还是谈谈本质论吧。

[1] 罗素，《德国社会民主：六次讲演》（伦敦：Longmans，Green，1896）。

贝阿塔：您质疑了我说的关于波普尔的话；他相信方法的统一性。

格雷：我认为他相信，是吗？

伯林：是的，可能，但是我还有一个问题。他肯定相信科学中方法的统一性，这是显然的。他认为，Logik der Forschung（研究的逻辑）、确立科学中某一理论的研究，是遵守某一种十分确定的公式的。但是我不知道他是不是将其用于世界，肯定不是用于伦理学的。

格雷：对，肯定不是用于伦理学。

伯林：也不用于常识。因为都是主观的，因为不是科学。

格雷：也不用于形而上学。

贝阿塔：但是，社会科学呢？

伯林：理想地说，是用的。他知道不是很有效，但是原则上，是用的。你说得对。他认为，经济学和社会学能够成为科学。大多数人都认为如此。

格雷：正是在这里，他的门徒索罗斯和他意见不一致，不是吗？后者说他是一个反方法论二元论者。他说，作为金融家，他的工作令他深信，社会科学是没有规律的。

伯林：他的话有道理。这就是波普尔不赞成我的原因。我和波普尔的第一个分歧在于我在一篇标题为《历史与理论：科学历史的概念》的文章中的论述。[1]这是《历史与理论》杂志第一期的第一篇文章，这个期刊取这篇文章的名称为刊名。我

[1]《历史与理论：科学历史的概念》，参见《历史与理论》，I (1960)，第1—31页，重印收入《概念与范畴》，第103—142页，和《人类的恰当研究》，第17—58页。

再也没有为这个刊物写文章。在文章里我试图表明，把科学的方法用于历史必定失败。我不是说我相信其中的一切，但是基本的论纲是：如果提及一位历史学家的时候你说“他很注重学说”，那是一种指责。没有人说科学家注重学说，因为学说是他们的业务。没有理论，科学家就不能工作。但是，你想为什么说历史学家“他很注重学说”呢？那是批评。即假定有某种理论，事实适用于这个理论，如果有的事实不适合，你就要对这些事实动手，修理或者压挤这些事实，像马克思主义的做法。有不少历史理论学家。黑格尔是一个，施宾格勒是一个，汤因比是一个。

格雷：哈耶克也是。

伯林：哈耶克，是，我认为。他相信存在某种理论。[1] 他不相信社会科学，你记得的。科学主义是异端邪说。

179 格雷：可不是嘛！

伯林：哈耶克说，尝试使用在十九世纪初期趋于成熟的新科学的新方法，特别是在法国，就是把自然科学的理论用于人事事件，那是致命的。最后导致暴君制度，导致暴政等诸如此类的。哈耶克就是这样。这一点，我想，波普尔是不会接受的。

贝阿塔：他说，自然科学和社会科学的方法十分接近。

伯林：十分接近。这就是要说：真理就是科学。弗洛伊德说：“科学可能解决不了全部的问题，但是你可以相信，科学解决不了的，其他的一切办法也解决不了。”实际上这是波

[1] 指哈耶克关于自发的社会秩序和所谓的“推测的历史”的理念。

普尔。

贝阿塔：在《猜想与反驳》中，他说，社会科学的目的是探寻未曾意图的结果。[1]

伯林：哦，是啊。

贝阿塔：还说这一点在经验上是可以验证的。

伯林：好，关于A、B、C、D因素未曾意图的结果的任何学说无疑都是可以验证的。如果你相信你有足够的例证，那么，当然，任何总体的命题都是可以验证的。不可否认，社会学家、心理学家、你和我提出大量的命题——以“任何”或者“一切”这样的词语开头的命题，这些命题原则上都是可以验证的。但这并不是说，科学的方法——试验、观察等等——适用于一切。我来举一个例子。恩格斯说“假如没有拿破仑，也会有另一个人来取代他的”[2]，这个命题你怎么验证呢？

格雷：你验证不了。

伯林：或者有人说：“你们所做的许多事情，如果有天才人士，人家早就做出来了。”也许能，也许不能。不管怎么说，关于可以把自然科学方法运用于历史的可能性，我还是坚持这一教条主义的、狭隘的观点。历史上出现了什么方法，是另外一件事。我的观点很简单——很像维柯的。凡是自然科学能够做的，就应该做。凡是能做的——概率的计算、气候天气的效 180

[1]“社会科学的代表性的问题仅仅来源于我们的这样的一个愿望：要知道未曾意图的后果，尤其是不想要的后果；这些后果是在我们如果做某些事的时候就可能出现的。”波普尔，《猜想与反驳：科学知识的增长》（伦敦：Routledge，1972），第124页。

[2] 参见上文第55页，注释2。

果的检验、生物学因素、生理学因素的检验、你在自然科学中能够做的一切事情——就应该做出来。你不要停止，你不要说这不好，不适用。但是，在此之后，一切都被留下，因为……

贝阿塔：第三个篮子。[1]

伯林：第三个篮子。我告诉你们另外一件我相信的事，关于这件事，在我和其他人之间是有分歧的，虽然从来没有以分歧的形式出现。例如对于法国大革命的分析。科学历史学家，在科学的意义上，必定要做的第一件事，就是议论说："法国大革命和我们所知道的全部其他的革命的共同点是什么呢？"例如，你是否能够考察英国革命，或者美国革命，或者俄国革命，或者 1848 年众多的革命，或者四十七场其他的革命呢？你会从中抽取出来你认为一切革命共有的某些东西。这件事可以做到。我不否认，你大概会取得成果。有些东西是全部的革命共有的。在前面的那个政治制度不太有力量的时候，或者很大数量的人群愤怒的程度趋于暴力等等的时候，这些事可能会发生。但是，在你做完这个之后，关于法国大革命人们确实想要知道的是：到底出了什么事？那场革命有什么独特的地方，而不是它和其他的革命有什么共同的地方。丹东做了什么事，罗伯斯庇尔做了什么事，这一情况下出了什么事，谁后来被杀，他们要求什么，受到什么挫折，为什么发生这样的事？卡

[1] 伯林相信，问题可以分成三个范畴（或者篮子）：可以按照预先制定的规则正式回答的问题（例如在形式逻辑或者棋类中遇到的问题），可以凭经验回答的问题（例如"天是什么颜色的？"），还有正规地称为"哲学问题"的问题，这些问题不容易纳入上述两个范畴中的任何一个。伯林，《哲学的目的》，参见《概念与范畴》，I—II，特别是第 I—3 页（参见前面一次谈话注释中一段很长的引文，上文第 169 页注）。

尔·马克思相信相反的情况。他说，法国大革命错了，因为他们没有注意到足够的理论。例如，他们完全只对政治感兴趣，或者他们对于政治上对自由的强烈需要感兴趣，而对经济学、对社会学不感兴趣。如果他们注意到了这一点，法国大革命就不会失败。因为以严格的科学知识为依据的革命会预计到某些行动的结果。你必须采取这些行动，结果随之而来。如果你用一根火柴去点一张纸，它会燃烧起来。如果你的知识充足，你就能够保证革命成功。

关于法国大革命的主要情况是这样。在十九世纪前半期，181
全部的社会理论都涉及了这个问题：为什么法国大革命失败了？这个问题搅扰了每一个人。天主教徒说，这是因为巴黎的无神论，因为狡诈，因为我们远离了上帝的话，因为我们背弃了已经揭示出来的真理，我们放弃了我们生活所依靠的原则。马克思主义者说，因为没有充分注意经济的调整。圣西门主义者说，科学没有受到充分的注意。自由派——和圣西门派都说革命之所以失败，是因为群众被放纵，他们杀死了精英。

格雷：自由派也引用了卢梭的恶劣影响，是吗？

伯林：啊，是的，但是托尔斯泰是最滑稽的。托尔斯泰当然是对科学式历史的可能性持最大怀疑的人。他说：如果我们问法国大革命的原因，有些人会说，是因为法国人民遭受痛苦——苛捐杂税和贫困。有些人说，因为国王背叛了宪法，或者国王太狡猾，而他的妻子，玛丽·安托瓦内特甚至更坏。有些人责备宗教的衰落。其他人说，是几本小书造成的：卢梭、伏尔泰，他们全部的著作都是邪恶的。这是历史学家们的演说，但是你不能把这些回答融合起来，你不能说是因为几本书，再加上宗教，再加上个人的性格，再加上心理学。或者，一个原因是经济学，一个是思想史，一个是社会学，一个是不管什么东西。把这些东西都堆在一起，说“这些就是法国大革命的原因”，这种想法不可能是理性的。这是托尔斯泰在《战争与和平》尾声中说的话，挺有趣。对不起，跑题了。

贝阿塔：没有。不过，最后一个争论的问题是价值观在波普尔体系中的地位问题。

伯林：他是纯粹主观的吗?

格雷：我认为他是，是的。我认为在价值观问题上，他是主观主义的。

伯林：我想，这是我们偶然的信念。考虑到他揭露错误理论时候的热情，你会认定他认为某些永恒的价值观是存在的，但是他没有说这个话，因为科学的方法问题首先出现。

格雷：在我遇见他的时候，他说：“关于价值观的全部这些谈论都是很糟糕的趣味。”

伯林：这话说得妙，是的。我来告诉你，他有一个门徒：奥本海姆。

格雷：费利克斯·奥本海姆？是的，我认识费利克斯。

贝阿塔：哟，他写了《自由的维度》吗？[1]

伯林：是的，在这方面，他是一个波普尔主义者，这个被
182 称为“价值中立性”。他称自己价值中立派。

[1] 费利克斯·奥本海姆，《自由的维度：一种分析》（纽约：St Martin’s Press, 1961）。

格雷：价值观是偏好。

伯林：嗯，几群人或者几个人的偏好。你不能说它们是对还是错，你不能说它们是真还是假，你不能拿它们怎么样，你只能对它们发动战争。

格雷：但是我认为这里还有一个方面。我记得弗洛伊德说过（他和波普尔有很多共同之处）："对于我来说，对与错永远是明显的"。

伯林：十足的弗洛伊德气派。

格雷："对我来说，总是明显的。"对波普尔也是。他对价值观的冲突不感兴趣的理由是，他认为知道该做什么事情是显而易见的。

伯林：是啊，好，但是假如你提出反对的见解呢？就不能辩论了。

格雷：对。

伯林：假如我说：你不同意，但是我认为法西斯主义很了不起。我认为杀死两千万人很奇妙，我不管你喜欢不喜欢。我就是喜欢暴力，没有暴力，历史会很枯燥的。

格雷：像 D.H. 劳伦斯，那一类的。

伯林：是啊。有一个俄国思想家，姓列昂季耶夫，是 1850 年代和 1860 年代的宗教思想家。实际上他是一个外交家。他也是个极端的同性恋，在那个时候的俄国，这是极不寻常的。他在巴尔干半岛、在图尔恰当俄国领事，后来他变成宗教狂，十分神秘，也很有趣，但是他盲目地痛恨自由主义，最后秘密变成一个僧侣。他去了奥普济纳·普斯廷，在那里住下了，那是一所有名的修道院，我也访问过。他写了一篇很有意思的文学论文，论托尔斯泰的小说。他说：

> 摩西长途跋涉越过西奈山，希腊人建造宏伟的卫城，罗马人进行了布匿战争，天才而俊美的亚历山大戴着羽饰头盔渡过格拉尼库斯河，在阿尔贝拉战斗，使徒们传教，殉教者受难，诗人歌唱，画家绘画，武士在比赛中显出风采——这一切都是为了身穿丑陋而且可笑的服装的法国、德国和俄国的资产阶级，在全部这些伟大的往昔的废墟上，“个体地”或者“集体地”沉溺于种种生活享受。想想这一切是多么地可怕、多么地堕落啊！[1]

183

这是某种尼采式的观点，在某种意义上是相当地接近自然的。那些伟大的希腊人摧毁东方文明，并不是为了创造一个由竭力牟利的枯燥中产阶级组成的可怕的、平等的现代世界。“戴着羽饰头盔的亚历山大”，就是这个短语。

格雷：是不是列昂季耶夫说过，“俄国像一大块腐肉，对待它唯一可做的事是把它尽可能长时间地冷冻起来”？

伯林：他可能说过，但是波别多诺斯采夫说过，“把它冰冻起来，不能让进步出现”。意思是科学家们是危险的，进步是危险的。这是给尼古拉二世的劝告，他是尼古拉二世的老师。他是圣宗教会议的代表、国际法教授，一个极其聪明的人，但是

[1] 康斯坦丁·尼古拉耶维奇·列昂季耶夫，《东方，俄国与斯拉夫人》（Moskva: Respublika，1996），第373页（笔者译文）。我用俄语原文内容替代了伯林记忆的那一段。

在思想上极为反动。甚至陀思妥耶夫斯基都有点怕他。

格雷：我记得一个逸闻。有人对这个人说："公众意见是什么？"他往地上啐了一口，又用鞋后跟踬了踬那唾沫，扬长而去。

伯林：是的，就是这样的。他还说过："世界像一个沙漠，邪恶的人在上面漫步。"

格雷：波普尔会认为，列昂季耶夫疯了还是怎么的。

伯林：嗯，绝对是。但是我不认为他会这样地考虑整个浪漫主义运动。浪漫主义者们这些人不喜欢平等，他们需要变化、兴奋、各不相同的事物，需要让世界充满色彩、不曾预料的事物。于是你会说："喂，有很多的人受苦呢。"他们的回答是："那又怎么样，有什么关系？"

格雷：这样也许更好。

伯林：嗯，但即使我不愿意他们受苦也照样。如果他们受苦，那太不好了。你记得有一个电影，《第三个人》，根据格雷厄姆·格林的小说改编的。影片里有一个人在战后的维也纳卖药、杀人、赚钱；他的朋友对他说："你怎么能够这样邪恶呢？"他说："意大利曾经有三十年遭受博尔奇亚家族统治，他们经历了战争、恐怖、暗杀和流血，但是他们造就了米开朗基罗、列奥纳多·达·芬奇和文艺复兴。在瑞士，他们享有手足之爱——他们享受了五百年的民主与和平，制造出来了什么呢？傻子钟表。"[1] 雇佣兵、切萨莱·博尔奇亚、美第奇家族，他们不在乎。那是真正的心灵，英雄主义。打倒平庸、平等和

[1] 我用原文内容替代了伯林记忆的那一段。

人道，和一切老朽的东西！这个观点你也许要抵制，但是这完全是欧洲的。波普尔要说的，就是像你说的：“我不感兴趣。”
184 这就是教条主义。

格雷：或者他会说，“这是不文明的”，或者类似的话。

伯林：为什么要文明化呢？不过是用一种价值替换另外一种而已。维特根斯坦对伦理学的态度十分明显，你知道。他认为伦理学理论是荒谬的，因为，说到底，它总是在使用伦理学的属性，似乎这些都是自然的，而功利主义不过是对于某些可能给你最大快乐的东西的商业投机，和伦理学没有关系。既然带来愉快，有什么不好呢？伦理的价值观对于他来说，是某种直接的神秘感悟的问题，而这样的感悟是难以用语言来表述的。来自《逻辑哲学论》的一句名言是：“Wovon man nicht sprechen kann, darueber muss mam schweigen.”（“凡是不能谈论的事情，只能持以缄默。”）这就是伦理学。只要你想把它付诸文字，你就把它粗俗化了。这像是克尔恺郭尔。

格雷：也许波普尔多少有一点这样的见解，当然不是神秘的因素，而是完全见于个体的伦理学的观点……

伯林：不是，对于维特根斯坦来说，这不是个体。他摆脱了个体。你或者看见了这些事物，或者没有看见；对没有看见的人，你没有办法谈论。如果有谁没有看见它，你就忽视这个人好了。我的意思是，这不是你可以争论的问题。你可以蔑视他，但是他没有看见。在某种意义上，这是真实，但是你没有办法谈论。就像神秘的基督教一样。

格雷：但同样有趣的是，波普尔不是否定艺术中的进步吗？我在想，这是波普尔认为没有进步的一个领域。

伯林：我认为艺术中没有进步，有吗？

格雷：大概是没有的。伦理学也没有。在价值观领域里，不可能有，我认为。

伯林：怎么可能有呢？在艺术方面也是不对的。又对，又不对；说它对，有某种意义。线性进步的理论，十七世纪有人相信，它当然是荒谬的。说米开朗基罗是一个原始的毕加索，这很没有道理啊。

格雷：或者莎士比亚是原始的高乃依。

伯林：就是啊。但是，在某些时期，某些艺术流派，是可以谈论进步的。你可以说，在绘画的某一流派中，透视的发现使得画家们可能实现某些理想。你可以说达·芬奇在某些方面是韦罗基奥的先导，因为目的、态度是充分类似的。我们可以谈论艺术流派或者运动之中的进步。但是，在它们之间，不能。

格雷：但是，如果你问波普尔：“怎么看像俄国这样的一 185
个文化呢？可以假定列昂季耶夫的态度表达了俄国文化中的某些情况吗？”他可能不得不说“我恨它”什么的……

伯林：不一定。不，他不会说“我恨它”，他可能说“真可怕”。

格雷：真可怕，是的。

伯林：“打倒它，压制它。”你说，“为什么？”“因为这是显而易见的。”他会说。

格雷：道德的简单化。道德上非常简单，不是吗？

伯林：爱因斯坦在道德上是简单的，你知道。我相信爱因斯坦的道德观点简单。

格雷：是的，在与爱因斯坦关于战争原因问题的争论中，甚至弗洛伊德都显得聪明。弗洛伊德说原因很深广，爱因斯坦说是出于误解。

伯林：我相信。什么事实他也不知道。

格雷：论点是人们互不理解。

伯林：但是，能够做到理解。

格雷：能够做到，如果做到了，就会是和谐的。可是弗洛伊德却说："无聊得很。"

伯林：弗洛伊德是对的。我们都知道弗洛伊德是对的，在一切问题上，弗洛伊德都是对的。生活在二十世纪的人，比生活在十九世纪的任何一个人都更少可能相信爱因斯坦是对的。说希特勒或者斯大林如果理解人民，就不会干出他们所干出的行径，这样的话是一个匪夷所思的命题。他们是很理解的。

格雷：是的，很理解，实事求是地说。

伯林：是啊，不仅如此。太理解了，在某种意义上。

1988 年 5 月 22 日和 30 日

我们在 1988 年倒数第三次的聚会（5 月 16 日），从技术角度看是非常令人扫兴的。我得允为谈话录音，但是事后才知道我的录音机出了毛病，录音失败。这次聚会，讲求行动的模范政治家话题出现。伯林提出了引人入胜的谈话，谈论了自然统合多项因素的能力，而这种能力，在他看来，是政治天才的来源。说服他再现未及得以录音的谈话要点不是一件容易的事，但是后来他还是同意了。

注重行动的政治家

伯林：在任何一种政治的、社会的行动中，总是存在着一种困难，这就是，所涉及因素的数目一般都很大，或者是无限的。虽然像经济学、社会学、政治学、心理学或者历史等科目都提供了关于人行动方式的很多信息，但是有很多因素这些科目没有包括进去，而在任何具体的场合，这些因素都是发挥了作用的。所以，我注意到的问题之一就是，革命很少成功地取得计划中的成果，因为革命只集中注意了人类经验某些特别的部分。让我们称其为冰山的顶峰，因为可以看见。但是沉入水中的很大的一部分是看不见的，而顶部发生的变化会在那里造成反应。沉入水中的部分产生它自己的反应，这一反应将要形成未及预料的、也许是无法预料的后 187
果。这些后果又会挫败原来计划者们的意图。讲求行动的最成功的政治家们都具有某种自然的理解能力，这种能力有别于关于事实的知识。这是一种理解力，例如，对于句子的意义，或者人的性格，或者我们所认识的人的行为，或者艺术作品的理解的能力。这种理解能力也适用于公众生活。全部这些因素的某种自然的统合出现，一如你理解一个人的一句话，而无须担心语法、词汇或者词语的意义。你在某个时间已经学习了这意义，但是在此时此刻你自动地发挥了它的功能。这就像你走进某一间屋子：屋子内的一切你一目了然，无须一点一点地察看。这样的统合能力给你带来对于环境和人物的理解。但是它不能分析成它自己分别的脉络，那是某一门学科能够做的唯一的事。这就是我们所说的理解人们行为的天才或者才能。雕刻家或者画家正是以同样的方式来表现这一能力的，他们理解工作的媒介，但是不能加以分析。这是我的第一要点。还有什么呢？

贝阿塔：您告诉了我您关于政治家的类型学。

伯林：有的人对于人们思维或者感觉的方式具有无限的敏感，那是一种自然的本能，能够知道公众意志接受什么、不接受什么、公众会做出什么反应，不会做出什么反应、对于他们可以做什么，不可以做什么事。就像我那个时代的罗斯福先生和劳合·乔治。另外一个类型代表者是戴高乐和丘吉尔，他们都是施催眠术的，他们眼力好，有十分清晰的眼界。他们忽视一切干扰他们的事，忽视真实世界的一大部分，只把他们的魔力施展在他们努力领导好的人民身上，以这样的方法实际上改变了人民自己的反应。他们没有回应他人的反应，他们塑造了反应。

价值观的冲突：对比库·帕莱赫的讨论

贝阿塔：在帕莱赫的一篇文章中，有一大段谈论价值观的冲突。因为这是一个要点，我想知道您对帕莱赫论据的观点。
188 有关的片段如下：

> 伯林关于价值观冲突的概念有些模糊。在他的观点中完全不清楚冲突为什么和怎样产生的。他似乎提出下列四个论题。
>
> 第一，价值观的有些冲突起源于社会组织的主导形式。

因此，这些冲突是依赖性的，如果社会的结构不同，这些冲突就会消失。自由与平等之间，或者自发性与效率之间的冲突属于这个范畴。

第二，价值观的有些冲突起源于人类环境某些不可消除的特点，例如物质资源、时间和空间的缺乏。在比较高的经济增长和对最大休闲的要求之间的冲突，当一流医生还是世界级运动员两个欲望之间的冲突，看来分别都是源于物质资源和时间的缺乏。

第三，某些冲突似乎起源于人的总体本性，或者特殊的人类能力的性质。一名歌手在意识到了他唱歌愿望背后的无意识动机之后，不必失去他的热情和灵感。冲突之所以发生，因为人或者由自然，或者是由一个既定的历史时代塑造，他们都愿意自己的活动起源于高尚的动机。还有，法制和慈悲相互矛盾，因为它们对法规、人际关系等等提出了十分不同的态度。

第四，某些价值观的冲突是所涉及的价值观所固有的。伯林对马基雅维里的讨论表明，一个人不能追求异教的自我确立的道德和基督教的道德。就其本质而言，此二者是互不相容的；追求其一必定就是摈弃其二。这样的价值观冲突与其他的三个不同。它们不是源自外在于所涉及的价值观的因素，而是根植于后者的性质本身。既然如此，在任何能够设想出来的形式的社会、人类的条件和人的本质中，它们都不可能被清除。伯林从整体上注重它们，是不足为奇的。在这样做的同时，他确立了价值观冲突的现实，这是毫无疑义的。但是，他也留

> 下了一个虚假的印象，亦即，所有的冲突都属这一种类，因而不可消弭。[1]

伯林：帕莱赫的四点实际上是两点。第一，某些价值观冲突取决于特别的环境。例如，如果你父亲在你右面溺水，你母亲在你左面溺水，你不可能挽救他们两个人。因此你得做出选
189 择，这是极端痛苦的。但是，这是由于一个在右面、一个在左面这样的事实；如果他们在一起，你是能够救起他们来的。你救不了他们的理由是经验论的。如果你没有充分的时间成为牙科医生和音乐评论家，你就必须做出选择；但是如果你有充分的时间，你就会先成为牙科医生，然后成为音乐批评家。你可以成为两方面的专家。只是取决于你所在的环境的性质。这些都是经验的事实，可能因人而异。有时候可以更改，有时候不行。但是，在全部这些个案中，问题都涉及可以是别样的事物。第二，有另外一种的、概念性的冲突：据帕莱赫认为，慈悲与法制取决于态度的不同。但是它们不是：它们取决于性格中实际的、核心的特质的区别；施行法制是做某些事，给予慈悲是做另外一些事，无论动机是什么。这两种事不能结合起来，因为二者是完全不同的，构成了不同种类的行动。平等和自由也是如此。他举出的唯一的例证是异教徒的自我肯定和基督教，这二者显然是不能结合起来的。但是，还有其他的概念，比如自由与平等，或者义务与感觉。

[1] 比库·帕莱赫，《评论文章：以赛亚·伯林爵士的政治思想》，《英国政治科学杂志》，12（1982），第 209—210 页。

贝阿塔：所以，您如果只有一个人造肾脏，却有很多病人需要它，这是不是一个经验的冲突呢？

伯林：是的，这是经验的事实。当然，你也许会有两个。经验的事实是能够成为别样的。你只有一个肾，这是历史的一个偶然事件。自然你的变通办法有限，因为你只有一个肾。选择常常牵涉到相互冲突的价值观。这些冲突之中有些可以通过经验处境中的变化来解决，这在原则上是能够实现的；有些解决不了。我想，全部情况就是这样。

永恒回归的主题：消极自由和积极自由

贝阿塔：我在雷蒙·阿隆的著作中看到了一项对于消极自由概念具有挑战意味的解释。您愿意看一看吗？

> 据哈耶克认为，自由就是没有强迫。[……] 作为对于这个自由概念的楷模的具体自由是什么呢？显然，企业家的自由或者消费者的自由：前者自由地采取主动精神，把生产手段结合起来，而后者自由使用他的货币收入提供的购买力。但是，依据这个定义，生产线上的工人、庞大 190
> 的组织内部的雇员、受制于严格纪律的士兵、发誓表示服从的耶稣会成员都不是自由的。事实上，工业社会的性质本身看来就是不可遏制地降低可以享有这种自由的人的数量，至少在工作中。[1]

[1] 雷蒙·阿隆，《论自由》（纽约和克利夫兰：World Publishing，1970），第88—89页。

这里面似乎包含了什么意思！

伯林：他是说，企业家是自由的，工人没有同样的自由。企业家是自由的，消费者是自由的。不自由的人是没有足够的金钱成为消费者，没有充分的行动自由成为企业家。这就是他说的话。

贝阿塔：就我对他的理解而言，他要说的是，消极自由不是一种普遍的价值。

伯林：不，我认为他说的不是这个意思。他说的是：企业家比工人享有更多的消极自由，有钱的消费者比没钱的消费者享有更多的消极自由。我要说明的一点是：工人没有选择，因为他是工人，受到纪律的约束。他没有企业家享有的选择自由。他缺乏做出选择，亦即成为企业家的手段。工人完全有自由住在里茨；工人遭受禁止的状况与工人没有足够金钱的状况之间是有区别的。可以说挣不到足够的金钱就是缺乏拥有金钱的自由，而缺乏挣钱的手段源于资本家抢劫了他。

贝阿塔：但是这不仅仅是一个手段的问题。他说的是，这种消极自由的模式不适用于工作。他想到的不是工人没有住在里茨的能力，而是他们身处雇员等级底层的身份。

伯林：只要工厂里还有工人，这些工人就会被剥夺很多自由。工业社会的性质本身就注定令许多人缺少自由。在这一点上，他是正确的。他们没有享受自由的手段；有人劫夺了他们的手段。所以，在这一意义上，他们缺少积极自由。积极自由是指：谁是主人？谁是老板？是我吗？还是他？在一个工厂，
191 企业家是老板。消极自由是一种普遍的品格，其意义就是甚至工人都有消极自由，工作或停止工作；活着或死去；就连这个

也是一种消极自由。不是所有的东西都能够被抢走的。但是企业家享有很多积极自由，这一点使得工人丧失其消极自由。在一个工业社会里，工人的消极自由是十分有限的。

贝阿塔：还有另外一件事。可以不可以再麻烦您一次？我知道已经谈到过这些问题……

伯林：没有啊，我没有感到麻烦。我不怕麻烦。

贝阿塔：如果我对您的理解是正确的，您文章的主要思想是，我们应该清楚我们使用"自由"这个词语的方式。

伯林：对的。"自由"这个词语指的就是它所指的意思。当然，所有的词语在一定的程度上，都是含义模糊的。我们不能说所有的词语都是清晰的。当然不是。所有的词语都是用在各种意义上的，而且，所有的词语都是概括性的。词语不是名称。不存在"自由"这个词语表达的单一的事物。但是，人们使用"自由"这个词语的方式太宽泛了，包含了许多一般不是指自由的东西。并不是每种好事都是自由；也不包括人们需要的一切。自由受到了太广泛的解释。

贝阿塔：所以给予自由这样广泛的意义是有点危险的。

伯林：因为自由是一种好事，人们就想拿它当掩护索求很多东西。

贝阿塔：所以，最好能够辨别各种善，对于探讨中的概念不要有欺骗。

伯林：嗯，你必须尽可能地准确，但是不能太准确。

贝阿塔：我的理解是，您的文章等于是一个警告。但是有一件紧要的事您还没有谈到。大家应该怎样接受您的警告呢？

伯林：直接问问你自己是怎样使用这个词语的吧。列举各种类型的情景、语句，随便什么，凡是自然谈到自由的情形。你如果举出使用了“政治自由”的十四个语境，那你就会看到这个词语是含义模糊的。问题是：这一切都有某种共同点吗？如果有共同点，这就是“自由”这个词语所代表的事物。如果没有，则“自由”这个词语就没有多少意思，或者应该只被用于这些事物之一。在某种意义上，“自由”这个词语是不能使用于不同意义上的。积极自由和消极自由彼此有某种共同点，因为二者最终都是指选择的可能性：在一种情况下，是指排除障碍，在另外一种情况下，是指排除权威，总之或多或少都是
192 同样的事。但是这还不是全部的区别。在第一个情况里，自由的意思是：有多少道门是开着的？在第二个情况下，是指：在这里是谁负责？我是做我要做的事吗？我是我的行为的来源吗，或者这是来自他的压力？

贝阿塔：所以您的劝诫是我们使用这个词语时应该努力……

伯林：正常地使用它。不需要把它紧缩。让我们直接问自己：“我们是怎样使用这些词语的呢？以各种方式使用吗？如果有很多的方式，那么这些方式有共同之处吗？”也许没有一个共同的核心。我来给你一个例子，我没有把它用在文章里，虽然我或许应该用。而这个例子是远远超出这两个概念的。你知道维特根斯坦关于家族面貌的著名实例吗？

贝阿塔：是的，知道。[1]

伯林：这也可以用于自由。自由 A 像自由 B，自由 B 像

[1] 比较上文第 41 页。

自由C，自由A完全不像自由C。积极自由和消极自由有几分像一家人的相貌。

贝阿塔：人们读您的著作，加进了很多的意思。而如何平衡两种自由这个问题，您还是让这个问题保持完全开放的。

伯林：这取决于环境，具体的情况。

贝阿塔：但是如果它们冲突了呢？

伯林：那你就得选择了。你不必选择整个的A，或者整个的B；也许四分之一的A和二分之一的B，像平等和自由。如果你说："为什么我必须服从呢？""我应该服从多少？"这是两个不同的问题。必须达到某种妥协。我为什么必须服从呢？因为不然就要出现混乱。因此必须有权威存在，我必须服从某些法律。服从到什么程度呢？如果有人告诉我杀死我母亲，我也得服从吗？那我就不再服从，因为我不愿意关闭那道门。所以，和在所有这样的个案里一样，积极自由和消极自由的问题是：应该怎样把二者结合起来？我怎样结合？绝对没有人说得出来。我们做最大努力吧。关于我的论题全部的麻烦是，积极自由被极端滥用，使得它变成了唯一的自由，而另外一种自由被取消。但是，在消极自由方面，情况也是如此；如果积极自由太少，就要造成可怕的事件。

贝阿塔：但是，有一次您曾经告诉我说，如果消极自由被完全否定，就完全没有自由了。

伯林：唉，这是另一回事。意思是，没有选择。这就是在A和–A之间选择的自由的基本意义。如果你不能选择，你就不是一个人。然后，在你被给予这种自由之后，另外一个问题接踵而来。你的选择理论得到多大的允许，他人的权威得到多

193 大的允许？他人指的是国王、将军、教师、法律，或者其他的什么。消极自由有两种意义。一个是基本的意义，没有这个意义就不能有一个人；另外一个就是会和其他的价值观发生冲突的，如幸福、知识、愉快等等。

贝阿塔：但是在您的文章末尾您写道，消极自由显得更真实、更具人性。

伯林：仅仅是因为强调积极自由的人，从整体上看，比强调消极自由的人摧毁了更多的生命。我不应该说这样的话。

贝阿塔：令我惊奇的是更真实这个词。

伯林：更真实，因为自由的基本意义保持在我精神的深处。这篇文章的问题是我没有区分开基本意义和普通意义。

贝阿塔：是的，但是在整体上，您更倾向于消极自由，是吗？取决于条件吗？

伯林：是的。我认为我更信赖它。并不是说我更喜欢它。在性格上，我是接受权威的；在性格上，我是十足遵纪守法的。性格上，我不是一个 révolté（反叛的人），我从来没有起来反叛我所在的社会，从来没有造反，但是在理论上我相信反叛。在性情上，我是个积极的自由派，可是在信念、学说、理想诸方面：消极。情况总是，体弱的人羡慕强壮的，十分安静的人在理论上变得极为爱好暴力。总的来说，人们都过着遵纪守法和不受干扰的生活，在服从法律或者遵守普通资产阶级社会生活规矩方面，是没有困难的。但是我一直感受到了对于相反情况的兴趣。从哲学方面看，这显然不是一个十分愉快的倾向。

贝阿塔：一般给您贴的标签都说您是一位极端狭隘的、消极主义的自由派，我一直觉得这样的性格刻画不对头。

伯林：这是因为人都会从社会关系方面来对人做出界定，我不这样做。我认为，你一旦开始把人解释为依赖他们所在的社会，并且发挥所在社会的功能，那就要导致压迫和凄惨。

贝阿塔：您知道我是多么真切地感受到了这一点吗？后天我就得交出一个报告，总结我在这里逗留期间的工作，但是我不得不想办法欺诈。[1]

伯林：当然得欺诈。好得很！ 194

贝阿塔：交研究报告的时候，每一次说到您，我都报告说，我是在研究您的观点，您知道吧？我从来不提哲学，因为正规地说，那不是我的专业；我仅仅说到您的观点。幸运的是，他们从来不问是什么观点。

伯林：好！“他的著名的观点”。欺诈得越多，就越好。好得呱呱叫啊！用不着害羞！你有资格。有两种价值观会冲突：一个是讲真实，另外一个是消极自由。如果真实是那种真实，消极自由是那种自由，就不可能有问题，我保证。

贝阿塔：但是这令人苦恼，有时候我觉得不幸。

伯林：不不，不是的。不应该的。你当然应该欺诈潜在地折磨你的人。没有人否定这一点的。如果有人要杀你，对他们说谎不是错。

贝阿塔：可是我感到彷徨，您理解吗？不仅是关于真实的问题。

[1] 当时我附属于人文科学使用计算机科学研究系，上司没有预计我从事完全不同的一个领域，亦即政治科学的研究。

伯林：嗯，是关于真实的问题！还有别的吗？

贝阿塔：如果我能够说出来我的感受，我就会感觉心安。

伯林：说什么不碍事的。我给你举一个极端的相反的例子吧。康德在什么地方举了一个例子，说的是一个人坐在一间房子里。另外一个人进来了，要杀他的一个朋友。这第一个人知道这第二个人要杀死他无辜的朋友。这个杀手说："某某在哪儿呢？"第一个人没有权利说谎，这个朋友明明在这儿，他不能说他外出了。他必须制止第二个人谋杀，必须跟他斗，但他就是不能说谎。因为如果他说谎了，他就是把对方当成工具使用，就是在骗他，因此，"面对真实情况，他不能做出决断"。如果面对这样的极端困境，康德的见解是可笑的。

贝阿塔：是的，当然，如果您考虑一个极端的个案。但是如果您的生活总是那样的情况，您觉得厌烦……

伯林：因为它让你沉沦。但是假如你很清楚，听你说谎的人，根据你的原则，是一些没有权利从你那里得到这样的信息的人，你就完全有资格欺诈。在你没有顺从的时候，你显得顺从。

贝阿塔：但是，问题是我不仅得说谎，还得盗窃。例如，我写博士论文用的纸就必须得偷来，不是我偷，是打字员得偷。打字纸是绝对买不到的。有一句特殊的话形容弄到难得商品：修理（fix）什么东西。所以，她为我"修理了"打字纸。
195 谁也没办法保持手脚干净，绝对办不到。

伯林：当然办不到。在暴政之下，如果不想死，就办不到。

贝阿塔：但是，另外一方面，也必须画出一条界线。一旦跨过这条线，就会丧失一切。

伯林：是的，但是，你有全部这样的感受，是因为你容易受到伤害。

贝阿塔：我有一个孩子，我想要用正常的方式抚养她长大。

伯林：在那样的环境下是很难的。真是没有好办法。

贝阿塔：困难极了！我该怎样选择呢？

伯林：你得教她说谎和欺诈，当然！

贝阿塔：那是最恶劣的事。

伯林：我知道最恶劣，但是你不巧在一种可怕的制度下面生活，那你就得说谎。就像我的一个可怜的朋友，一位苏联女士，在学校里有人问她："你最爱谁？"她说："我父亲。"错了。回答应该是：斯大林。首先是斯大林，然后才是父亲。

贝阿塔：这是很残酷的。现在好多了。但是仍然像是在迷雾中徘徊，一直都是。你所做的最卑微的决定都具有这样的伦理的维度。

伯林：你必须告诉你孩子真实的情况。说到底，你抚养他们长大成人，得告诉他们："你看，我们生活在这样的制度下；如果你跟这些人说实话，你就会遭殃。这些人不是很好的人，但是你没有办法。面对这些人，你得十分谨慎，最好什么话也不说。如果一定要说什么话，你得明白，有人会拿你的话来整你；但是，在家里，和我……"

贝阿塔：但是这不仅仅关系到说话，那样的话倒好办多了。关系到了欺诈、说谎和偷窃。比如我的论文。偷窃是不可避免的。不然这个博士就念不下来。

伯林：首先，你要教你的孩子偷窃，然后，在某一个节点上，向他们解释为什么偷窃是错误的，为什么他们还得继续偷窃，就因为环境反常。

贝阿塔：但愿在我自己的行动中，我能够有这样的判断力。

伯林：这是很难的。你必须过两种生活。换句话说，你过家庭生活，也过一种公众的生活。每个人都得这样。我给你举一个休谟的例子。假设你信赖作为一种绝对价值的财产。你不得拿走别人的财产，因为人家没有给你。有一条遇难船只。你有没有权利守住这个船体的一小部分呢？这条船是属于一个公司的，公司可能想把它用于某种其他目的。在那个情况下，你是充分有资格的。如果你正在挨饿，你是被允许偷盗食物的。
196 甚至根据基督教的原则，也存在一条自然法，这条自然法说，如果你正在挨饿，你有资格偷窃。法律可能禁止，但是基督教道德不禁止。这就是所谓的宗教中的自然法。

贝阿塔：是的，我知道，但是它会把人变腐败，以后很难……

伯林：……一分为二。

贝阿塔：是的，这仅仅是开始。要成为诚实的人是一种奢望，享有这样的机会也是很大的奢望。

伯林：我知道。这完全是真实的。

贝阿塔：我们所做的每一件事，都有一个伦理的维度。这是我生活在那里的感受，是一种持续不断的选择。如果我在排队，柜台上只有一块肉了，我后面还有十个人，我面对的就是一个伦理的选择：买多少？总是这样，总是这样的。

伯林：该做什么，你就做吧，不要想得太多。不能忍受持久的内疚感。

贝阿塔：是的，我担心内疚感。

伯林：我很理解。你不必忍受持续的悔恨感："也许我不该这样做，也许，如果没有买这么多的肉会好些，也许这些人比我多买些才好。"你应该做的是：或者你买下了这块肉，就不必再想什么，因为你可以说："好吧，下一次让他们买，我挨饿好了。"或者你不买那块肉，也好。你怎么做都是对的。在极端困难的情况下，哪种选择都是对的。在某些情况下，普通的道德不适用。暴政下的生活就是对你欺诈行为的辩护。又比如战争：德国人和犹太人。德国人来到一个小镇，那儿有犹太人协会。德国人对犹太人会长说："住在这儿的全部犹太人的名字和地址你都知道。我们需要把他们送到波兰北部或者波兰南部去参加建筑工作。"那个会长心里怀疑，他已经知道那不是建筑工作。他们是去送死。"如果你告诉我们这些名字和地址，我们就放过你和你挑选出来的其他的五十个人。你如果不告诉我们，所有的人都死定了，因为到最后我们会把他们都抓起来。"

贝阿塔：发生过这样的事吗？

伯林：当然啊，发生了多次啊。现在，你就是犹太人的会长，你不能不决定怎么办。你必须做出选择。你可以说："我不跟你们玩，我不愿意跟你们勾结，我不回答你们的问题。"这样的话，他们就对你开枪，最后也要对其他人开枪。也许有些人逃跑了，但是不太可能。或者你说："好吧，我帮助你们。"你做到了，但是你告诉了犹太人，让他们逃跑。如果德 197

国人发现，当然要对你开枪，最后也对他们开枪。或者你自杀，摆脱了这个难题。或者按照德国人的办法做，交给他们所有人的姓名和地址，拯救五十个人的性命。现在你得扮演上帝的角色，决定人的生死，这不可能是正确的。然而，如果不干，就意味着你牺牲五十个人。因为你不愿意觉得不舒服，他们就得死去。你让五十个人死去，因为你没有准备做出选择，因为你不是上帝。你没有权利选择谁活下去、谁死去；但是，你让他们全都死去。结果就是这样。我的看法是，你怎么做都是对的。道德法不是为这样的情况制定的。无论你怎么做，都不应该受到批评。你要怎么做就怎么做吧。每一个做法都是对的：自杀是对的，救人是对的，不救人是对的。在某种意义上，这超越了批评。当然，如果你是一个虔诚的基督徒，或者虔诚的犹太教教徒，你说："我没有权利采取行动。"你情愿被杀。

你做什么，都不是错的。在那种情况中，那是纳粹的责任，不是你的责任。但是后来别人还是可能批评你。汉娜·阿伦特就曾这样。教导这些人该怎么办的做法糟得很。他们做的事是超过了我们能批评的范围的。如果你面对这样恐怖的决定，真是没有解决办法。

贝阿塔：是的，我理解，但是，如果一个人负责养育一个孩子，就是另外一回事了。

伯林：当然。但是我给你提出了一个极端的事例，你的处境还不是这么恶劣。

贝阿塔：当然。不能比较。但是真的是不容易的。

伯林：你可以用你的道德教导你的孩子。你认为对的，你告诉他们，你认为错的，你告诉他们。如果你认为欺诈对，告诉他们。“是的，在有些情况下欺诈是对的，在另外的情况下，是完全不对的。”到最后，他们会发现，你所做的都是值得的。但是你只能教给他们你自己相信的东西。我来给你说一个有关的可笑故事。在牛津，有一个商人拜访贝利奥尔学院院长，院长姓乔维特。他是一个教职人员，十分有名、聪明、重要。这个商人对他说：“您看，我想请教您。我不想要欺诈，但是我周围的其他每一个人都欺诈成性。我如果不欺诈，就要破产了。我该怎么办呢？”不知道你会怎么回答，但是乔维特说：“欺诈得尽可能少一点吧。”一个基督教神职人员说这样的话，是很好的。而且，在一定程度上，这是对的。

贝阿塔：但是您知道，如果在一个正常的、民主的国家里 198
生活，在理论上，可以享受诚实——诚实也是一种奢侈啊。奢侈得起。

伯林：当然。但是不要为诚实而牺牲你的孩子。不要为了诚实而让他们的生活难以忍受。那就是极端的清教主义。也是挺可怕的。如果有人偷了一支铅笔，你就吊死他们，也是十分不对的。

贝阿塔：是的，我知道，当然。问题是怎样找到一切事物的限度。

伯林：和以前一样。这是十分枯燥的理论问题，但是，就整体而言，可以减少痛苦，是一个有尊严的理想。总之，我们所愿意做的都是让人们能够彼此交往，生活得比较和谐。我们需求的是最低限度的有尊严的社会。你能做的就是这么一点。

贝阿塔：您知道，在某些方面，如果不是因为有了您的思想，我可能会疯了，真的。

伯林：谢谢你。你依然可能发疯的，但是我希望不会。你的道德敏感性太大，所以，即使在一个普通的社会里生活，对你来说，也可能是十分困难的。

贝阿塔：我是歇斯底里的。我知道。

伯林：不不，我说的不是这个意思。但是你的道德敏感性确实很大。你想要每个人行动得都尽可能优美。他们不会那样的："扭曲的人性之材……"我得对你重复这句话，你不接受
199 扭曲这个特性。你认为扭曲之材可以扳直。办不到啊。

1991

东欧共产主义垮台两年之后，我受到约翰·格雷邀请，参加关于孟德斯鸠的讨论会，短期访问牛津大学，伯林一如既往地慷慨拨给了我时间会见、谈话。会见了三次；10月11日和13日的谈话，做了录音。前面的一次提供了两次访谈的依据，这是波兰的刊物组稿的，后来发表，题为《不要绝望》和《我不愿意宇宙太整洁》，两篇文章都收入本书；后面一次访谈讨论的主题不可避免地与1989年的历史性事件有关。这个主题当然也在有录音的两次谈话中提及。在我重听这一时期的录音的时候，我意识到，在共产主义政权垮台之后，自由不再是中心议题——像我们以往的会见中那样。我们谈论的是1991年出版的三本书：第一部波兰语伯林文选，献给他的文章选集（艾德娜和阿维沙伊·马加利特编辑），和约翰·格雷的《自由主义》。[1] 在我们讨论我就新的出版物提出的几个观点时，有一个难缠的问题出现，这个问题在后来世界范围的关于伦理学多元论的辩论中成为主导：自由在价值多元论的体系中的地位。我的对话者显然没有现成的答案。这个难缠的问题在1995年重又出现。

[1] 以赛亚·伯林，《两种自由概念》（波兰语译本 *Dwie Koncepcje wolnosci*，华沙：Res Publica，1991）；艾德娜和阿维沙伊·马加利特编，《以赛亚·伯林：纪念文集》（伦敦：Hogarth，1991）；约翰·格雷，《自由主义：政治哲学文集》（伦敦：Routledge，1991）。

201 关于帕维尔·希别瓦克的文章：自由主义、多元论、相对论

贝阿塔：我想给您看看您论文集波兰文版后记的几个片段，后记是帕维尔·希别瓦克写的。我恐怕不同意他对您几个重要方面的思想的解释。这是我对第一段的译文："伯林不接受某种功利主义性质的论争。他不把自由和完美与幸福的乌托邦状态结合起来。自由无须导致进步或者后退。自由是，或者看起来是，必不可少的，因为我们不知道保存多元论的任何其他方法。"[1]

引起我疑问的是最后这句话："因为我们不知道保存多元论的任何其他方法。"是不是相反呢？您是否把自由设想为通向其他某处的手段呢？

伯林：自由本身是一种价值，没有这种价值人就不能呼吸；而多元论，在某种意义上，是来自见解自由或者信仰自由的某种东西。

贝阿塔：来自那里吗？但是我一直认为多元论的世界观对于您来说是一个出发点。您认为自由是基本价值，因为如果没有自由，就没有价值能被选择。因此，自由为其他的价值观留出空间。

伯林：你一旦有了选择的机会，就总是有可能出现一种以上的价值，选择这一种而不是那一种；如果发展下去，就变成

[1] 帕维尔·希别瓦克，《以赛亚·伯林的自由论自由主义》，为伯林《两种自由概念》波兰文版后记，第 373 页。

了多元论。如果你相信只有一个正确的解决方法，你最终会停止选择。说二二得四是正确的，你不能选择决定是四还是五。你事先就已经知道答案一定是什么样子，你只有发现这个真实的自由。你一旦有了正确的生活，就不再需要自由。

贝阿塔：但是，如果我认为，在某种意义上，多元论是更具根本性的，我是否正确呢？

伯林：比自由更根本吗？自由不是一架梯子。在你找到其他某种东西——快乐，或者知识，或者好生活的时候，你不能把自由扔在一边。自由本身是一种基本的价值，没有自由，人就不能做出选择。如果他们不能选择，他们就不能生活，就不能思考。“自由”这个词的第二个含义是没有障碍，意思就是你应该有很多可供选择的道路。这就是多元论，它就是这样和消极自由结合起来的。积极自由的危险是你只能自由地做正确 202
的事，这是孟德斯鸠说的话。但那是指你不能堕落。连康德都说过，人按照自己的方式堕落比不允许选择要好。

贝阿塔：请您看看下面一段好吗？这一段说：“人是价值观的来源，自由能否存在、人能否做出必要的妥协，都取决于人的性格的力量。”[1]

伯林：不是的，与性格的力量无关。人是价值观的来源，这一点是正确的。

贝阿塔：在某种意义上。

伯林：嗯，是人选定价值观。

[1] 帕维尔·希别瓦克，《以赛亚·伯林的自由论自由主义》，为伯林《两种自由概念》波兰文版后记，第 380 页。

贝阿塔：但是它们是客观的。

伯林：但是，没有他，它们就不在那儿。

贝阿塔：是的，是啊。您具有这种经验论的方法。

伯林：就是的。

贝阿塔：但是他在这儿说的话听着像是相对主义论的。

伯林："价值观的来源"实际上是指你忠诚于价值观。是一种存在主义。人是价值观的来源，意思是指价值观不是离开人而存在的独立的实体。价值观是客观的目的；但是，没有人就没有目的。或者是价值观寻找人，或者是人寻找价值观。两种情况都有。你发现你已经具有某些目的，但是你可以改变这些目的。赫尔德是对的。文化是一条河流，你就在这条河里诞生；一旦你长大，你就已经知道什么是好坏、对错。你懂得了爱国主义和叛国。全部这些道理都是你父母亲、保姆、老师给你带来的。这都是价值观，你为这些价值观活着，但是你可以改变它们。所以，价值观可能不是你的，也不是你创造的，但是，它们是人创造的，而且以某种方式推送给你。你或者接受，或者拒绝。你可能是无意识地接受的，但你依然是接受了。所以，希别瓦克是错误的。我反对强横的个性，因为它们可能摧毁自由，包括他们自己的自由和他人的自由，而软弱性格的人能够尽最大努力保存自由。也许保存得不太多，但是他们做得到。如果不自杀，每个人都能够保存一些自由。

贝阿塔：但是我冒昧认为他实际上把相对主义强加给了
203 您。看看下面的一段："在某种意义上，他不在乎一个人——在自己家里的私密环境中——相信魔术还是科学；一个人是无神论者还是模范天主教徒。所有的态度在世界上都应该有地方容纳——除了不宽容的态度。”[1]

伯林：有点意思。不过，倒不是我不在乎。那是错误的。如果你相信魔术，我是很介意的，但是必须允许你相信魔术。

贝阿塔：这一段很是友好的。

伯林：我理解。但是他对我的理解错了。好，你可以告诉他，感谢他站在我这一边，但遗憾的是，他发现的好东西不在这里。

休谟的灵感

贝阿塔：有两位作者的文章收入了这本文集，他们是斯图亚特·汉普舍尔和理查德·沃尔海姆；[2] 他们两个人都声称，在您的哲学里存在着明显可辨的休谟的灵感。您同意吗？我在有关的段落上做出了标志：

> 在伯林全部的思考和写作中，读者都意识到，在背景上有大卫·休谟宏大、慷慨、幽默和有诱惑力的形体显出微笑［……］我认为很重要的一点是强调指出伯林对民族主义的态度具有哲学的和历史的基础。这态度不仅是一种态度，它还是一种连贯的道德哲学的一部分，来源于这一哲学，而这一哲学又是栖息在休谟的认识论上的［……］伯林一直在跟随休谟和穆勒，不断地、经常地论证，说在

[1] 帕维尔·希别瓦克，《以赛亚·伯林的自由论自由主义》，为伯林《两种自由概念》波兰文版后记，第 380—381 页。
[2] 斯图亚特·汉普舍尔，《民族主义》，参见马加利特，《纪念文集》，第 127—134 页；理查德·沃尔海姆，《共同的人性理念》，同上，第 64—79 页。

> 伦理学和政治学里是没有先验推理的余地的［……］他接受了休谟的见解：体制与政策的终极的检验见于人的感觉，因为人的感觉是得到实际的感受和观察的。[1]

您还没有和我说到您受到了休谟的影响。您提到过赫尔岑、穆勒、康德，但是从来没有提及休谟。

伯林：有影响，但他归结于我身上的东西不是我追随休谟的方面。休谟不相信自然的需要。他认为，没有发现道德真实的理性办法。人都是有各自的目的；理性是而且以后也永远是
204 激情的奴隶。他认为绝大多数的人都是很相似的，有传统存在，不会发生错事；他是相当地满意的。但是他相信，在理论上，不可能通过理性的办法发现人应该成为什么人，应该做什么，什么是对的，什么是错的。

贝阿塔：但是他坚持存在着某种固定的人性。

伯林：一定程度上固定的，是的。因此，大多数人，在同样的情况下，很可能是信服同样的事的。但是没有办法展示这一点。你不能够展示一个答案是正确的，因为在伦理学中，没有什么是正确的或者不正确的。人们相信他们相信的，要他们想要的，追求他们追求的东西。这些，我都是从休谟那里取来的，当然。

贝阿塔：经验主义。

伯林：是的，就是这些。但是他说，人应该平静，人应该遵从自然和习惯，我不同意。

[1] 汉普舍尔，《民族主义》，第120—132页。

贝阿塔：下面是摘自理查德·沃尔海姆文章的两个片段，我给您看看。在第一段里，沃尔海姆说您是休谟门徒；第二段引用了休谟本人的话。

> 伯林是一个特殊的休谟门徒。他不是认为基本的或者潜在的原因荒诞而加以拒绝的那类休谟分子；但是他是拒绝下述理念——或者，更确切地说，以适度的怯懦态度对待它的那类休谟分子：认为我们的知识实际上能够及于这些原因。伯林是像休谟一样的休谟分子。[1]

> 我们身处这个世界，就像在一个大舞台上，每个行动的动力和原因面对我们都完全隐蔽起来；我们也没有足够的智慧预见、足够的力量去预防那些持续威胁着我们的种种的恶。[2]

伯林：这些话都太过分了。我完全不能接受。休谟认为任何事情都可能发生，但是又不会发生，因为事实上宇宙是遵循着一个有规律的路线的。我们必须假设它会这样，因为它总是这样的。我们为什么不应该认为它这样呢？如果我们不相信这一点，我们就感受不愉快，这是不必要的不愉快。但是我们不能说它必定这样。这是我从休谟那里学到的。不存在道德的必

[1] 理查德·沃尔海姆，《共同的人性理念》，第 78 页。
[2] 休谟，《宗教的自然史》，第 3 页，转引自沃尔海姆，《共同的人性理念》，第 79 页。

要，不存在美学的必要。

贝阿塔：所以，在某种程度上，您是休谟信徒。

伯林：就是在这个程度上，我的意思是经验主义，和因果
205 关系中存在断裂这一事实——意志自由也是，休谟是不相信的。但是，意志自由是可能的，因为没有必要相信万物必须遵循某些途径的理念。我们行动时却好像认为情况就是这样的，因为如果未来不像过去，我们就不知道该做什么。但是也不能得出结论说它一定就如此。我们的需要不同于事件的客观进程。我们相信某些事物，没有这些事物我们就不能生活，从这一个事实中不能得出结论说，这些事实必定永远存在。

马克思的价值观

伯林：一本文集里有一篇文章是批评我的。作者是杰里·科恩，他是马克思主义者。他指责我错误解释了马克思。他说，因为我说马克思没有客观的道德价值观，所以我错了。[1] 我没有错误解释马克思。

贝阿塔：阅读马克思的著作对我来说还太早。我想，至少需要二十年，我才能回头去读。

伯林：不必读马克思的书。我不是推荐你读。但是让我告诉你，马克思相信价值观是生产过程形成的。过程发生变化，价值观也要变化。

[1] “把马克思描写得不关心价值观问题，是不可接受的悖论。这样做就等于过分认真地看待他以阶级战斗的名义而批判价值观时的硬汉气概（macho moments）。” G. A. 科恩，《以赛亚笔下的马克思和我笔下的马克思》，参见马加利特，《纪念文集》，第 122 页。

贝阿塔：我对马克思最大的意见是他的人的概念。马克思认为，人不过是原料；只有在人进入了劳动的结构之后，他才发生变化。所以人的真实本质是包含在社会关系的总和之中的。所以我的本质不是在我的身上，在超越了我的什么地方。

伯林：对于马克思来说，人可以归结到他所在的社会。

贝阿塔：人应该被归结到某处，我就经历过。你不应该认为你属于你自己。

伯林：你是一块砖。我们在砌一堵墙，砖块没有权利从墙上掉下去。

贝阿塔：是的，人不能拥有世界上的任何东西，包括人自己。但是，这是一种违背人的尊严的原罪。

伯林：正是这样。历史把你推进了某一个方向。不要抵抗。

贝阿塔：这是用某种方法根植在人的头脑里的，人的确能够感受到。个人都不算数。甚至在日常生活里也能够感受到。
我没有遇到什么实在可怕的事。我没有遭到逮捕，没有挨过 206
打。有一种事我遇到过，就是在抗议的时候好几次被高压水龙头的水浇湿。

伯林：水枪浇湿了你。倒也是个事。不坏，算数的。

贝阿塔：我得说，是不愉快的。

伯林：但是在天堂里，你为此会得到好分数的。

贝阿塔：我得承认，我被吓坏了。你真的陷入险境，那是不一样的，我陷入了险境。在那些抗议中，有人受伤。有的人被踩伤，有的人挨了打，有的人一只眼睛被打坏。但是，即使在和平时期，我也觉得我不重要，没有人是重要的。

伯林：你的话是对的。那种制度贬损人格，把人变成了物。

贝阿塔：然后你把这个感觉强加给你自己。你开始从这些方面来看待自己。这就是在那种制度下生活这么痛苦的原因。

伯林：你受到了环境的改造。你开始完全相信它，你觉得你不存在。你觉得你被踢来踢去，像一个足球似的。

贝阿塔：说一点个人的情况，在我开始阅读您的文章的时候，情况发生变化。不知为什么，我不属于我自己的这个感觉是和我的生活和我在大学的地位紧紧地联系在一起的。毕业以后，政治科学学院可以给我一个工作。但是他们示意我得入党，我说不入。向我提出另外一份工作，是在研究把计算机科学用于人文学科的一个系里：上帝知道那是什么意思。和我喜欢的东西毫无共同之处。后来，在团结工会时期之前，我偶然间看到了您的著作，在戒严法时期，我阅读了这些著作，我振作了起来！

伯林：好啊，至少我拯救了一个灵魂。

贝阿塔：现在，知道魔咒破裂，情况正在变得正常，觉得好像对自己说“你好”。突然间，你返回了你自己，你开始觉得承担起了责任。

伯林：你成为你自己，是的。恢复了你自己。这是一种恢复。你得到重新整合。

贝阿塔：觉得不由自主对于我来说是最困难的事。我能够忍受一切，长年的匮乏、排队、配给票证，但是忍受不了这一点。到了崩溃的边缘……

伯林：这是因为你太诚实。因为你不愿意假装。你不愿意扮演角色。你不善于表演。挽救自己的办法就是表演，是说谎。说谎是个大事。你不该说所有的说谎都是坏事。例如，如果说谎保全了人的情感，谎言就可能是很好的事物。假设某人对你说：“某某是怎么死的？”实际上他是在竭力杀死一个无辜的人的时候死的，但是你不说实情，因为太令人痛苦。所以我说，知识和快乐可能是不一致的，可能是不相容的。在有的情况下，说谎是为了让人避免困境，或者在专制制度下挽救自己。 207

贝阿塔：但是这样做降低人格。

伯林：你太娇嫩，你的道德意识很细腻。我恭贺你。但是，人是通过学会表演来度过艰难时世的。我从来不必那样。但是在你的处境中，想要避免几乎是不可能的。你没有表演——这个事实使得你的本性完全没有伤痕、没有受到损害。你可能没有道德的伤痛。没有什么懊悔的事。

贝阿塔：在这一点上，我感谢我父亲。他为我树立了道德范例。战争刚一结束，因为他的信念，他受到了严重的迫害。在秘密警察记录中，他被贴上“苏联敌人”的标签。他为地方政府工作，虽然感受到持续的压力，但是他没有入党。所以，虽然他聪明能干，总是不见提升。

伯林：他依然不妥协吗？了不起。波兰人就是这样的。波兰伟大的地方，就是波兰人的勇气，虽然这个国家有不少的错误。他们站起来了。反对那个制度的第一道裂纹，就在波兰，不是在别的地方。

贝阿塔：但是这样的勇气常常有点疯狂，完全不计代价。

伯林：我知道，但是有疯狂的勇气总比胆小怕事好。我不是责备胆小的人。至少怯懦不会导致流血。太勇敢也是可怕的，因为那就意味着你去杀人，或者被杀。当然，在危机四伏的时代，挺身而出是有尊严和高尚的事。

贝阿塔：对于我来说，这些事情是深深地根植于我们的历史之中的。您知道，我们有过疯狂自由的时期，这个时期一定是在我们的基因中保存了下来。虽然柏拉图说，太多的自由是悖论的。

伯林：在什么时候？

贝阿塔：十七世纪和十八世纪。在西方正是绝对君权制度，而我们有这个 liberum veto（一票否决：自由否决权）的
208 制度。[1] 这就等于要求投票必须是完全一致的，这是完全不现实的和荒唐的。在两个多世纪中我们也有“自由选举”的机制。[2] 一票反对就可以推翻一切。

伯林：好！疯狂是疯狂，奇妙也是奇妙得很呀。

贝阿塔：绝对的疯狂，造成了无政府主义。

伯林：反抗是宏伟的。你们反抗了，你们的朋友们现在正在反抗。门打开了。我很高兴你看到了这一天。

贝阿塔：我真不能相信。

伯林：你以后的日子还长：快乐、民主和自由的生活。能够享有选择和反抗的生活。不要相信现在的情况会永远存在下去。不可能的。情况可能变得更糟，但是也可能变得更好。世

[1] 波兰在 1652—1791 年期间实行这一制度。
[2] 自由选举（election viritim），亦即，国王由全体贵族选举的原则，于 1573—1791 年间在波兰实行。

上没有一成不变的东西。这是老生常谈，但也是你能够做计划、展开行动的理由，明天会更好。

贝阿塔：希望如此。

理论的影响

贝阿塔：还得打搅您一下，可以吗？这是我最后的一个问题。约翰·格雷在他最近的一本书里写的东西我觉得有怀疑。想知道您有什么看法。这段文章是："后自由主义理论推理形式的特点是，我认为，在放弃对于普遍正义或者权利原则的研究和把思想返回实践的变迁的同时，它也放弃了自由派的幻想，亦即，理论能够控制或者在实质上指明实践的道路。"[1]

伯林：不对。

贝阿塔：我感受过理论的力量。

伯林：正是，但是理论能够而且应该影响实践，这是不会错的。如果你有正确的理论，就没有理由说它不能影响实践。如果因为所有的理论都是一种监狱，所有的理论都是一种意识形态，所有的理论都是锁链，而否决这样的理论，是错误的。

贝阿塔：关于这一点，我问过他，他说，理论能够做的唯一的一件事是破坏。

伯林：不对，可以建设。

贝阿塔：您能够举出一个实例吗？

伯林：约翰·斯图亚特·穆勒有一个理论。就连洛克在他的时代也有建树。美国的民主背后也是有理论的。杰斐逊和 209

[1] 格雷，《自由主义》，第 236 页。

麦迪逊，所有这些人都是受到了古典理论的养育的。美国是一个完全建立在理论上的国家。它没有宗教。它有一种民族理论。美国是由形而上学与纯粹的推理创造的第一个国家。美国不是完美的，但是美国人生活所依靠的理论，闻名的美国生活方式，他们所信仰的民主，乃是一股向善而非逐恶的力量。还有其他的事例。1917 年的革命，2 月和 10 月之间的临时政府，是绝对地建立在理论上的。保持得不久，但那是俄国感受自由的仅有的时期。在 2 月和 10 月之间那一段时期，存在了某种真实的自由理论，人民感觉得到了解放。对于很多很多人来说，那都是一个快乐的时期。再看看法国大革命。“自由、博爱、平等”是有内容的；摧毁封建权利和摧毁压迫人的教会是很好的。都是以理论的名义完成的，完成的都是好事。后来就走得太远了，造成了恐怖和可怕的暴政。于是就说这样的理论是破坏性的和奴役人的，那则是错误的。假设理论不是一个无所不包的、一元论的意识形态，那就可以大大地称道一番。多元论乃是一个理论。

贝阿塔：约翰·格雷的世界观构成了一种理论。理论都是坏的这样的说法本身是一个理论。

伯林：格雷把抽象的理论看成压迫你的重担。你必须从实践这学会一切。这里面有不少道理，但是走得太远了。

贝阿塔：这是一个夸张的说法。

伯林：原则是理论的一部分。人遵守原则，这不是丢脸的。有人说：“在一辆公交车上，你为什么不逃票呢？你知道因为你很灵活，是能够逃过别人的注意的。把你的车费给穷人嘛。”你说：“我做不到。”为什么呢？原则。遵守原则没有什么错误。坏的原则是坏的，好的原则是好的。就是这么简单。什么是坏，什么是好？这是解释不了的。每个人都是在内心里知道。你解释你为什么不喜欢那制度的时候，你所知道的就是这个。你知道破坏是坏事，奴役是坏事，遭受非人化是坏事。你是怎么知道的呢？

贝阿塔：知道就是知道嘛。

伯林：说得对，这就是我的意思。 210

1995

我和伯林最后的两次会见（1995年5月17日和24日）被约翰·格雷在他新近发表的专论中提出的问题占据，特别是多元论与自由主义之间关系的棘手问题。这个问题在我们以往的会见中已经论述过。1988年，我问以赛亚·伯林关于他政治哲学中的这两个主要论题之间的联系问题，他的回答如下：

> 我的多元论可以说来自我的自由主义，而我的自由主义来自我的多元论，但是二者都是来自价值观的互不相容性质。这是关于我的心理学的论断。在我考虑到成为一个多元论者之前，我是一个自由主义者。我又为什么是一个自由派呢？因为，即使我不同意别人，我也看不出来强迫别人、让别人的目标受挫的理由。

但是，三年之后，他提示说，“在某种意义上，多元论来自言论自由”。在这个节点上，我觉得混乱，尤其是我阅读拉明·贾汉贝格鲁《伯林谈话录》时发现了关于这个问题的两个论断，在连续的语句里，这两个论断很难协调。[1] 因为研读了

[1] “我相信多元论和自由主义，但是这二者并没有逻辑上的关联。多元论蕴含着[……] 最低限度的宽容。”贾汉贝格鲁，《伯林谈话录》，第44页；比较上文第82页，下文第225、287、290页。

约翰·格雷的专论，我发起攻势，决心取得最后的解决。我亲眼看到伯林考虑这个问题。对于我的纠缠不休的问题，他寻找过答案；先是在我们的谈话之中，然后是在书信之中。在他接近他最后给予我的答案的过程中，他的观点一直在变化。

伯林逝世以后，多元论—自由主义的关系成了多元论运动 211
内部得到最热烈讨论的问题之一。我知道，伯林思想的继承者当中有些人偏向于纯粹的解决答案，所以对于他有些杂乱的观感及其模糊的结果可能觉得失望。对于伯林的不确定性和非连贯性，他们可能感到不满意，就像我一度的感觉那样。但是我厌恶审查他的观点的想法；我认为应该如实地表达和面对他的观点。有两个因素，潜在的不够满意的读者应该注意。第一，这是完全没有准备的、自发的谈话。因此，如果期待谈话中的这些观点应该是经过深思熟虑的、鲜明的和精确的，就有违背常理之嫌。第二，同样违背常理的是，期待这位哲学家能够果断地解决纠缠一团和颇具争议的问题，而这位哲学家一生都在避免建造某种严格的体系，却又常常给出“又是、又不是”的、半途的解决答案。我认为，作为一个思想家，他的角色乃是把一根长棍扎进马蜂窝，而不是为棘手的难题提供解决办法。也许他在十多年前给予我的启发还会引发出进一步的讨论。果真如此，这个启发所发挥的作用将会像其他的思想一样；这些思想虽然没有得到伯林的阐发，却是蕴含在他的思想遗产之中的。对于他的视野见地加以细心、包含敬意和有想象力的重建，能够把这些思想发掘出来。

212

1995 年 5 月 17 日

自由主义与多元论之间的关系

贝阿塔：约翰·格雷在他最近的一本书里提出的问题首先引起了我的注意，这就是：他对自由主义和多元论之间关系的有争议的观点。我记得我和您以前谈到了这个问题。但是，您是否可以再返回这个问题呢？

伯林：从自由主义你是不能够走到多元论的，因为你可能持有一种十分霸道的和完全教条主义的自由主义，你这个自由主义说："这就是真实。我，一个自由派，我说的话都是真实的，其他的一切都是错谬的。我不允许不同的见解。我已经发现了答案，发现了如何生活，答案是自由论的。"所以，如果你不是一个多元论者，也可能是一个自由派。[1] 每一个运动都可能是霸道的、强迫性的：不许可人们成为——不管什么——保守派；不允许成为罗马天主教徒。世俗的自由主义能够成为一个教条主义的运动。

贝阿塔：但是您得允许某种程度的自由。

伯林：是啊，但不是多元论。自由，当然，就是"自由派"的意思。肯定的。在一个自由的制度下，有一千种事情

[1] 伯林在 1998 年 4 月的一次谈话中也论述了这个题目："你是一个客观一元论者，你知道二二得四，你知道明天是星期一，你知道民主好，专制坏。但是，你是宽容的。这是完全可能的立场。绝对主义的自由论者都知道，某些价值是永恒的、客观的，适用于一切人。但是他们不相信强迫。他们宁愿人有误解，也不愿意让人进监狱。这是非多元论自由主义的一个案例。"

都禁止你去做。但是这并不意味着从此你可以推断出价值观的某种多重性的存在。也许是，也许不是。作为一个自由派， 213
你可能是十足的一元论的。我倒并不认为自由派是一元论的，但是，在理论上，你可以想象某种一元论自由主义简单地说："这就是答案。"例如，约翰·斯图亚特·穆勒就可能如此。

贝阿塔：或者弗里德里希·哈耶克。

伯林：哈耶克，是的。对。

贝阿塔：自由市场是一切的答案。

伯林：但是，这是教条主义的说法。换句话说，大部分的自由派，显然，都可能是多元论者，不过，不存在什么逻辑的关系。反过来呢，有的。从多元论到自由主义，是有某种联系的——直接的，而不是松散的联系。因为如果你是一个多元论者，当然你一定会允许广泛的差别存在的。这就是多元论：我理解另外一种文化的做法；我理解人们可能有不同于我的价值观。我能够理解人们怎么能享有建立在不同于我的原则上的生活。我不接受它们，但是我知道人是能够成为一个人，成为一个有道德的、完全有尊严的人，而又能够接受它们。我能够看出来，充当一个罗马人是怎样的。我不喜欢罗马人在舞台上处决罪犯或者奴隶——实际上他们杀死了这些人——但是我知道，存在着允许这类事情的一种文化；这种文化不是不人道的，那种生活是可能的。你一旦允许它，你就不可能不是自由派。非自由派多元论是不存在的。所以，存在着某种联系。因为你一旦允许同样有效的信念体系存在（这些体系不同于你的体系，你可能痛恨，但是你不想压制，你允许其作为生活方式存在），你就能够理解人们为什么那样地生活。你的确能够理解他们的价值观是什么。

让我往回追溯一点吧：我不接受关于先验的普遍价值观的观点。另外一方面，准普通的价值观的确存在——在大多数时代里、在大多数国家里的很多很多人都相信的价值观，事实上把我们团结了起来。每个人都赞成真实、反对虚假；每个人都赞成勇敢；每个人都赞成某种程度的正义，否定这一切的人不在范围之内。而在范围之内，区别可能产生——这就是多元论——这种多元论使得有可能和这些其他文化之内的人交流，即使你拒绝那些文化。如果是这样，那么你就是一个自由派。你必须允许信仰的自由、文化的自由、各种价值观体系存在的自由。

贝阿塔：这是对格雷给予的例证的回答吗？因为他说多元论破坏了普遍性的要求；可能存在特殊主义的独裁制度——他
214 提出神道教、正统犹太人的例证；[1] 他举出一个进了修道院的修女的事例，她一旦做出这个决定，她的选择自由就受到严格的限制，但是那仍然是一种有价值的生活。

伯林：他是作为一种生活方式来接受它的。从此可以看出什么道理呢？

贝阿塔：我们可以想象一种十分独裁的制度，比如神道教。在某种方式上，它不否定多元论，因为它可以接受不同的特殊主义的制度，虽然这些制度具有完全不同的价值观体系。

伯林：“接受”？我不肯定。如果你有一种十分独裁的制度，是不大可能接受不同的制度的。它可能和这些制度相处，

[1] 格雷，《以赛亚·伯林》，第151页，本页和下页有引文。

打交道，但是不会接受其效力。

贝阿塔：但是假如它不是普遍性的呢？比如正统犹太教徒？

伯林：他们大概也是普遍性的。所有的人都应该是犹太人，其他的一切都是虚假的。不。他们不是多元论者。如果你属于一个宗教，例如，特别是属于一个教条性的宗教，它说，“我们信仰的才是真理，其他一切人相信的一切的东西都是错误的”，那你就肯定是反对其他的信仰的。为了物质的理由，你可能不会和他们争斗；但是，一旦可能，你会争斗的。伊斯兰教需要让整个世界都是穆斯林的：伊朗的阿亚图拉都相信，只有在每一个人都成为穆斯林的时候，世界才是一个妥当的世界。对于一个正当的世界，其他一切的事情都是障碍。一个完美的世界是有的——伊斯兰世界。他们不是多元论的。不可能是。也不是自由派的。

贝阿塔：但是这肯定不是格雷想到的伊斯兰的范例。请您看一看这一段好吧：

> 让我们先来考虑一下旨在把价值多元论与自由主义联系起来的三个论据中最后的一个，亦即，独裁社会或者非自由社会或制度必然要否定价值多元论的真实。这一点只适用于那些非自由的秩序，这些秩序根植于多元论的真实所铲除的那些西方式普遍论的前提之中。的确，价值多元论破坏非自由派社会的普遍性要求——就其基础而言，这些社会是马克思主义的、功利主义的或者实证主义的，柏拉图主义的、基督教的，或者穆斯林的；但是，迄今的人

类历史，和人类未来可能有的前景，都充满了另一些非自由的文化，从这些文化声称所包含的价值观来看，它们都是特殊主义的，而非普遍性的。印度教、神道教或者正统犹太教学说保持的独裁制度，都简单地寻求维护一种地方性的生活方式，不提出价值多元论所颠覆的那种普遍性要求。为了这样的非自由社会而需要提出的全部申诉是，这
215 些社会包含了有价值的生活方式，而这些方式将会因为实行选择的自由而受到贬损，或者摧毁。如果这一点得到承认，为什么不受阻碍的选择之价值还总要击败这种选择会消除的生活方式呢？如果价值多元论是真实的，这又怎么可能呢？[1]

伯林：是的，这一点我明白。他在普遍的一元论——这是我想要给它的称谓——和神道教、正统犹太教之间划出区别：前者说，这是唯一的道路，你不能反对它，没有选择的可能，而后者则直接地想要保存某些生活方式，但是对自己以外的一切都不感兴趣，换句话说，不去制止他人按他们的方式行事。我不觉得这里有什么真正的区别。犹太人、神道教徒或者印度教徒这样做，因为，大概，他们或者对他人不感兴趣，因而在这一意义上，对于他们来说他人是不存在的，或者因为他们没有办法让全世界都完全成为印度教徒、犹太教徒或者神道教徒，但是，如果有办法，他们当然要这样做。有些地方性的社区不禁止他人自行其是。我要说的就是这个。马克思主义是普

[1] 格雷，《以赛亚·伯林》，第 151 页。

遍性的，基督教是普遍性的，但这些则是教派，或者是有局限性的宗教，他们说："在我们的特别的世界里，我们不允许一切选择；但是你在外面做什么，我们是不管的。"

贝阿塔：但是，在这个意义上，他们可能是多元论的吗？

伯林：嗯，他们说：发生什么事，我们不管——你不是一个神道教徒——一切尊便。就像你那个修女一样。在修道院之内，你是不自由的。到了街上，人人可以自作主张。

贝阿塔：就是说，格雷是对的了？

伯林：价值多元论颠覆了普遍的要求。但是，这些群体不提出普遍的要求，他说。因此，多元论不颠覆他们。

贝阿塔：反之亦可以讲。他们可能是多元论者。

伯林：这有什么意思呢？意思是你怎么做他们都不介意吗？

贝阿塔：他是说你不能够从一个多元论的真实中为自由主义找到理由。

伯林：不对，他是说，普遍论不能和多元论妥协。有普遍的要求——只有一种生活方式是正确的。在事物不是普遍性的地方，在事物是地方性的地方，它们就是和多元论相容的，多元论也和它们相容。

贝阿塔：当然，他的观点是，如果你是一个多元论者，这不是指你必须接受自由主义。你可能是一个神道教徒，不接受 216
自由主义。

伯林：他的论点是：如果你对某些价值观提出普遍的要求，你就排除了在这些价值观和其他的价值观之间加以选择的机会；但是如果你不提出普遍性的要求，你说："我们神道教信徒这样生活；你怎么生活都没有关系，尊便，我们不加干涉——我们不禁止你做非神道教信徒。”这就是多元论。

贝阿塔：所以多元论不蕴含自由主义。这是他要证明的，用这个。

伯林：换句话说，多元论能够蕴含神道教？

贝阿塔：是的。

伯林：不，多元论能蕴含自由主义。神道教信徒对于世界其他的部分是持自由态度的。如果你是一个多元论者，那么，必定在有些地方，不同于你的某种选择是得到允许的。

贝阿塔：但是格雷说，如果成为多元论者，并不蕴含自由主义。

伯林：嗯，我认为是蕴含的。

贝阿塔：因为神道教信徒对于世界其他的地方是持自由态度的。

伯林：是的。不然他就不是一个多元论者了。正因为如此，多元论，在这个意义上，才必定蕴含自由主义。

选择乃是人性的一部分——基本的自由——自由和干涉

贝阿塔：您写道，人的处境的一种不可避免的必要条件是做出选择。[1] 那就让咱们考虑一下这个修女吧。这是我对这个事例的疑虑。她做出了这个选择，所以她的选择范围狭窄得多。

[1] “自由——如果没有些许的自由，就没有选择，因而也没有可能保持我们所理解的人性。”伯林，《追求理想》，参见《人类的恰当研究》，第 10 页。

伯林：她放弃了她的自由。

贝阿塔：和她的很多选择。因此她的人性减少了吗？

伯林：没有。自由也没有减少。她这样做是有意的。她把门关闭了。她做出了选择。她能够再打开门。她可以离开修道院，她可以一下子突然变成无神论者。

贝阿塔：集中营里的囚徒呢？他们的人性减少了吗？

伯林：不，因为他们能够选择。是他人禁止他们实现选择的，但是他们知道，如果他们能够选择，他们会选择的。选择 217
不会带来实现已经选定的方案的机会。选择意味着设想事物如何与其现状不同。如果我被捆在一棵树上，我是不自由的，但是我不会变得非人性。如果我要求更多选择的愿望蒸发了，如果我不再想要选择，如果我不再知道什么是选择——我就变得非人性。

贝阿塔：如果我理解得不错，您现在是指基本的自由。我们以前谈到过这个题目，但是我想不起来在您的著作中有对于基本自由概念的解释。

伯林：我还是解释解释吧。在我的书里，我应该解释清楚，但是我没有。真的需要增补。“自由”有两种意义。一个是普通的政治自由——消极自由和积极自由——这是我寻求的价值观。在我寻求的一种社会里，人有做法律允许的一切事情的自由；但是，当然有其他的价值观可能和自由发生冲突，比如安全，比如平等，这些都是和它不完全相容的——自由就必须在一定的程度上受到限制。我不能够允许人们自由杀人、把他人关起来、让人在街上挨打。我限制自由，是为了给其他某些价值观留下空间，例如安全、幸福、正义——全部其他的事情。自由被实现某些其他价值观的需要压挤，你要尽可能地取得某种妥协。这是规范的意义：政治自由。法西斯主义是在这一意义上拒绝自由。

然后是某种基本的意义，就是择取。择取就是选择的能力，这是任何东西也不能消除的。你不能说必须择取是枯燥乏味的，必须择取是相当困难，择取常常是很痛苦的。让我给你一颗药丸，你服用了以后就不必再择取什么了。你做一切事，都会多多少少机械地做。各种事你都做，因为你愿意做。没有一点变换的机会在你面前出现。这颗药丸你还服用吗？那就是要把你非人化。这是基本意义——完全不是政治自由。这里自由的意义，是指选择乃是作为一个人的证明的一部分。实现你选择的能力与此无关。你也许没有实现选择的能力。你选择不被捆在一棵树上。如果被捆上了，你没有办法。但是，被捆在那儿你舒服吗？不舒服，你选择自由。很抱歉，我不能给你。但是你要择取。

贝阿塔：如果说消极自由具有一种社会语境，基本的自由仅仅涉及个人吗？

伯林：是的。作为一个人，这是本质的，对我来说。不能
218 进行选择的人，在心理上不能选择的人，在那种程度上还没有成为人。例如，人能够被催眠。被洗脑的人在一定的程度上是被非人化的。他不再选择。成功的洗脑指的就是你只走一条路。有人说："遇到其他的机会呢？""其他的机会，你是什么意思啊？根本就没有。我就想不到什么其他的机会。不明白你是什么意思。唯一正确的事是这个，我做就是了。""但是你没想到你也许会做点别的事吗？虽然你不愿意，但你是能够做

别的事的，怎么样呢？可以想象你自己做的和现在你做的事不同。”“我想不出来。”那么，在某种程度上，你缺乏人的秉性。

贝阿塔：我们讨论洗脑的时候，您的答案是，那是给一个人的积极自由设置的障碍；您没有谈到基本的自由。

伯林：我知道。所以我必须在基本的自由和这些政治自由之间划分出这个区别来。肯定是对积极自由的一个障碍——我现在不是主人——但是，对于作为其根基的基本自由来说，甚至是一个更大的障碍，这一点我本来是应该说清楚的。

贝阿塔：作为两种自由的根基，消极的和积极的？

伯林：是的。二者都取决于它。

贝阿塔：可以说，这涉及一个人的能力。

伯林：当然。如果你把人洗脑洗得他们不再能选择，他们就像是受到催眠的人了。如果你把他们洗脑洗得足够多，他们的行为像僵尸，像玩偶，那我就认为你剥夺了他们一定程度的人性。

你和一条狗不一样。狗是不选择的。狗遵循本能，动物看样子不太注意选择；如果我拿出一块肉来，它不可能不朝着这块肉走来。就连洗脑也允许人享有某些基本的自由。你可以站起来，也可以再坐在椅子上。你可以点着一根香烟，或者不点着。有的基本自由保存下来，但是很多自由失去。选择变得有限。选择变成零的时候，你也就不再是一个人。

贝阿塔：关于这一点，您从来没有写过文章吗？

伯林：没有，应该写的。把这个问题放过去了，是十分错误的，我感到遗憾。我谈过，讲课也讲过，告诉过听众，但是从来没有动笔书写。没有。

贝阿塔：约翰·格雷写文章谈论您的消极自由概念的时候，他说："消极的非自由不必非有那种他人故意的干涉，那发生在运用了强力或者强迫手段的时候。"[1]

伯林：能够受到人的行为的限制，这限制实际上关闭了一
219 道门，不然这门是会敞开的。有时候我故意把你绑在一棵树上，把你推进监狱。我颁布一条法律，禁止你去一家旅馆，因为这个旅馆排斥犹太人或者黑人。这是对消极自由的故意限制；但是我也能够制造一个环境，让你不能做，因为你做不到——这并不是有意把你关在外面，但是事实上把你关在外面了。

贝阿塔：这其中的含义就是，被认为不正义和施行剥削的社会经济制度构成了对于消极自由的障碍。我疑心这听起来真的像马克思主义。就是说，在自由派和马克思主义对自由的理解之间是没有区别的？听起来就是这样的啊！

伯林：区别是有的，因为马克思主义说，唯一的一种自由就是经济自由；但是还有其他千百种的自由。

我在想，人还会有什么行为虽不严正要求制止你，但是事实上还是制止了你。例如，商店在礼拜日关门这一事实，不是马克思主义的。礼拜日你不能买东西。用意是让拥有商店的人休息一天，把自由给予店员，让他们有一天不必工作。你应该给某些工人假日，这就意味着，在这样的日子里你买不到这个，买不到那个。本意不是阻拦你，但是造成了这样的效果。

有一个告示牌上写道："禁止穿越草地。"这是对于消极自

[1] 格雷，《以赛亚·伯林》，第 27 页。

由的真实的制止。现在让我们想一下不那么做的事：在议会选举里，你必须获得多数的选票。如果你属于少数派，这个情况就制止你把你要送进议会的人士送进去。这是对于消极自由的一种剥夺，虽然本意不是如此。你有多数人治理的规矩。多数人治理的意思是，有些事不能做。你可以接受，或者不可以。如果你是一个无政府主义者，你就不接受。如果你不是无政府主义者，你接受。但是，这当然是人的行动，事实上关闭了某一道门；在这个个案中正是这样。格雷说的意思是，有意的剥夺自由不是唯一可能存在的剥夺。还可能是某一法律，或者某种安排带来的结果，这些安排不是要制止自由，但是却造成了这样的结果。

什么是价值观？——善与恶

贝阿塔：格雷写道："不明显的是价值观涉及了什么——各种善、选择、美德，善的全部概念，或者完整的文化传统，或者生活方式，或者一般的需求与偏好。"[1] 220

伯林：我来告诉你什么是价值观。价值观是各种善，不是美德，不是善的完整概念或者文化的传统。价值观就是我生活的凭据。价值观是我终究要追求的。

贝阿塔：价值观必须是好的吗？我想问，我是否可以选择坏的东西呢？

伯林：是的，但是，如果你是为了它本身而选择，它对你就是一种价值。不一定非得是好的不可。价值观就是价值观。

[1] 格雷，《以赛亚·伯林》，第 49 页。

价值观就是这些目的——并不就是其本身，而是各种连接关系、视界——就像我做的某些事情的网络，那些事是我为其本身而做的，不是做某种其他的事的手段：我做我所做的事情的目的。说价值观，我是指我所看到的目的，我为了这些目的生活，这些目的和其他的目的交织在一起，造成一种目的网络。狂热分子们有一个目的，你和我有十七个。我说的价值观就是这个意思。

贝阿塔：您常常使用“终极价值”这个术语。

伯林：终极价值是那些本身不是其他事物手段的目的；你是为这样的目的做你所做的事的。

贝阿塔：这是您自己的一个术语吗？

伯林：我说不出来是从哪儿得到它的。我认为这很正常：最终的价值观，终极的价值观，最终的目的。为了做而做的事。你做这些事，因为是这些事本身，不是因为它们是其他某事的手段，或者甚至与其他某事有关系。

贝阿塔：格雷也写道，您的多元论涉及善与善之间和恶与恶之间的冲突。是这样吗？恶与恶之间可能有冲突吗？

伯林：当然可能有。法西斯主义和别的极权主义之间也可能有冲突。但是，我感兴趣的主要事物当然是善与善的冲突。

贝阿塔：您认为，什么是善、什么是恶呢？我不知道什么是您的标准。

伯林：嗯，这是一个单独的问题，道德哲学中的一个核心问题。我想，某些善，伟大的善，都是在许多时候的许多国家里许多人认为是善的东西。这是核心。除此之外，像休谟说的，善就是人们生活的依凭。但是“恶，你就是我的善”，这是撒旦在弥尔顿的诗里说的——我一直也没有明白。意思就是恶是我所追求的。威尔第的歌剧《奥赛罗》中的雅戈唱道："赞美恶神。"他的目标就是作恶。这个我理解。我不相信先验的客观的善或者客观的恶。我倒愿意相信这个，但是我不信。 221

贝阿塔：但是，善不仅仅是一个信仰的问题，在这一意义上，善是客观的，在经验上是知识的，对吗？

伯林：是的，例如，穆勒说："快乐是唯一的善。"我不认为它是唯一的善。他为什么说这样的话呢？因为，他说，这是人们的想法，人们所接受的。我不明白他为什么这样说。他对功利主义的辩护是，无论你以为你在做什么，到最后你都会发现你要做的事都真的是有用的。不是的。我可以举例反对他——一个关于善恶的有趣的例子。但是我回答不了你的问题。关于善与恶，我只能说的话是：善与恶是我们最终接受或者拒绝的东西。不是作为个人的我们，而是我们乃是一种文化，一个群体。若非如此，交流就是不可能的。

贝阿塔：但是，在这一意义上，这些价值观都是客观的。

伯林：只有在这样的一个意义上才是：这些价值观属于我的 Kulturkreis（文化圈），我的文化，我的生活方式，亦即我和他人共同的生活方式。中国人想些什么不影响我。那是他们的生活观。

我来给你举一个功利主义失败的例子。假定有一个岛屿，上面有两个城市，彼此互不往来：处在完全的绝缘状态。每个城市都是施虐狂的，两个城市喜欢的唯一的事是设想他人受苦。每个城市都错误地相信，另外一个城市正在经受地狱的痛苦。实际上没有，但是每一方都认定对方如此。每个城市都兴高采烈地观赏对方正在遭受折磨这样一个虚假的命题。这个岛屿出了什么毛病呢？有什么地方不对头啊。两个城市之中都有巨大的欣喜，那还有什么毛病呢？是出了毛病，因为我们认为，因他人身受折磨而幸灾乐祸是恶劣的。不仅因为这会导致人们制造损害，而且因为其自身，内在地；为他人遭受折磨而欣喜的理念，我们视为邪恶，必定排斥。我说邪恶，是什么意思呢？天知道。我、我的文化、我的群组、和我一起生活的人、我认识的人、和我能够谈话交流的人，都认为是邪恶的东西吧。我不能超出这个范围。其他千百万人也持有同样的见解。这完全是经验论的。

贝阿塔：是的，但是，另外一方面，您称善与恶为范畴。您怎样协调这两个观点呢？我记得请教过您，提出过这个问题：如果全部的价值观都完全是经验论的，您为什么不称之为社会学概括呢？

伯林：它们包含规则，包含理想。

贝阿塔：但是它们同时不都完全是经验论的吗？

222 伯林：只因为一切都是。对于我来说，说到底，一切都是经验论的。经验是我们拥有的一切。如果你不是一个基督徒，如果你不信上帝之言，如果你对某些事物没有一种将其视为绝对物的直觉（我就没有），你能到哪儿去求助呢？成为经验论者就是这个意思。正因为如此，就有人攻击我，因为这些人的确相信对某些事物的先验的概念。

对我来说，与众不同的是 G.E. 摩尔的《伦理学原理》。他说，善是简单的、不能分析的品格，你看它，就和你看到黄色一样，是凭直接的感受。你用你自己的眼睛看它。我想，如果某种反例发生，那就得放弃电话不能变成鹅的假设。我认为不会，但是原则上可能发生。然而，有人确实相信绝对物，例如，摩尔认为善是一种单纯的品格，你对它的观察就像黄颜色——黄颜色不可能不再是黄颜色，它不能变成别的东西。这样的人真的相信客观的不变的价值观，一种有魔力的眼睛看到的价值观。如果这是真的，那该多好，生活会变得简单得多，但是，我不信。

贝阿塔：就是说，价值观是稳定的，但是另外一方面又不是。

伯林：又不是，我同意。不是那么固定的。

贝阿塔：所以答案是：又是，又不是。

伯林：答案永远是又是，又不是。对全部经验论的问题，对全部生活问题的答案。你是跟什么人恋爱了吗？又是，又不是。

贝阿塔：像我们前任的总统（莱赫·瓦文萨）："我赞成，又甚至反对。"他说过。

伯林：说得好。

1995 年 5 月 24 日 224

棘手问题重审：多元论蕴含自由主义吗？

贝阿塔：约翰·格雷的主要论纲，我们上次讨论过了，大意是，自由主义只是多元论者选择菜单上的一项而已。您的回答是，多元论必定蕴含自由主义。但是在您和拉明·贾汉贝格鲁的谈话中，您说："多元论和自由主义不是同样的，甚至也不是重叠的概念。有不属于多元论的自由主义理论。我相信自由主义和多元论，但是二者没有逻辑上的关联。”[1] 您说过二者没有联系，是吗？

伯林：不对。我指的是，没有逻辑上的蕴含关系。多元论很可能被完全疯狂地把持。这就是说，你有你的信念，你认为其他的全部信念都是完全错误的，遭到你的排斥。你可能是一个多元论者，但是毫无宽容精神。你可能是个多元论者，你说，我完全理解其他的观点是什么。我深刻理解罗马人说的话，充分理解什么是民族主义，我也理解什么是反民族主义。这些东西，我全理解，但是必须拒之门外，不然对国家就是一种危险。所以我强加某种十分严格的正统思想。我可以解释其他的运动，我理解这些运动，我看到一个人可以投身这些运
225 动，但是我不让它们进来。这样的人是没有的——这是纯粹理论上的——但是可能有人是这样的。

贝阿塔：您现在说的话和上次会见时候说的话很不相同啊。

伯林：没有啊，完全一样的。这是一个性质极端的想象的个案，是不太可能出现的。我上次说的是，多元论不蕴含自由主义；这是对的，现在我还认为这样。如果你是一个多元论者，因为你具有理解不同于你自己的观点的能力，你就必须允许一个世界存在，在这个世界里，人们追求全部这些事物，即使它们互不相容，即使你反对其中的某些。但是你可能遇到一

[1] 贾汉贝格鲁，《伯林谈话录》，第44页；比较上文第82，211页，下文第287，290页。

个人是孤立的例证，他说：我完全理解这些运动，我十分理解人们为什么相信这些运动；我认为他们都是正派的，相信这些运动的人，我认为他们当中有些人是深刻的。我要让一种学说占上风。

贝阿塔：所以可以说您不反对格雷的主要论纲？独裁的制度，比如神道教和正统犹太教，据他认为，都不在乎局外人怎么样，但是它们却限制内部人士。

伯林：这样的情况可能出现，但是我不称之为多元论。那是某种十分怪异的多元论的极端事例，因为它相信，在一个国家里必须实施一种单一的学说。这是很缺乏宽容精神的。他们说：我理解全部那些事情，我自己早经历过、见识过了。我曾经是共产党，我曾经是托尔斯泰主义者，我是这个，是那个，我充分理解人可能怎么样。但是我不会允许这一切，因为这会给国家带来危险，因为我们的处境，我们不能允许言论自由。我不认为事实上有这种情况，但是在理论上这很可能是一种立场。

贝阿塔：就是说，对于自由主义来说，没有普遍性的理由。

伯林：没有逻辑的联系，这是我全部的意思。有某种心理学的联系，有某种政治的联系，但是没有逻辑的联系。现在学究气十足了。

完　美

贝阿塔：约翰·格雷的《恒定与区别》一文里有一段，我想请教您：

> 伦理学中不可比性的理念，对于道德理论中所有的标

准立场都是一种侵犯，但是还不仅如此。这是对于至少自柏拉图和有关“善的形式”学说以来就驱动着西方思想界
226 的完美概念的批评。而且，这还是对于在圣奥古斯丁和托马斯传统中、弥漫了西方神学的神性理念的批评；在这些传统中，神性完美的一个属性就是将全部的善包容在其本性之中。如果基本价值观中的不可比性的理念是完备的，则在这些核心的西方传统中得到理解的完美理念本身就是不连贯的。这对于传统的思维方式都具有最激进的和颠覆性的含义。它的含义是，至少在原则上存在的一种最好的生活方式把全部的人联合了起来——这个作为全部普遍性宗教组成部分的观念，设想得都是错误的。它的后果是神正论也是设想得错误的，在神正论中，区分了我们实际经验的价值观冲突被揭示出仅是表面的。在这些传统的理解方式中，终极价值观之间明显的冲突表现出来我们的理解力中，或者可能人性中的多处不完美。就我的理解而言，在伯林看来，这样的冲突并没有表明我们的感受或者本性中的不完美之处；这样的冲突反映了世界上万事万物的终极之道。这些冲突的现实性和深度证实了完美理念本身的某种缺陷，而不是我们的理解之不完美。[1]

伯林：我完全接受。

贝阿塔：是不是太尖锐了？

[1] 格雷《恒定与区别：以赛亚·伯林对精神生活的贡献》一文荷兰语译文的原文，Nexus 12（1995），第5—15页。

伯林：不是。是很尖锐，但也是正确的。也许可以补充一句，存在着完美理念，但是这个理念不是我们能够理解的。也许存在着另外一个世界，在那里全部的正义和慈悲是一，一切都是一，知识和快乐可以结合起来，诸如此类。但是，超过了我们的理解力。奥古斯丁相信消极的神学，这意味着我们说的关于上帝的任何的话都是虚假的，因为我们是人，我们是有限的，上帝的品格不是我们的品格；而你使用和世上的事类比之法谈论上帝的话不可能真实，因为上帝超越了这一切。我们必须说，我们不知道他是什么样的：我们信，但是我们不理解。这是唯一的出路。

范畴重议

贝阿塔：还有一件重要的事。格雷写道：

> 迄今，我们看到伯林将［范畴］视为人类学的概括，
> 并且设想是在经验上知晓的。与此同时，在他明确讨论我 227
> 们对于这些“范畴”的知识的时候，我们发现，他在否认这些范畴（或者我们对这些范畴的知识）是直截了当的经验论的，虽然他坚持这些范畴不能和科学知识的成长隔离开来。[1]

伯林：这个我可以解释一下。要点是，我们的日常经验有某些前提，是我们接受而不加质疑的。

[1] 格雷，《以赛亚·伯林》，第 67 页。

贝阿塔：听着很像是康德，对吗？

伯林：是啊，康德……

贝阿塔：但是一切都是经验论的。

伯林：……但是可能发生变化。康德是错误的。康德相信，因果论是我们解释世界的某种依据。但是它可能发生变化。如果全部物质的对象都变成了云团，因果论就很难使用。这部电话不能变成一只鹅，但是假定它可以，我们的物理学、生物学就都被颠覆。换句话说，范畴是有的——这么说吧：我们是不得不按照一些框架来思考的，但是框架可能发生变化。

贝阿塔：但是我们对于这些范畴的知识就是经验论的吗？

伯林：一切都是。我们能理解它们，因为这是我们思维的方式。

贝阿塔：但是，关于您的文章《政治理论还存在吗？》他写出了下面的话：

> 在这里，伯林的论据遵循了像汉普舍尔和斯特劳森等哲学家［……］作为哲学探索的任务，提出详细说明人的行动必不可少的“范畴”——通过某种准康德式超验的演绎法。在伯林的叙述中，是这些范畴，而不是关于人的动机或者利益的实质性要求，给予了人性理念大部分的内容。[1]

伯林：说得对啊。关于这些必不可少的范畴的要点是，

[1] 格雷，《以赛亚·伯林》，第 14 页。

这些范畴包括的事，我们都是不提问的，都认为是理所当然的——所有的人都是如此：宇宙里有些团块不是云，有某种过去和现在，时间要流逝；关于时间、空间、物质物体的理念，一如在康德那里。但是有的事物却不是十分地固定的，比如善与恶、对与错。这里是有一定程度的弹性的。有些范畴是僵化的，有些有一点弹性。

贝阿塔：但是您会说我们对这些范畴的知识是准康德的吗？

伯林：如果你愿意这样说的话，是的，因为康德也相信在实际经验范围以外我们一无所知：我们不理解本体的世界。或
者应当说，他认为我们知道一些东西——上帝、自由和不朽。 228
除此之外（对此我是不接受的），除了他的特殊种类的道德知识之外，是的，我要说，这是康德的，意思是说这些就是我们借以思考的范畴。但是它们可能会变化，那样的话我们就被投入混乱，就不知道该怎么办。有些东西是被给予的，我们接受，因为我们不得不接受。但是“不得不接受”是一个经验的命题。我不得不接受长不到六米高，我不得不接受没有办法凭翅膀飞向天狼星：但是这些都是经验论的命题。如果你愿意，可以称之为必要，但是在逻辑上它们不是必不可少的。我再回到休谟：世界还是世界，存在某些坚实的范畴，我们依靠这些范畴思考。我们按照善与恶思考，我们按照真与伪思考。你可以想象出来一个世界，那里的人不是按照善与恶来思考，但那不是我们的世界。你并不知道他们的用意，你没有能力理解他
们——但是你可以设想出来这样的一个世界。 229

文　章

1989—2005

贝阿塔: 在每一篇论文的末尾我都写上感谢您浏览过，是不是太冒昧了呢？这些文章是不是好到了配提及您的大名？

伯林: 我不在乎的。但是你不必。文章是你的——完全是你的。用不着说我看过，那样会削弱你论文的原创性，而且可能显得似乎我迫使你变成我的产物，我的工具。你应该从消极自由和积极自由方面来维护你的独立性。

牛津大学万灵学院，1986 年 7 月 13 日

这些文章是在 1986 年和 2005 年之间的年份里写出的。前面的三篇和伯林讨论过。其余的两篇是我对于他的思想进一步的研究。在写作期间，我多方使用了我们的通信和谈话。这是当时分享我可以支配的、未发表的材料的一种方式。随着这些资料现在逐渐被公布，可能有理由不从中抽取这样多的段落。但是，几乎全部这些论文都已经发表，或者在别处宣讲，所以这些论文已经获取了某种独立的地位。因此，我决定将其以本质上原初的形式收入本书，尽管有不少重合之处。

论伯林自由学说的又一个声音

一

以赛亚·伯林的著名论文《两种自由概念》，[1] 被马歇尔·科恩描述为“学究气、自夸、含混”。[2] 论文产生这样强烈的反应，也许正好表明了这篇论文的价值。但是，对于这篇论文的这一描述，却是和政治自由本身的问题相关的，因为，无疑，这个概念的性质是模糊的。虽然在哲学上如此模糊，但是灼热的自由问题，在现代世界上，是不能够被当作单纯的学术问题来对待的。就以这一点来作为对于这一漫长而繁复的讨论再添加一个声音的辩护理由吧。

二

参加这一辩论的人把伯林这一论文中不同的线索认作最有
意义的。许多人集中注意消极自由的概念，有些人批评其狭 235
隘，并且追溯它和古典自由主义的联系。[3] 但是，在我看来，伯林方法的主要价值和独特性不在于他对消极自由的讨论，而

[1] 伯林，《两种自由概念》，参见《自由论》，第 166—217 页。
[2] 马歇尔·科恩，《伯林与自由传统》，《哲学季刊》，10（1980），第 216 页。
[3] 参见考夫曼，《伯林教授论消极自由》，《精神》71（1962），第 241—243 页；科恩，《伯林与自由传统》，第 216—227 页；施泰纳，《个人自由》，《亚里士多德学会报告》，75（1974—1975），第 33—36 页；格雷，《论消极自由与积极自由》，参见《自由主义》，第 62—64 页。关于死板的消极方法之缺陷的讨论，参见阿兰，《哲学》40（1965），第 108—111 页。

在于他对积极的概念的犀利批判。论文给予这两个方面的比例证实了这一印象。对于消极的概念的解说，伯林使用了 9 页文字，而对于积极的概念的批判则使用了 24 页。有些评论家同时讨论了这篇文章的这两个线索。但是，他们大多数人集中注意的一直是两个概念之间的区别，而不是对于积极的概念的批判。[1] 有几位作者通过论证辩解掉这个区别，从而声称解决了这个问题。[2] 一个有意义的例外是查尔斯·泰勒，他对伯林对于消极的和积极的概念之间关系的整体态度提出质疑。[3] 但是，在我看来，提出和详细论证了伯林学说最独特部分，亦即对于积极的概念之批判的唯一作者，乃是 C.B. 麦克弗森。唯有这一篇讨论文章没有以某种方式错过伯林的核心论纲：有关自由的积极学说特别容易遭到歪曲。[4] 麦克弗森尝试以下列方式驳斥伯林的主要论据。他引用了伯林对于积极自由观的四个核心假设的论述：

[1] 参见格雷，《论消极自由与积极自由》，第 48—51 页；约翰·格雷，《自由与政治哲学概念》绪论，兹比格涅夫·佩乌琴斯基和约翰·格雷编（伦敦：Athlone，1984），第 4—6 页；麦克洛斯基，《自由理想批判》，《精神》74 (1965)，第 483—486 页；麦克法兰，《论两种自由概念》，《政治研究》，14（1966），第 77—81 页；David Nicholls，《积极自由》，《美国政治科学评论》，56（1962），第 114—115 页，注释 8。关于因为两种自由概念的不完备性质而提出的反对意见，参见本，《自由与说服》，《澳大利亚哲学杂志》45（1967），第 260—262 页。
[2] 参见麦卡勒姆，《消极自由与积极自由》，《哲学评论》76（1967），第 312—334 页；芬贝格，《社会哲学》(Engelwood Cliffs，NJ: Prentice-Hall，1973)，第 9—14 页；帕伦特，《关于自由概念的近期动态》，《美国哲学季刊》11（1974 年 7 月），第 149—167 页（特别参见第 152 页和第 166 页）。
[3] 泰勒，《消极自由有什么不对》，第 175—193 页。
[4] 麦克弗森，《民主理论》，第 5—119 页。虽然科恩参加了对伯林关于积极自由诸概念的批判的讨论，但是他是从某种根本性不同意的立场出发的；参见：科恩，《伯林与自由传统》，第 218，221—227 页。

> 第一，所有的人都具有一个真正的目标，只有一个，这就是理性的自我导向；第二，所有理性存在者的目标都必定适合于某种单一、普遍而和谐的模式，这一模式，一些人比另外一些人更有能力清晰分辨；第三，所有的冲突， 236
> 因此所有的悲剧，都源于理性与非理性或不充分理性因素的冲撞——与个人或者集体生活中不成熟和未发展因素的冲撞；这样的冲撞原则上是可以避免的，而且对于完全理性的存在者是不可能有的；第四，如果所有人都被造就得富于理性，他们就会遵守自己本性的理性法则（这些对于他们所有人都是完全一样的），因而他们完全遵守法律而又全然自由。[1]

麦克弗森认为，只有第一个假设是关于积极自由的全部学说所固有的。换言之，他就伯林关于“做……的自由”的观念和理性主义一元论之间必然的逻辑纽带的议题提出质疑。麦克弗森认为，第一个假设和后面的三个甚至是不连贯的。因为接受“积极”自由理念的结果不是“某种先定的和谐类型”，[2] 而是“生活的许多方式和风格的涌现”。[3]

对于同样一种观点的暗示，即理性的自我指引和理性的形而上学之间没有逻辑联系这一点，被约翰·格雷表达出来：“我认为，真实的或者理性的意志这个理念有某种有用的变体，

[1] 伯林，《两种自由概念》，参见《自由论》，第 200 页，比较上文第 142 页（注释 1）。
[2] 麦克弗森，《民主理论》，第 112 页。
[3] 同上，第 111 页。

将会在理性主义形而上学和哲学心理学终结之后长存——而在传统上，它是根植于其中的。”[1]罗伯特·科齐斯关于理性自我指引的概念也是类似于麦克弗森的：“‘自我实现’不是一个孤立的目的，而是一系列（也许是互相冲突的）目的；[2]有很多形式的自我实现。”[3]

伯林坚持他的观点，同时驳斥麦克弗森的否定意见。他认为第一个假设的含义是，对于每一个问题，原则上只有一个客观的解决办法。原则上，对于一个问题如果没有答案，或者有两个答案，这就不是一个真正的问题。这样，“作为一个理性的人的我自己的实现，必须依靠对于这个问题是什么的感知。对于这个问题原则上只有一个真正的回答。适用于我的，也适用于在类似情况下的你，因为我们都是人。”[4]

在这一点上，对于理性主义形而上学，大门都是敞开的。这样，理性的自我实现的理念在逻辑上引发出表现在后面三个假设之中的信念，如果严格地说的话。

237

三

这个问题还有另外一个维度。在总体政治理论以外的其他许多精神领域中，例如哲学、社会心理学或者文学中，人的自由问题也是一个关心的对象。反映当代文化情绪是文学的角色。我的印象是，现在，人们对待自由的比喻不经常是视其

[1] 格雷，《论消极自由与积极自由》，第 59 页。
[2] 科齐斯，《论人类道德成长的连贯理论》，第 375 页。
[3] 同上，第 386 页。
[4] 以赛亚·伯林和贝阿塔 1986 年 7 月 5 日的一次谈话。

为某种向上飞行中的空间经验。古代的伊卡鲁斯神话可以被视为“免于……的自由”的体现，虽然这个比喻可能是天真的。这个观念本身，虽然局限于社会语境，但是看来会形成古典自由主义的自由形象的基础。我们今天遇到的形象更亲近克尔恺郭尔对发展的存在阶段的选择，或者海德格尔对于真实存在的解释，而不是伊卡鲁斯的飞翔。现在代表人的自由的不再是没有障碍的空间，而是自由选择的域界。让我引用几段语句来支撑起这个题外话吧，虽然是随意择取出来的，这些语句却能说明问题。这是两位现代作家看待人的自由的方式，他们是托马斯·莫顿和阿尔贝托·莫拉维亚：

> 我不能让世界服从我。我不能让他人遵循我反复无常的遐想。我甚至不能让我的躯体服从我。我给予它快乐的时候，它欺瞒了我的期待，令我感到痛苦。在我给予自己我所认定的自由的时候，我在欺骗自己，我发现我是自己的盲目、自私和机能缺陷的囚徒……我们都十分轻易地肯定我们就是真正的自我，我们的选择的确就是我们想要做出的选择，而事实上，我们自由选择的行动（虽然无疑在道德上是可归因的）大体上受制于心理的强迫，源于我们对于一己的重要性种种放肆的理念。我们的选择常常取决于我们虚假的自我。[1]
>
> 一个人如果按照自己的原则生活，用自己内心的灵感指引自己，不必谦恭地紧盯着公认的有效规范，那他的生

[1] 托马斯·莫顿，《没有人是一个岛》（伦敦：Hollis & Carter，1955），第20—21页。

活就是美丽的。美丽的生活就意味着选择自己的道路，沿着这条路走下去，而不计必须付出的代价。在我看来，生活美丽的人就是已经有机会充分展示自己的个性的人，而不是生活得“受人尊敬”的人。人活着不是为了“受到尊敬”，而是为了表达作为一个个性的自我。[1]

238 现代的现实产生了存在主义，并且引发出人的自由这一观念本身。

四

让我们返回社会语境。在阅读弗洛姆的《惧怕自由》的时候，我们不由得注意到某些类似见解：“积极自由在于整体的、健全的个性自发性的活动。”[2]莫顿和莫拉维亚是从孤立的个人的立足点汲取他们的自由观的，而弗洛姆的概念无疑涉及了某种社会语境。这正是政治理论家应该发挥其全部想象力的地方。下面的片段在弗洛姆的读者看来是特别有意义的：“积极自由也意味着这一原则：没有比独特的个人自我更高的力量，人是自己生活的中心和目的：人的个体性的成长和实现乃是一种目的，这一目的永远不能从属于据说应该具有更大尊严的目的。”[3]值得提示一下的是，伯林的批评者之一，查尔斯·泰勒提出来一个相似的理念：

[1] 采访阿尔贝托·莫拉维亚，在波兰某杂志发表，题为《和莫拉维亚一起在颠簸道路上旅行》，《论坛》48（1977），第18页。
[2] 弗洛姆，《惧怕自由》，第222页。
[3] 同上，第228页。

> 每一个人都有自己独特的实现的形式。有些人熟知我们，在智慧上超过我们，无疑有能力给我们提出教诲；但是官方的机构不可能具有某种学说或者技巧，用以把我们送上轨道，因为，如果人在实现自我方面确实有所不同的话，这样的学说或者技巧原则是不能存在的。[1]

这是不是说，这两位作者有点想要保护他们的学说免受潜在的歪曲呢？为什么他们提出这样的告诫呢？让我们考察一下这样一种担心的根源。

《两种自由概念》提出了对这个问题的一种解释。但是，积极自由观的拥护者们会对伯林所主张的批判、可能还有他的防线提出挑战。看来值得注意他们的论证并检验可能从他们的自由观中得出的理论结果。让我们注意一个具体的学说，亦即，麦克弗森的学说。他接受了第一假设（亦即，所有的人都 239
有一个真正的目的，只有一个，就是理性自我指引），同时也拒绝了他认为乃是后面三个假设所固有的理性主义一元论——从这样同时接受和拒绝的态度中产生了什么呢？如果没有普遍的类型，自由得到积极方式的理解，则会出现无数的冲突。这是因为任何旨在调节人与人之间关系的社会学说都必定提供某种普遍的原则。古典的自由主义构建社会，是通过给予每一个个人某种独立的空间。与自我实现认同，并且脱离任何一种发展类型的自由则没有办法发挥同样作用。那么，什么能够使得积极自由学说成为一种社会学说，而不简单地是个人主义的、

[1] 泰勒，《消极自由有什么不对》，第180页。

存在主义的个人自我实现的学说呢？

我的论纲是，对于积极自由的每一种维护方法都包含某种心照不宣的、普遍性的价值，这一价值完成构建社会的任务。这一价值被视为不可或缺和根本性的。与此同时，考虑到“自由”一语的重大说服力魅力，理论家很难放弃这个概念。因此，理论家扩大或者改变其意义，以求保护这个得到重视的价值。这是麦克弗森讨论中的个案吗？让我们再一次返回到他的论文。下面的片段似乎是支持我的意向的。“如果人发展潜力的障碍都被去除，也就是说，如果他们都得到了平等的自由，那么，将会产生的就不是某一种类型，而是许多生活方式和风格，这些方式和风格不能被指派，也就不会冲突。”[1]

但是，铲除“主要障碍”虽然对于达到“平等的自由”至关紧要，却也意味着出现完成这一任务的某种权威。因为提供平等的自我实现的条件，权威必须同时为其做出定义。因此，外在的权威不仅决定个人独立空间的尺度，而且也决定人的自由的内容本身。这个模式必定产生范围有限的类型（如果不是一个的话），而不是扩展许多生活方式和风格。

综上所述，我认为，伯林的主要论纲：自由的积极概念特别容易遭受歪曲，依然是有效的。因为如果“做……的自由”的某种学说是完成某种社会功能，它就必定提供某种鲜明的或者含蓄的、用以建造社会的原则。在这两种情况下，“自由”这个术语都将失去作为独立空间的原有的内涵，会指向理论家
240 所欲求的任何事物。

[1] 麦克弗森，《民主理论》，第 111—112 页。

两种自由观：伯林与哈耶克

一

以赛亚·伯林和弗里德里希·奥古斯特·哈耶克对现代自由哲学做出了最重大的贡献，他们二位以十分不同的方式参加了现代的讨论。伯林的一篇论文引发出广泛而激烈的讨论，虽然是在四分之一世纪以前发表的，却还依然在他所开创的伦理思想新运动的继承发展者当中得到热烈的讨论和广泛的引证。哈耶克的宏大思想体系表现在多卷著作和文章之中，但是在里根和撒切尔的时代达到声誉顶峰之后得到的评论是比较少的。这两位理论家不同的精神背景形成了他们成就的品格。伯林作为哲学家，专注于自由的纯哲学方面。哈耶克是一位经济学家，具有深厚的法学和政治问题方面的知识，主要地发展了自由的经济维度。两位理论家贡献之间的区别使得寻求共同的立场一事特别引人入胜。

二

也许有人会问，比较这样不同的成就是否可能。任务比初
看上去要繁复得多。使得两位作者的方法如此不同的，不仅仅
在于他们职业的区别。我的解释是，主要的区别在于他们理论 241
探索的层面不同。哈耶克大都停留在理论层面上，构建他自己
整体的学说，而伯林建造了自由的元理论，亦即，理论的理
论。让我来谈一谈后面这一句话。伯林的批评者们把一种假设

的自由派自由学说归于伯林，这一做法长期以来一直都是各种严重误解的根源。伯林对两种自由概念的分析、他的论纲：消极自由给个人的自由带来比较好的防卫，本质上是一种讨论意见，而不是一套学说。[1]

但是，哈耶克一部分的思考归于自由的哲学维度，也属于元理论的层面。下面的条项将允许我们对伯林和哈耶克的方法做出比较。首先，可以考察自由的哲学方面，两位作者都推进了这个方面。他们观点的基本来源包括伯林的《两种自由概念》，包括近期一版的导言，和哈耶克的《自由秩序原理》，这一著作包含了对这一论题的最充分的叙述。我只偶然地使用其他的著作。其次，在哈耶克学说中得到充分探索的自由的法学和经济学的维度，将得到简短的评论。伯林虽然没有主要地研究这些问题，但是，在一定的程度上，他的立足点可以从他的著作中总结出来。我将在伯林确定的思考范围之内，就两位作者的法学和经济学观点作一比较。

三

哈耶克虽然严谨扎根于经济学，但是他也赞赏政治哲学的高度重要性：

> 虽然我依然把我自己主要看成是一个经济学家，但是我越来越多地感觉到，对于我们时代许多迫切社会问题的答案将最终地见于对技术经济学之外，或者任何其他单一

[1] 伯林在 1986 年 7 月的一次谈话中确认了我的这个直觉：上文第 154—155 页。

的科目范围之外的原则的认识之中。虽然我的研究始于对经济政策问题的关注，但是我被慢慢地引导到了雄心勃勃的、也许是冒昧的任务：通过综合重述自由哲学基本原则的办法来接近这些问题。[1] 242

在哈耶克结束之处，伯林开始行程，同时警告对于政治思想的低估："如果思想被应该关注它们的人忽视——就是说，被那些受到训练能够对各种思想展开批判性思维的人忽视，则它们有时候会获得某种未受制约的动量，对大众施加一种无法抵挡的强力，大众会变得太激烈以致不受理性的批判影响。"[2]

两位作者在各自的思想体系范围之内给予自由以特别的地位。但是，他们以不同的方式说明他们的立场。对于伯林来说，自由的价值来源于他承认人类目的的多元性和实施选择的必要性："在我们日常经验中所遇到的这个世界里，我们面对着在同样的终极目的、同样绝对的要求之间做出选择，而实现其中的某些必然不可避免地导致牺牲另外一些。"[3]"如果，像我认为的这样，人的目的有很多，而且原则上说并非全都是相容的，那么，冲突——和悲剧的可能性就不能完全从人类生活（无论是个人的还是社会的生活中）消除。"[4] 伯林的论纲是：人之所以赋予自由这样高度的价值，是因为"人类环境这一不

[1] 哈耶克，《自由秩序原理》（伦敦：Routledge & Kegan Paul，1960），第 3 页。
[2] 伯林，《两种自由概念》，参见《自由论》，第 167 页。
[3] 同上，第 213—214 页。
[4] 同上，第 214 页。

可逃避的特征”。[1]

哈耶克为自由的特殊地位提出完全不同的辩护。他的论据直接地来源于社会中自发秩序的理念，这一理念形成了他政治哲学的核心：“个人自由的理由主要在于承认我们大家对于许多因素存在着不可避免的无知，而我们达到目的和福利的情况是取决于这些因素的。”[2]

据哈耶克认为，我们无知的水平是随着科学的进步而增加的，因为“人知道得越多，一个人能够吸收的全部知识的份额越小。我们变得越文明，每一个个人对于他的文明的运转所依靠的事实相对地就越加无知。”[3]

根据约翰·格雷的解释，社会生活所依据的大部分知识具有首要的实践性。因此，知识不能够集中在一个大脑里，无论是自然的还是机械的，这不是因为知识十分繁复，而是因为知识包含在习惯和气质之中，知识常常是以不明言的规则来管理
243 我们的行为的。[4] 我们不可避免的无知造成一种需要，这就是提供条件让最大多样化的经验和机会能够形成：“为了给不可预见和不可预言的事物留出空间，自由是至关紧要的。”[5] 按照哈耶克的观点，自由的价值源于自由对于文明的进步和保存是不可或缺的。两位作者都指出自由失去其价值的假设情形。对于伯林来说，这就是实现完美国家的时刻，消灭人的目标之

[1] 伯林，《两种自由概念》，参见《自由论》，第 214 页。
[2] 哈耶克，《自由秩序原理》，第 29 页。
[3] 同上，第 26 页。
[4] 格雷，《哈耶克论自由》（牛津：Basil Blackwell，1986），第 25 页。
[5] 哈耶克，《自由秩序原理》，第 29 页。

间的全部冲突，而对于哈耶克而言，就是获取全知，包括全部未来的需要和欲求。这两种设想的反事实性质给自由带来了价值。在伯林和哈耶克的观点中自由的地位虽然相似，但是并不能够认同。伯林在论文的导言里驳斥了说他把自由变成一种绝对价值这样的反对意见："关于个人自由的疆界［……］我所做出的断言（这也适用于群组和社团的自由）都不应该被理解为是意指，任何意义上的自由是不可侵犯的，或者是充分的——在某种绝对的含义上。自由不是不可侵犯的，因为反常的情况会出现。"[1]

然而，正因为自由是"人之为人的一个不可让渡的成分"，[2]所以只有在特殊的环境中才能受到削弱。因此，自由虽然不是一种绝对的价值，但是它具有一种特别的地位。"正因为我们认为这样的情况是完全反常的，这样的措施是可恶的，只能在必须在大恶之间做出选择的紧急情况下才能得到宽恕，所以我们承认，在正常的条件下，对于大多数人来说，在大多数的地方，这些疆界是神圣的，就是说，越过这些疆界的做法导致非人性。"[3]

哈耶克不同于伯林，他似乎把一种绝对的品格赋予了自由："像所有的道德原则一样，它要求被作为一种价值本身来接受，作为必须受到尊敬的原则，而且无须质问特殊情况下的后果是否有益。"[4]哈耶克认为，只有这样的对于自由的理解，

[1] 伯林，导言。参见《自由论》，第 52 页。
[2] 同上，比较下文第 262，286 页。
[3] 同上，第 52—53 页。
[4] 哈耶克，《自由秩序原理》，第 68 页。

才创造出来自由受到尊重的保障："自由只有在被当作最高原则来对待的时候才能得到保存，这样的最高原则不能因为特殊的利益而遭到牺牲。"[1]因为自由不仅仅是一种特殊的价值，而
244 且还是绝大部分道德价值观的根源和条件。[2]

四

虽然有一些区别，但是伯林和哈耶克关于自由的哲学概念表现出总体的相似性。两位作者都接受消极的态度，把自由和受到尊敬的独立范围联系在一起。他们都把其他的解释归于旨在保护不同于自由的价值观的努力。但是，两种立足点的亲缘关系到此为止，我们遇到了一个严重的分歧。伯林赞成对于自由概念的两种同等有效的理解，亦即消极的和积极的理解。他认为第一种解释就是对于潜在的选择没有障碍，第二种选择就是个人要充当自己的主人的愿望。在某种程度上，这两个概念可能重合，但是二者不是等同的。"免于……的自由"是一个政治理想，而"做……的自由"构成了某种道德的要求。但是，积极的概念一旦和两个自我的理念结合起来，并且扩展到某种超个人的实体，就可能威胁到政治自由。因此，据伯林认为，"免于……的自由"提供了某种"更真实和更富人性的理想"。[3]和伯林不同的是，哈耶克只接受一种对自由的理解。

[1] 哈耶克，《法律、立法与自由》，3 卷集（伦敦：Routledge & Kegan Paul，1982），1: 57。
[2] 哈耶克，《自由秩序原理》，第 6 页。
[3] 伯林，《两种自由概念》，参见《自由论》，第 216 页；比较上文第 89 页，下文第 255，286 页。

他承认，这个术语也可能在其他的几个长时间确立的意义上使用，但不是不需要谨慎的。然而，“按照我们的感觉，自由是一，虽然有所变化，却是在程度上而非在种类上”。[1]

哈耶克的态度可以表述为如下的定则：“自由指的是一种状态，亦即，人不受另外一个人或者其他多人的随意意志的强迫。”[2]这个定义包括几个需要进一步解释的因素。在原则上，只有个人才可能是自由的主体。通过频繁使用“个体自由”这个短语，哈耶克的术语反映了这个信念。他指出，“个人自由”也是合法的。伯林也把对自由的“更安全的”、因而更加偏重的理解赋予个体自由。但是，在术语问题方面，他不像哈耶克那样准确。他常常使用“消极自由”或者“免于……的自由”。然而，有时候他把“个体的”、“社会的”或者“政治自由”当作含蓄的同义词来使用。无独有偶，值得注意的是，哈耶克对“政治自由”的理解相当不同。在他的解释中，这个术语更多地接近伯林的“积极自由”。这一点在下文详论。

两位作者都把消极的、个体的自由置于某种社会语境。在
哈耶克的评论中，这一点得到了强调：“‘自由’仅仅指人与 245
人的某种关系，对于‘自由’的唯一的侵犯就是受到他人的强迫。”[3]伯林对这个问题的观点似乎类似，但是较少狭隘——他认为对自由的侵犯仅仅是“他人的干涉”，直接的或者间接的，有意的或者无意的。[4]现在让我们集中注意两种态度的实际表

[1] 哈耶克，《自由秩序原理》，第 2 页。
[2] 同上，第 11 页。
[3] 同上，第 12 页。
[4] 伯林，《两种自由概念》，参见《自由论》，第 169—170 页。

述。哈耶克把自由定义为没有强迫，而为了同样的目的，伯林使用了下列的短语：对于潜在的选择没有障碍。虽然定义有区别，但是，在两个个案中，自由都认同于一定的独立范围。这样的理解是严格地“消极的”，因为没有包括实现个体的自由的“内在的”和“外在的”条件。在这里我们遇到了两种态度之间的又一个区别。伯林对不干涉的范围的定义十分松散，没有解决其界限的问题。他仅仅提示说：“［……］为了避开非人化，人所需求的最小区域，其他人或者人所创造的机构可能侵犯的这个范围，只不过是某种最小疆域；其疆界不能扩张得侵犯其他价值观方面提出的足够严格的要求，包括积极自由本身的要求。”[1] 但是他坚持，如果我们不想要“贬抑或者否定我们的本性的话，这个最小的领域必须受到尊重”。[2]

哈耶克以不同的方式维护了保存某种独立领域的规则：“给予每一个个体某种已知的领域，让他在其中决定自己行动，其理由就是让他最充分地利用他的知识，特别是他关于特殊时间和地点情况的独特知识。”[3] 这一条论据和他关于社会中自发秩序的理念密切相连。和伯林不同的是，哈耶克提出了给某种独立的私人领域划界的标准。他争辩说，这样的界限不应该被认为是一成不变的。而且，不能按照任何一个人或者一群人的意志来划定。这个问题的解决方法“在于承认总体的规则，由这些规则控制在什么条件下物体和环境变成一个人或者多人的

[1] 伯林，导言，参见《自由论》，第 53 页。

[2] 伯林，《两种自由概念》，参见《自由论》，第 173 页，引用贡斯当：参见上文第 37 页注释。

[3] 哈耶克，《自由秩序原理》，第 156 页。

被保护领域之一部分。接受这样的规则，能够使社会的每一个
成员形成他被保护的领域的内容，让全部的成员承认什么属于
他们的领域，什么不属于”。[1] 因而，不可能列举应该被承认
属于受到尊重的领域的全部权利和被保护的利益。但是，哈耶 246
克评论了几个最典型的因素；他认为，这些因素是这个领域中
固有的：私人财产、隐私权和私密权，以及一个人的住处就是
他的城堡的概念。

最后，让我讨论一下两位作者观点中发生的有意义的变化。伯林和哈耶克——特别是哈耶克——的读者印象深刻的是，他们就个体自由的性质（亦即其“主体性”和“客体性”）做出的修改。在论文的第一版中，伯林主观地定义自由为在实现人的愿望方面没有障碍。因此，自由的尺度取决于个人自己的判断。在后来一版的导言中，他改变了对于他的立场的措辞，提出对于自由的一种新的理解：对于人的潜在的选择没有障碍。这样，这个概念就获得了某种客观的性质。哈耶克的提法则是走到了一个对立的方向。如果和他原来的定义比较，则后来在《哲学研究》《政治学与经济学》中提出，并因为嗣后的修改而丰富起来的这个定义变得公开地主观性：“要构成强迫［……］强迫者的行为应该置被强迫者于一种处境之中，而后者认为这比他在没有那一行为的情况下处境更为不利。”[2] 两位作者立场的这些变迁是由对他们理念的批判讨论引起的。

[1] 哈耶克，《自由秩序原理》，第 140 页。

[2] 哈耶克，《哲学、政治学和经济学研究》（伦敦：Routledge & Kegan Paul，1967），第 349 页。

但是，我自己的观点是，对于自由的“客观的”理解提供了“比较安全的”定义，因为这个定义为保护自由提供更好的维护措施。如果个人被设想为针对自己的自由尺度可以发出决定性的声音，则这个术语变成相对性的，从而打开了操作技术的大门。

五

我们现在简要考察一下哈耶克对于自由概念的其他解释所作列举。在伯林的著作中寻找其对应来比较两位作者的态度，也许是有益的。哈耶克的分析始于“政治自由”概念，它被理解为“人参与选择其政府”。[1] 他认为，这样的解释不应该和
247 个人自由的概念混同起来，因为“这一意义上的自由民族不一定是自由人组成的民族”。[2] 哈耶克所说的“政治自由”，对于伯林而言，乃是积极自由的形式之一（亦即，集体自我导向的自由）。虽然伯林也使用这个术语，但是他的理解相当不同，亦即，把它当成个人的自由。虽然存在这样的含义不清的情况，但是伯林对于集体自由的上述形式的态度显得十分接近哈耶克：“自我管理的愿望，或者至少参与对我的生活加以控制的过程的愿望，也许是和取得行动自由领域的愿望一样深刻的，在历史上可能更为古老。但是这不是对于同一物的欲求。区别很大，实际上，最后导致了支配我们这个世界的各种意

[1] 哈耶克，《自由秩序原理》，第 13 页。
[2] 同上。

识形态的重大冲撞。”[1] 另外一种形式的集体自由是追求国家独立。伯林和哈耶克再一次坚持，这一解释应该和个体自由的概念区分开来。伯林扩展了这一解释，把其他的社会群体包括进来，例如阶级、种族、社区或者职业。这样，两位作者划清了个体自由和集体自由之间的区别，警示不可将二者混淆。

哈耶克讨论的下一个含义是“内在的”、“形而上学的”或者“主观的”自由的含义。在他的解释中，这样一种理解方法的意义是，人在行动中应该受到自己经过考虑的意志指引，受到自己的理由或者持久信念的指导，而不是一时的冲动或者环境的指引。除此之外，在决定选项的过程中，人不应该屈服于愚昧或者迷信。据哈耶克认为，“‘内在自由’的对立面不是他人的强迫，而是一时的情绪，或者道德的或者心智的弱点的影响”。[2] 因此，这个意义不同于“个人自由”的意义，不应该语义混淆。哈耶克只局限于划出上列区别，而伯林文章的大部分都用来讨论这种区别。对于哈耶克的“内在自由”，他大致的对等概念是“积极自由”或者“做……的自由”。但是这两种理解不是可以认同的。因为按照哈耶克的说法，“内在自由”能够被情绪或者道德的或心智的弱点阻碍，而“积极自由”，按照伯林的解释，也能够被他人剥夺：

> 我希望我的生活和决定取决于我自己，而不是取决于任何种类的外在力量。我希望成为我自己的而不是他人的

[1] 伯林，《两种自由概念》，第 178 页。
[2] 哈耶克，《自由秩序原理》，第 15 页。

248 意志行动的工具。我希望成为一个主体，而不是客体；受到我自己的理性、有意识目的推动，而不是受外界影响我的原因推动。我希望是个人物，而不是什么也不是；希望是一个行动者——做出决定，而不是受人之命；是自我导向，不是只受外界自然或者他人的作用，以至于显得我是一物，或者一种动物，或者一个没有能力扮演人的角色的奴隶，亦即，没有能力设计我自己的目标和实现这些目标。[1]

伯林区分了“做……的自由”理念的两种历史的形式，亦即，禁欲的自律和凭借理性求得解放的积极的学说。凑巧的是，他把“内在的自由”这个术语用于第一个、历史上更古老的形式。他提出警诫，防止“做……的自由”这一概念的种种危险偏差，在这个概念变得和两个自我的理念联系在一起的时候，这些偏差就可能发生。论文最独特和有价值的部分献给了这些扭曲做法的精神根源。

伯林认定对自由来说最严重的危险是扩展到了超个人实体的“做……的自由”概念，而哈耶克在别处看出了危险。对于他来说，把自由等同于“做我愿意做的事之物理能力”，[2]造成对于自由的最严重的威胁。因为会导致对于自由和集体力量的同化。这样，两位作者都反对对于自由观念的集体主义的解释，虽然他们对于扩展这一观念的过程的描写是不同的。他们

[1] 伯林，《两种自由概念》，参见《自由论》，第178页。
[2] 哈耶克，《自由秩序原理》，第16页。

也提出警告，要防止把自由和其他的价值观混同起来，因而扩展了其本来的意义。伯林认为："任何事物是什么就是什么：自由就是自由，不是平等、公平、正义、文化，也不是人间幸福或者良心的安宁。"[1] 这一思想也见于哈耶克的著作："自由不是指一切好事，或者全部邪恶消失。"[2]

在这一节点上，我来概括一下我阅读两位作者论自由之哲学维度的著述得到的总体印象。作为一位理论家，哈耶克看来高度评价规则的连贯性和清晰性。但是，也许正因为如此，他偶尔地陷入形式主义，同时还竭力"驾驭"一个就其本性来说，是要逃避理论之严格要求的论题。另外一方面，伯林的研究不能被描述为精确的。这不单纯是风格的问题。他构建自己的学说，似乎是以这样的假设为根据：自由的问题是没有最终的解决办法的。下面的一句话支持这一直觉："这些概念的模糊性，所涉及的标准的多样性，都是论题本身的属性，不是我 249
们［……］方法的不完善或无法精确思想。"[3]

六

伯林基本上没有发展自由的法学方面。但是，在一定的程度上，我们可以从散见于这篇论文的提示和暗示中推断出他的立场。而对于所引证作者的选择，也以某种方式揭示了他的立场。因而，伯林在思考消极自由的同时，以赞同的态度引用了

[1] 伯林，《两种自由概念》，参见《自由论》，第 172 页。
[2] 哈耶克，《自由秩序原理》，第 18 页。
[3] 伯林，《两种自由概念》，参见《自由论》，第 177 页，注释 1。

霍布斯的话。霍布斯说："一个自由的人，就是［……］不受阻碍地做他想做的事的人。"[1]霍布斯的话后来得到阐释："法律永远是一根锁链，即使它保护你免于遭受比法律更重的铁链的捆绑，比如某些更具压迫性质的法律和习俗、武断的专制主义或者混乱。边沁说的话大致相同。"[2]后来，在对穆勒的方法展开讨论的语境中，伯林以下列方式按古典形式重建了自由的消极概念："就挫伤人的欲望而言，所有的强迫都是恶，虽然可能还是需要使用它来防止其他的、更大的恶；而作为强迫的对立面的不干涉态度是善，虽然它也不是唯一的善。"[3]值得注意的是，在论文专讲积极自由的第二部分，伯林引证了洛克的话。他把洛克的论纲"没有法律的地方，就没有自由"[4]和"建立在理性主义形而上学基础上的自由主义的各种形式"联系了起来。[5]全部这些都是下面这一信条的变体："禁止我作为一个心智健全的人不可能想要做的事，这样的法律不是对我的自由的限制。"[6]总之，伯林的立足点看来接近边沁的立足点："每一项法律都是反自由的。"[7]

古典自由思想的继承性对于哈耶克来说体现出各种相当不同的事物。在他对像亚当·斯密或者约翰·斯图亚特·穆勒

[1] 伯林，《两种自由概念》，参见《自由论》，第170页，注释3，引用《利维坦》，第21章：理查德·塔克编（Cambridge University Press，1991），第146页。
[2] 同上。
[3] 同上，第175页。
[4] 同上，第193页。
[5] 同上，第195页。
[6] 同上。
[7] 同上。

这些思想家的解释中，“经济活动的自由”是指法律下面的自由。[……] 因此，这些作者所主要反对的政府的“干预”或者“干涉”仅仅意味着对于私人领域的侵犯，而法律的基本条文是意在保护这一领域的。[1] 哈耶克在这些条文中看到了对于 250
个人自由的基本保护，指出：“多亏对于自由的种种限制，我们才享有自由。”[2] 因为人的发展不是在自由的条件下发生的。“自由是依靠文明的纪律逐渐演化形成的，文明的纪律同时也是自由的纪律。”[3] 值得注意的是，哈耶克在洛克那里找到了自己论纲的论据：“如果其他的每一个人的脾气都可能对这个人发威，谁还可能是自由的？”[4] 哈耶克对于自由哲学方面和法学方面之连接牢不可破的强烈信赖促成了“法律统治”理论的出现。他在《自由秩序原理》第二部分中发挥了这一点。但是，由于在伯林的概念中缺少对应的部分，我将只限于指出这两种学说之间的突出的区别。

即将讨论的最后的问题是两种概念范围之内的“自由的经济学”。伯林仅仅以几个偶然的提示的形式来表达对于这个主题的见解，而哈耶克是把自己学说的主要部分献给了它的。因为比例的这一区别，我仅仅简短评论这个问题。伯林在论文中几乎没有提及自由的经济维度。于是，从他接受消极的理解这一事实中，有些批评家衍生出对于一切形式的干涉主义的一种极端消极的态度。这样的解释引导伯林在该论文后来的一版

[1] 哈耶克，《自由秩序原理》，第 220 页。
[2] 哈耶克，《法律，立法与自由》，3：163。
[3] 同上。
[4] 同上，引用洛克，《政府论下篇》，第 6 章，第 57 节。

导言中表述了他的观点："法律的自由可以与极端的剥削、残忍和不公正相容。为了维护个人的积极自由和至少最低限度的消极自由，国家或者其他有效机构的干涉，就有压倒性的强大理由。"[1] 然而，伯林只限于否定错误地强加给他的放任主义态度，他没有深入这个问题。在另外一篇文章《二十世纪的政治思想》中，我们看到下面这一段给人以启发的文字："让我们放弃我们的社会成就，考虑一下返回古代不公正、不平等和绝望的悲惨状况的可能性，这既不现实，在道德上也是难以设想的。技术技能的进步使得制订计划的举措成为合理的，实际上
251 也是必须的。"[2] 因此，认为伯林坚持极端消极主义的观点，纯粹是不正确的。他为消极自由做出的辩解应该在元学说的层面上予以解释——是对于一个能更有力抗拒危险的歪曲的概念进行维护。但是，这一讨论不应该被误解为一套学说，因为伯林没有提出这样的学说。另外一方面，他对现实的多元论观察表明，自由是许多价值观之一，因而可能为了其中的某些而受到削弱。但是在他所维护的一种意义上，对自由的否定就是对选择的否定；选择是包含在对任何价值的选取之中的，无论对于某种特定的自由带有敌意与否。

至于哈耶克的方法，这个形象变化很快。《自由秩序原理》最大的一部分献给了经济生活中自由原则的体现。哈耶克的经济概念提供出一种使用自发秩序理念的方法。因而，对于社会生活这一领域唯一成功的调节因素是自由市场，因为人对于分

[1] 伯林，导言，参见《自由论》，第 38 页。
[2] 伯林，《二十世纪的政治思想》，参见《自由论》，第 91 页。

散的知识不可避免的无知，不可能做出计划。哈耶克反对福利国家采取的强制性措施，他认为这样的措施刺激通货膨胀。他的批判构成一项强烈要求，反对在经济生活的特殊领域中国家的垄断。按照哈耶克的见解，这样的垄断事实上提出了某种形式隐蔽的平均主义再分配思想，一种建立在某种根本不存在的社会正义原则之上的思想。

再次，因为在伯林的概念中没有对应的部分，我不再讨论这一主题，而只限于得出下面的结论：伯林相信价值观的多元性，在“某种在逻辑上不严整的、有弹性的甚至模糊的妥协”[1]中寻求解决的方法，而哈耶克则要求重开自由市场，他认为自由市场是一种万灵妙药。

综上所述，伯林和哈耶克的自由观显示出在哲学维度上的亲缘关系。就自由的法学方面而言，这两种态度是明显地不同的。两位作者的经济学观点在还可以比较的程度上，也显得不同。我曾经请伯林表达他对哈耶克学说的见解，他回答说：“我认为他太狭隘、太死板。这样的方法能够导致一种激烈竞争性的社会，这样的社会对于我所说的消极自由和积极自由可能造成可怕的扭曲。但是我不愿意说他有导致这样的后果的愿望，只是没有为防止这一局面提供充分的保护。”[2] 252

[1] 伯林，《二十世纪的政治思想》，参见《自由论》，第 92 页。
[2] 以赛亚·伯林和贝阿塔 1986 年 7 月 13 日的一次谈话。

“自由”作为抽象理想已近黄昏？

一

这篇文章分析对于社会自由的两种不同的态度，亦即，以传统的、总体的方式对待这个问题，和为了“把非自由最小化”或者为了特殊的自由而放弃抽象的理想。

一方面是伯林和哈耶克相应的立场，另外一方面是波普尔、阿隆和德沃金的立场，这些立场都被展现出来作为这两种态度的说明。对于伯林和波普尔的立足点，我们给予特别的注意，因为他们的立足点得到了这些作者方法论观点最充沛的支持。对于接受两种态度之一的后果，尤其是这两种态度与个人自由的关系，给予了分析。

这里的见解是，自由的旧式抽象理想为个人自由提供了更好保障。

二

阿隆、伯林、德沃金、哈耶克、波普尔论自由

在阅读现代自由派哲学家著述的时候，我们遇到了对于自由的核心概念抱有的不同态度，其差异令人惊奇。雷蒙·阿隆在他《论自由》一文中总结说：“没有一种总体可以被称为个
253 人的自由或者国家的自由。”[1]罗纳德·德沃金似乎表现出相似

[1] 阿隆，《论自由》，第 45 页。

的立场："世界上根本没有总体的自由权利。"[1]阿隆和德沃金提出应该放弃对自由的总体思考，这种要求令人想起波普尔的规定：我们应该探讨解放问题，而不是社会自由的理想。另外一方面，哈耶克坚决认为："自由的用途很多，但是自由是一个。"[2]伯林在批评"注重划定、限定、限制的现代倾向"[3]和"把全部问题归结为技术问题"[4]的倾向的同时，承认社会自由是一个传统的哲学主题，并且以一般的方式对待了它。

看一看这两种态度的精神根源，是有趣的。反对和赞成其中每一项的论据是什么呢？其中的哪一项看来会创造出个人自由的更好保障呢？在这篇文章中，我要尝试寻找对这些问题的答案。我将主要集中注意波普尔和伯林的态度，因为他们看来是依据一种更完满的方法的。

三

波普尔和伯林：解放，或者选择"更安全的"自由概念

在这一篇著名论文的开端，伯林就提议分析"自由"[5]这个语义多变词语的两个核心意义，读者不由得就要对比这个用意和波普尔的论纲：讨论词语及其意义无足轻重。[6]这个命题

[1] 罗纳德·德沃金，《认真对待权利》（伦敦：Duckworth，1978），第277页。

[2] 哈耶克，《自由秩序原理》，第19页。

[3] 伯林，《二十世纪的政治思想》，参见《自由论》，第89—90页。

[4] 同上，第82页。

[5] 同上，第168页。

[6] 卡尔·K. 波普尔，《温奇论各种制度和开放的社会》，参见《波普尔的哲学》，希尔普编（La Salle, IL: Library of Living Philosophers，1974），卷2，第1166页。

来自他方法论的反本质论。那么，伯林对自由的叙述是否就是本质论的呢？看来并非如此，理由如下。第一，伯林的概念
254 不是对于自由的性质的深入探索，而是对于历史地赋予自由的两个主要意义的批评考察。第二，就采用两个概念之中的每一个带来的实际后果而言，他关于积极自由学说特别容易受到歪曲的论题，看来是经受住考验的。第三，他关于积极自由和消极自由的定义应该被冠以唯名论，因为，正如波普尔要求的那样，[1]这两个定义必须从右向左地阅读："自由的这些政治含义的第一种［……］我将称之为'消极的含义'［……］第二种［……］我将称之为'积极的含义'。"[2]

第四，伯林论文首要目的不在于澄清自由的概念，也不在于把概念变得更加精确。伯林检验的是接受这两种对于自由的解释之一带来的理论后果。因此，他的考虑显得指向这个概念的外部，而不是内部，后者看来是本质论方法的特征。因而，似乎伯林对自由的分析不能被确定为典型的本质论的。[3]

波普尔声称把本质论一词引进了《历史主义的贫困》和《开放的社会及其敌人》之中。[4]他对于为解释事物[5]而深入事物本质的本质论方法的叙述，得到广泛的接受。但是必须牢记，在波普尔整个哲学体系中，这个术语具有更广泛的含义。

[1] 波普尔，《开放的社会》，2：14；比较上文第 61—62 页。
[2] 伯林，《两种自由概念》，参见《自由论》，第 169 页；比较上文第 52 页。
[3] 但是，在下面的提示中，触及了本质论："多元论，伴随着它蕴含的那份'消极'自由，在我看来是更真实和更富人性的理想。"同上，第 216 页，比较上文第 89，245 页，下文第 286 页。
[4] 波普尔，《猜想与反驳》，第 169 页。
[5] 波普尔，《历史主义的贫困》，第 28 页。

要详论这一点很重要，虽然这有悖于波普尔的意愿：我们应该避免讨论词语和意义。在《开放的社会》有些上下文中，本质论的立场以上文定义的方式得到理解（“国家的本质性”，[1] “国家的真实性质” [2]）。但是，在本书其他的篇章里，读者能够得悉，本质论的方法不仅在于深入探索事物的真实本质，而且也包括了见于维特根斯坦的《逻辑哲学论》[3] 的那种语义学的分析。对于这个术语的最广泛的解释可以从波普尔的反本质论解释中推断出来：“*永远不要接受蛊惑去认真对待关于词语及其意义的问题。应该认真对待的是事实的问题，和关于事实的论断：理论与假设，它们解决的问题，和它们提出的问题。*” [4] 给 255
人深刻印象的是，按照这个推论，就连激进的唯名论也有可能被贴上本质论的标签。

暂时搁置有争议的本质论问题，值得强调的是，波普尔和伯林对社会自由的态度是明显不同的。伯林的抽象问题：“在两个历史上重要的自由概念，‘消极的’和‘积极的’概念中，在理论上，就尊重个人自由而言，哪一个是更安全的？”依靠波普尔的证据，是不能得到富有成果的讨论的。我们应该放弃以总体的方式对社会自由的思考。如果我对波普尔的解释正确，波普尔自己可能会提出一个不同的问题：“在某种情况下，为了最大限度降低对自由的破坏，我们应该做什么呢？”因此，应该得到批判性检验的不是自由的各种概念及其理论后果，而是

[1] 波普尔，《开放的社会》，1: 112。
[2] 同上，第 115 页。
[3] 参见对维特根斯坦的批判，见于《开放的社会》，2：9，20；《波普尔的哲学》卷 2，1171；和波普尔，《未完成的探索》，第 116 页。
[4] 波普尔，《开放的社会》，2：19；比较上文第 61，176 页。

被理解为对于政治行动之建议的解放。只有这样的一种要求能够得到有意义的讨论，并且付诸实践。通过使用试错法，“渐进的社会工程师”能够最大限度降低对于个人自由的侵犯，从而向解放推进。波普尔的态度来自他对“自然科学和社会科学之间真正基本的类似性”这一信念。结果，传统的政治理论及其对于概念的澄清都必须放弃：“全部这些理论在能够得到严肃讨论之前，都必须转化为对于政治行动的要求和提议的语言。”[1]

值得注意的是，上面引用的命题来自《开放的社会》。另一方面，波普尔在他伟大的著作里，勾勒出“渐进的社会工程”的理念，这一理念被认为符合他关于社会科学与试验自然科学之间亲缘关系的论纲。另一方面，他认真讨论了柏拉图、黑格尔和马克思的政治理论，而并未事先将其化为“对于政治行动的要求和提议的语言”。波普尔提出其著名批判的做法不是证明了讨论本质论理论的有效性吗？但是，按照他自己的介绍，这样的理论在哲学上是不重要的。我们可以维护波普尔的立场，指出他发起进攻正是因为本质论政治理论中包含有重大危险，他反本质论的告诫将会防止将来形成危险的理论。但是，《开放的社会》的作者在争辩的狂热中却背叛了他自己的、
256 严格规定的反本质论。波普尔受到广泛讨论的对柏拉图政治学的谴责来源于波普尔的主张：一种被歪曲的正义的概念在《理想国》中被使用。因为这是一个要点，我要冒昧引用《开放的社会》中的相关的段落。读者被问道：“我们谈正义的时候，

[1] 波普尔，《开放的社会》，1: 112。

真正的意思是什么？”[1] 从而被引进作者辩论的核心。这个问题让我们感到是典型的本质论的，因为所问的是“正义”的意义。波普尔也意识到这一窘境，所以接着就竭力藐视它：“我不认为这类文字上的问题有什么特别重要，或者能够对其做出确定的回答，因为这样的术语总是在各种各样的意义上使用的。但是，我认为，我们大多数人，尤其是具有总体的人本主义观点的人，指的都是这一个意思。”[2] 然后追随对于“正义”的人本主义理解的描述。下面最能说明问题的一段表明，波普尔恰恰是以本质主义的方法来抨击柏拉图的本质主义哲学的：

> 如果柏拉图用“正义”指这一类的东西，则我认为他的纲领是纯粹极权主义的看法就肯定是错误的，而相信柏拉图的政治学以可接受的人文基础为依据的人都是正确的。但是事实是，他言下的“正义”指的是完全不同的事物。柏拉图的“正义”指的是什么呢？我认定，在《理想国》里，他是把“正义的”这个词语当作“服从于最好的国家的利益”的同义词使用的。[3]

所以，虽然在他处波普尔说“什么也不依赖于词语，或者依赖于‘概念’”，[4] 但是，在他自己的有实质意义的论据中，这句话证明是不真实的。

[1] 波普尔，《开放的社会》，2：19；第 89 页。
[2] 同上。
[3] 同上。
[4]《波普尔的哲学》，卷 2，第 1166 页。

波普尔的态度中还有另外一个谜。他认为真正重要的问题——“在这样的情况下，我们该怎么办呢？”“你们有什么建议呢？”[1] 就以先有的关于目的与价值观的信念为前提。把政治理论转化为建议和要求的语言，导致停止关于这些优先权本身的辩论。但是，在所提出的通过“渐进的社会工程”来实现的目的中，这些优先权又被设想出来。把讨论仅仅降低到技术方法的层面的做法，只意味着表面上止息了永恒的争论。十分明显，波普尔一方面声称是多元论者，并且强调价值观和原则的冲突对于开放的社会是根本性的，[2] 而另一方面又主张取消
257 对于价值观和原则的争论。[3]

[1] 这一解释我得自麦基，《波普尔》，第 106 页。

[2]“无法解决的价值观冲突是永远存在的：有很多道德问题无法解决，是因为道德原则可能互相冲突。[……] 价值观和原则的冲突可能是有价值的，而且事实上对于一个开放的社会来说，是本质性的。”波普尔，《未完成的探索》，第 116 页。

[3]“大家都大谈特谈价值观的做法也不过是凑热闹而已。我们很多人都担心，我们也仅仅是制造热闹，或者制造和凑热闹不容易分清的什么东西。我觉得这些担心是有充分道理的。”同上，第 193 页。波普尔的方法中的矛盾已经受到 Rush Rhees 的评论：“在社会事务中，自由批评不具有在科学中的那种功能。而且，试验和通过错误来学习在这里也不是一样的。这些观点都和这样的一个事实联系在一起：社会生活中的争议都不是为了解决问题的，像在科学中那样。如果我们谈‘社会问题’，那就不一样了。[……] 批评可能会引导人们改变政策。而理性可能会引导人们接受这些政策。但是，他们常常不接受。即使接受，也不像接受科学那样。为一个政策争论不像是建立一个理论，而对一个政策提出反对意见不像是批评一个理论。无论如何，如果‘通过自由批评展开公众控制’是指全体公民实施控制，这就不像科学，因为缺乏批评社会政策的共同标准和方法。”里斯，《没有答案》（伦敦：Routledge & Kegan Paul，1960），第 62—63 页。温奇提出类似观点：“只有在参加批评的人士之间对于将要讨论的假设或者政策持有一致看法的情况下，讨论和批评才是可行的。但是，社会工程师提出的、值得讨论的假设都将是和他所持有的目的之实现有关的。所以，除非他的目的为其他很大数量的人分享，他就不太可能得出让他人愿意和他讨论的假设，因而他也不会从批评中受益；而如果他的行动要以合理的方式实施，这种批评是至关紧要的。因此，广泛同意的社会目的就得到来自合理性的偏重。”温奇，《波普尔与社会科学中的科学方法》，参见《波普尔的哲学》，卷 2，第 898 页。

两个主题——对概念的危险歪曲和价值观的多元性——令人想到伯林的政治理论。但是，这两个主题在这里得到不同方式的对待，因为伯林有不同的方法论信念。伯林没有把词语和意义视为在哲学方面无足轻重而不予以探索；相反，他认为“我们解释这个世界的唯一方式是通过对我们思考这个世界时使用的词语与概念的考察展开的。我们通过对比不相似的概念、范畴等来学习，发现至少我们相信、寻求的事物，而且相信他人也相信、寻求，而如果他们不同意，我们就怀疑其混乱或者自欺（有时候是正确的，有时候不是）。”[1]

因为承认对于有影响的学说中关键词语的研究十分重要，伯林检验了自由的两个核心概念——“消极自由”和“积极自由”——二者相应地被理解为人潜在的选择没有障碍和自我实现。他探索了两个概念的形而上学前提及其含义。他得出了结论：对于两个概念的歪曲已经导致在社会上不可宽容的行为，但是对于积极自由的扭曲比对于消极自由的扭曲更频繁地 258
被用于维护压迫和非正义。伯林的自由主义根植于他关于目的和价值观的激进的多元论。这样的现实观代表了对于政治理论的传统感知，视其为“一种探索，不仅涉及对概念的澄清，而且涉及对于前提和假设的批判性检验，以及对于优先权与终极目的的质问”。[2] 因为政治理论的核心是关于其核心价值概念的争论，“在这个领域里建立一个学科的前景……看起来是遥

[1] 1987 年 4 月 22 日信，上文第 58 页。
[2] 伯林，《政治理论还存在吗?》，参见《人类的恰当研究》，第 66 页。

远的”。[1] 因为政治理论的主题有别于“任何其他的经验探索，它涉及不同的领域，例如，什么是特殊的人性，什么不是，为什么不是；对于理解人是什么这个问题，专门的范畴［……］是否必不可少；因而，不可避免地也涉及某些人类目标的根源、范围和效力”。[2] 对于伯林而言，政治理论只有有条件地、依据普遍接受一个占统治地位的模式，才能转化为一门实用科学。[3]

波普尔和伯林方法论观点的分歧触及了基本原理。上文提出的片段性的分析没有提供得出严密结论的充分依据。但是，我们有十足的把握说，伯林的态度能够探索出对于政治概念的危险歪曲，而波普尔的唯名论方法则把这些歪曲置之度外。只有在波普尔接受“本质论”方法的时候，他才能够反击这些歪曲。还有，两位思想家共同的、对于价值观冲突不可避免性的信念似乎更贴近伯林传统的政治理论，而不是波普尔的社会技术论。

四

阿隆和德沃金：不是一般的自由，而是多种自由

另外一个对放弃一般性自由理念的建议来自雷蒙·阿隆。但是，他的方法更多地来自他政治学的关注，而不是来自（像
259 波普尔那样）对方法论的关注。阿隆批评哈耶克把自由理解为

[1] 伯林，《政治理论还存在吗？》，参见《人类的恰当研究》，第 65 页。
[2] 同上，第 74 页。
[3] 同上，第 66—71 页。

消除强迫，宣称只有企业家或者消费者的自由才是这一定义的楷模。阿隆认为，这样的方法把自由的一个方面和自由的整体混淆了起来，低估了平均主义要求的力量。[1] 出路是设定多种个人自由的存在，而不是一个基本自由的存在。[2] 这等于为了社会学的分析而放弃哲学的思考。阿隆认为，研究个人自由需要接受自由的一种中性的和分析的含义。他使用了费利克斯·奥本海姆能够满足所需要求的定义："假如没有人妨碍我做某事，或因为我做某事而惩罚我，或者没有人使我做某事变成必要或者是必须的，我就可以自由地做某事。"[3] 这样，社会自由同时既是"做……的自由"和"免于……的自由"(freedom to 和 freedom from)。阿隆认为，这是指，每一个社会成员面对无数的行为都是非自由的，面对许多行为又是自由的，因为法律禁止他人妨碍我做这些事。[4] 这样，每一种法律都取消了某些人的某些自由，但是同时把自由给予他人或者所有的人。[5] 这一论据把阿隆导向一个重要论纲，即不存在可以称为个人或者国家自由的那种总体性。

罗纳德·德沃金以另外一种方式得到有些相似的结论。对于《认真对待权利》的作者来说，自由社会的基础不是传统上宣称的中性意义上的自由，而是关注和尊重的平等。德沃金强烈反对把自由当成特许权的理念，他把这一点定义为"一个

[1] 阿隆，《论自由》，第 88—89 页。
[2] 同上，第 142 页。
[3] 奥本海姆，《自由的维度》，第 118 页。
[4] 阿隆，《论自由》，第 144 页。
[5] 同上，第 145 页。

人免受社会或者法律限制而为所欲为的程度”。[1] 他谴责这一点在对待行为方式方面是中性的。他选择伯林的“免于……的自由”概念来说明这一态度。[2] 德沃金声称作为特许权的自由理念是靠不住的，并努力通过辩论把它否决。赞同某种自由权利的共识在他看来是荒唐的。结论是坚定的：不存在总体的自由权。我们只有“某些自由的明确权利，例如自由表达的权利，以及在个人关系和性关系方面的自由选择权利”。[3] 既然没有自由权利，自由与平等之间的冲突也就消失，而对于任何既定特殊自由的争论可能就是完全独立于对任何其他自由的争论。[4]

260

五
伯林与哈耶克：旧理想的复原

德沃金和阿隆选择伯林和哈耶克的自由观点当作他们批评的目标，是有道理的，因为后两位作者坚持社会自由的一般性理念。看一看、探讨一下他们关于自己的方法之反批评也许是有趣的。我请求伯林谈谈他对这一主题的见解，他回答说：

> 全部这些自由都称为自由，不是偶然的。经济自由、信仰自由、结社自由、言论自由，都称为自由，也不是偶然的事。因为有某种共同之处，有一个核心［……］有人

[1] 德沃金，《认真对待权利》，第 262 页。
[2] 同上，第 267 页。
[3] 同上，第 277 页。
[4] 同上，第 274，277—278 页。

> 说[……]"我丧失了自由",这不是没有意义的。你不会说:"请把话说准确。你没有失去呼吸的自由,没有失去皱眉的自由,没有失去弯曲手指头的自由。你究竟是什么意思呢?"他们指的是完成我如果完全独立自主就需要完成的行动的自由。[1]

支持伯林对自由的思考的重要概念之一是:选择的理念是人的概念所固有的。如果被拒绝给予任何的选择机会,人就不再完全是人。因此,不仅仅是企业家或者消费者的自由提供了对自由的消极的(和一般性的)理解。据伯林认为,社会自由既是"做……的自由"又是"免于……的自由",这也不是真实的。这是因为,一个为反抗枷锁而斗争的人或者一个反抗奴役而斗争的民族无须认真对准下一个明确的目的。一个人不需要知道以后怎样使用他的自由;他现在想要除去枷锁。[2] 伯林论证的要点显得很明确——他的目的是保护作为"人之为人的一个不可让渡的成分"的个人自由。[3] 这一专注的态度在哈耶克那里更为鲜明:

> 只有在没有自由的时候,各种各样的自由才出现:这 261

[1] 1986年7月13日谈话,上文第158—159页。
[2] 参见伯林对麦卡勒姆的回答,后者对于奥本海姆表现出类似的态度:导言,参见《自由论》,第36页,注释1。对于他对待社会自由的所谓"限制主义"态度,参见格雷,《论自由、自由主义和本质论争性质》,《英国政治科学杂志》8(1978),第386—387页,和《论消极自由与积极自由》,《自由主义》,第45—46页。
[3] 伯林,导言,参见《自由论》,第52页;比较上文第244页,下文第286页。

> 些自由是许多集团和个人可能获取的特殊权利和豁免权，而其他的人则或多或少地是非自由的。在历史上，通向自由的道路都是遇到过许多特别的自由的。但是，人被允许做特别的事这样的情况不是自由，虽然可能被称为“自由”；自由虽然能与不得允做特定的事并存，但是，如果有人需要得允才能做大多数他能够做的事，则自由就不存在。自由（liberty）和特许权（liberties）之间的区别存在于两种情况之间：一是，总体规则不禁止的事都得到允许；二是，凡是未得明确允许的事都被禁止。[1]

哈耶克也指出，编纂一份“权利大全”是不可能的：“今天，我们必须特别清醒理解的是，由于技术的进步，经常制造出对自由的新的潜在的威胁，因此，得到保护的权利的清单不可能是穷尽的。[……] 对于人类自由的威胁在未来依然存在。”[2] 这样，伯林和哈耶克都给社会自由的传统的、一般性的理念注入了新的生命；他们认为它为个人自由提供更好的保障。

六
结　语

在从各位支持者的立场分析了对于社会自由的两种态度之后，我们算是到达了可以做出某种结论的时刻了。但是，因为

[1] 哈耶克，《自由秩序原理》，第 19 页。
[2] 同上，第 216 页。

我相信社会自由理念不可根除的争议性质，我认为不可能找到终极的解决办法。那么，整个讨论还有什么意义吗？我想，至少可以从中领悟一个道理。放弃传统的自由理念的建议，总是显得含有推进某一其他目标的意向。在波普尔那里是科学方法的一致性，在阿隆那里是各种平等要求的汇集，在德沃金那里是消除自由与平等之间的冲突。结果，很可惜，失败者乃是个
人的自由。引人注目的是，阿隆本人承认了这一点："面对极 262
权制度，很容易，也必须回忆起古老的智慧：绝对的权力造成绝对的腐败；自由所指乃是这样一个领域：个人在其中乃是自
己的主人，只能为自己负责。"[1] 263

[1] 阿隆，《论自由》，第 160 页。

多元论与悲剧

一

以赛亚·伯林被公认为伦理多元论概念的作者，[1]在反思他对这一理念的贡献时，他是这样说的（在1991年和我的一次访谈中）：“我不能相信我是说出某些终极价值观互不相容这样的话的第一个人。我也许是吧，但是这就像第一个说出‘二二得四’的人。[……] 我觉得，它是那么明显。”[2]

多元论是处于一元论和相对主义之间的伦理学的中介论点，对伦理生活提出一种独到的描写。据一元论认为，世界上只存在一种合理的价值观体系，对所有的人都是一样的。不同种类的伦理相对主义认为，全部的价值观都不过是个人的偏好或者社会习俗的表现而已，因地而异。从多元论观点来看，人的价值观是客观的和可以认知的，但也是众多的，不可削减。
265 这些价值观既不能在一个综合的等级里定位，也不可能缩减到具有普遍约束力的共同的尺度。而且，人的某些目的和价值观可能是互不相容、不能比较的。没有终极的标准可以用于理性

[1] 因为发现了论及伦理多元论的很早以前的出版物，这一声言近来受到质疑。参见兰普莱希特，《必须强调伦理学中的多元论》，《哲学、心理学与科学方法杂志》，17 No 21（1920），第561—572页；布罗干，《价值理论中的客观多元论》，《国际伦理学学报》41 No 3（1931），第287—295页。伯林从来没有提及这些文章（或者其作者），而且很可能没有读过这些文章；他如果读过而又忘记，是不太可能的，措辞的明显类似性可能是偶然的。
[2] 参见上文第124页。

地解决其间的冲突。因为价值观之间的冲突是不可避免的，所以完美的理念（亦即完整性）在逻辑上是不连贯的，完全的伦理学的和谐超出人能够达到的范围。查尔斯·泰勒以下面的方式评论了伯林对这一论点的贡献：

> 以赛亚的多元论论纲不仅对关于积极自由的各种极权主义理论是一个打击，而且也是令他自己圈子里那些占主导地位的道德理论深为不安的。我们知识界的悖论之一，将会日益得到讨论的是，后面这一点为什么没有被认识到？炸弹被放进学界，但没有爆炸。[1]

可能是这个炸弹的引信点燃被推迟。在伯林著作中仅仅松散地论及的多元论论点，在近期的出版物中变得更加确切。[2]据高尔斯顿认为，这个观点可以归纳成为下列的基本信条：

> 1. 价值多元论不是相对主义。善与恶之间、善与邪恶之间的区别是客观的，有理由得到辩护的。
>
> 2. 各种客观的善不能完全排列次序。意指：对于全部的善，没有一个共同的标准，善在质量上是异质的。意指：没有对于全部个人都是至善的“总体的善”（summum

[1] 查尔斯·泰勒，《善的多元性》，参见《以赛亚·伯林的遗产》（纽约：New York Review Books，2001），117。

[2] 参见《多元论：罪因多样性的哲学和政治》（伦敦：Routledge，2000）；乔治·克劳德，《自由主义与价值多元论》（伦敦和纽约：Continuum，2002）；威廉·A. 高尔斯顿，《自由多元论：价值多元论对于政治理论与实践的意义》（剑桥：Cambridge University Press，2002）。

> bonum)。[……]
>
> 3. 有些善是基本的，因为这些善构成了人的生活值得选择的概念的一部分。[……]
>
> 4. 在基本之善这一极为简短的列表范围之外，还有范围广泛、合法的多样性——关于良好生活的个人性质的概念、公众文化和公众目标。[……]
>
> 5. 价值多元论有别于各种形式的 [……]“一元论”。某一种价值理论 [……] 如果 (a) 把善归结为一个共同的标准，或者 (b) 在各种善中间创造一种综合性的等级或者次序，则它就是一元论的。[1]

乔治·克劳德明确提出一种不同的多元论，强调不可比性论纲中固有的张力。在他看来，这一理论中有四个基本的组成
266 部分：

> 第一，多元论者声称，存在着某些基本的普遍价值观，对于这些价值观的享受促进人类的繁荣。[……] 第二，对于人类来说珍重的事物——包括普遍性的和地方性的价值观——是多元的或者几重的。[……] 多元论的第三个组成部分是最清晰的。亦即，价值观不仅是多元的，而且可能彻底如此：价值观可能是互相不可比较的。[……] 对于价值多元论者来说，没有哪种基本的价值比任何其他基本价值内在地更为重要、更具权威或者更为重大，没有

[1] 高尔斯顿，《自由多元论》，第 5—6 页。

> 一种能够包含或者概括全部其他的价值观。[……] 第四，这些多元论的和不可互相比较的价值观，在个别的场合下，彼此可能发生冲突。亦即，这些价值观可能是互不相容的或者彼此排斥的，一个的实现要牺牲或者损害另外一个。[1]

伯林觉得很难因为在伦理学中开创新的多元论方向而独享声誉：“我不相信我是第一个想到说出某些终极价值观相互冲突这样明显的事的人。”[2] 然而，正是他的研究“协助发起在现代道德哲学中现在可被认为羽翼丰满的价值多元论运动”。[3] 而且，在多元论运动中，“对立的论点和流派已经出现”。[4]

二

按照克劳德的解释，多元论观点的中心意义是，构成问题的选择乃是不可比较物之间冲突的必然后果。[5] 他和约翰·格雷研究了价值冲突这个主题。格雷总结出我们经验中目的与价值观冲突的三个层次：(1) 在任何的道德之内或者行为准则之内——在终极价值观之内（例如在自由与平等之间），(2) 在繁复的价值观本身之内（例如在“免于……的自由” 267

[1] 克劳德，《自由主义与价值多元论》，第 2—3 页。
[2] 1991 年 10 月的谈话，上文第 123 页。
[3] 高尔斯顿，《自由多元论》，第 5 页。
[4] 下面的一个论点见于文献：“自由的”和“反自由的”多元论（参见克劳德，《自由主义与价值多元论》，第 3 章、第 4 章）；“悲剧的”和“温和的”多元论（参见莱利，《扭曲之材与自由的文化》，第 120—155 页）。
[5] 克劳德，《自由主义与价值多元论》，第 3 页。

和“做……的自由”之间)，(3) 在完整的生活方式和风格中间（例如不同的文化形式所代表的)。[1] 克劳德指出价值冲突的两个主要根源。第一，人实现各种价值观的能力受到经验环境的限制。按照物理学的法则，人不可能同时既在图书馆又在海滩。第二，有些冲突起源于所涉及价值观的性质本身。独立的、不受限制的自力更生的生活必定要排除忠诚于一个大家族和亲密婚姻关系的生活。[2]

一个关键的问题产生——在价值冲突的条件下，还可能做出合理的选择吗？这个问题在多元论运动中引发出两个对立的论点。第一个是，有时候（相当地误导地）被贴上“悲剧多元论”的标签，对合理解决所有冲突的可能性提出质疑。根据这个观点，在所出现的情况中，理性遇到了一个无法逾越的障碍——人们为了本身的目的而追求的各种终极价值观互相不可比较。走出这样一个困境的唯一方法是做出一个激进的、随意的选择，这就意味着某些必然的损失。这一论点的变体代表人物不仅有伯林，还有斯图亚特·汉普舍尔、约瑟夫·拉兹、约翰·格雷。[3]

多元论的另外一些追随者，被贴上“温和的”标签，表现出多一些的乐观主义，认为能够整合彼此竞争的价值观，虽然他们承认悲剧性的损失不可避免。托马斯·内格尔因为主张“寻找更高级的价值观，或者能够解决冲突的方法”，所以接

[1] 格雷，《以赛亚·伯林》，第 42—43 页。
[2] 克劳德，《自由主义与价值多元论》，第 55—56 页。
[3] 我同意克劳德对这一点的解释：参见《自由主义与价值多元论》，第 6 页，注释 3。

受了这个观点。[1]泰勒持有相似的希望："努力造就一个环境，
让两种受到珍视的善结合起来，或者至少在更高的水平上得到
平衡，永远是有意义的。[……] 如果我们以一个亚里士多德
的框架来接近价值多元论，则这样的宣示和平衡是可能达到
的。"[2]看来，在1998年秋天纽约人文学院为纪念伯林逝世一
周年举行的会议上表达出来的这样乐观的期待，在四年以后得
到实现。克劳德的《自由主义与价值多元论》中提出在冲突的
价值观之间可以合理地做出选择的论纲。克劳德认为，多元论
意味着两种纲领——个别的和普遍的——都能够在多元的价值
观当中引导做出理性的选择。前者通过对于做出选择的语境的 268
注意使理性选择成为可能。后者主张使用一套普遍性的原则，
据克劳德认为，这些原则蕴含在多元论本身之中。[3]

虽然有这些区别，但是价值多元论的两种方法都具有一个重要的特征——"他们都认真对待价值冲突"。[4]双方都承认价值观不可比较这一现象，亦即做出"激进的"或者"艰难的"选择带来的损失不能充分偿还这一事实。因此，价值观的冲突和在其中做出的选择有一个悲剧的维度。在伦理学中多元论论点拥戴者所面对的整个问题清单中，让我们专注于被认为是价值多元论中悲剧因素的东西。特别是，让我们分析伯林和波兰哲学家莱古特科代表的对立立场。伯林认为，悲剧的现象

[1] 托马斯·内格尔，《多元论与连续性》，见《以赛亚·伯林的遗产》，第110页。
[2] 泰勒，《善的多元论》，第118页。
[3] 克劳德，《自由主义与价值多元论》，第3，5，6，7，8，10章。
[4] 这个"德沃金复述"来自斯蒂文·卢克斯；参见他的《道德冲突与政治》（牛津：Clarendon Press，1991），第1，2章。

从伦理学多元论方面可以得到最好的理解，而在莱古特科的观点中，多元论实际上是一个反悲剧的概念，只有一元论的观点才允许我们承认价值冲突固有的损失乃是人类的悲剧。

三

理夏德·莱古特科1994年在《批评评论》上著文，[1]激烈批评得到公认的论点：价值多元论恰当揭示了人类环境的悲剧维度。[2]他点燃的争论一直延续至今。

因为莱古特科的论据显得十分重要，所以我向伯林做出报告，他在1997年6月28日给我的一封信里批判了这些论据。[3]一年以后，莱古特科用波兰语发表了两篇文章作答。[4]
269 但是，这并没有结束分歧。在2002年，克劳德参加了讨论。既然这场争论依然显得活跃，也就值得回顾一番迄今的过程。

莱古特科提出多元论完全没有悲剧特征的论纲。第一，它忽略了终极价值的宗教维度。第二，它缺乏认知悲剧所最需要的两个因素：必然性概念和统一性概念。如果没有非人格的必然性——命运，或者更高一级的道德指令——就不可能有悲剧。[5]如果没有道德统一性也就没有悲剧：

[1] 参见上文第94页，注释1。
[2] 同上。
[3] 参见上文第101—102页。
[4] 理夏德·莱古特科，波兰语发表的《论后现代自由派保守主义》（不同于用英语发表的同一标题的文章），参见《论世风狡黠与虚假的真实》（克拉科夫：Stalky I Spolka，1999），第75—101页，和《论客观的价值多元论》，参见《二十世纪末的自由主义》，Justyna Miklaszewska编（克拉科夫：Meritum，1999），第25—37页。
[5]《论后现代自由派保守主义》，第6页。

如果能够谈论悲剧性的现象，我们就必须假设，不仅价值观有一种客观的性质，而且价值观也是强劲地统一的——而且是客观地，甚至一如悲剧演员那样，是形而上学地，亦即，以某种总体的正义的形式统一——因而我们必定感到有义务追求其最重要者，既是它们是相互矛盾的。因此，悲剧性体现出价值观客观统一性和毫不妥协地追求这些价值观的必然性，这十分不同于我们自己的偏好——甚至以忍受痛苦和最终的牺牲为代价。[1]

在莱古特科看来，道德多元论本质上是反悲剧性的。[2] 例如，从价值多元论看，安提戈涅和克瑞翁“往最好里讲，是不切实际的教条主义者，往最坏里讲是顽固的呆瓜，没有能力看到对于他们而言，唯一明智的解决办法是某种妥协，而他们竟毫无道理地拒绝了”。[3] 伯林的论纲是：给人类选择活动带来悲剧维度的不可比较性质的理念来自反启蒙运动的思想家，而希腊人不善于认同它。莱古特科与伯林对立，坚定地强调，正是古代人发现并且解释了悲剧性的概念。他辩解道，以多元论为基础，人类的选择——特别是在低级的善当中做出的选择——事实上是卑微的，不是悲剧的；多元论给予悲剧一种浅薄的解释。莱古特科问道，在两种显然不可比较的价值观——当神父还是当兵——之间做出选择，有什么悲剧性可言？答案

[1] 波兰文语发表的《论后现代自由派保守主义》，第 81 页。
[2] 同上，第 6 页。
[3] 同上。

是，这样的困境与夏天留在家里还是外出休假相比，没有更多的悲剧色彩。

伯林的书信回复是他自发性思考的一个记录，因而没有充分满足准确和连贯性的要求。他回复中最重要的反驳出现在下面的段落里：

> 270 他（莱古特科）说得很好，一个人能够选择当神父或者当兵，如果他选择其一，就不可惜其二——当然，也就没有痛苦——像他所说的：我去散步，或者不去。而当两种价值观都强烈地拉扯你，痛苦就来临，随之而来的是悲剧（悲剧涉及的就是这样的事）。你对二者都深深忠诚，想要实现二者，它们都是你据以生活的价值观；如果二者冲突，你就不得不牺牲其中之一，除非你找到妥协的办法，这个办法不能完全满足你的愿望，但是能够防止剧烈的痛苦，总之，防止悲剧。这就是妥协的价值。[1]

值得注意的是，莱古特科在分析中忽视了上述的关键的一段。伯林以下面的方式论述了悲剧性的性质："悲剧是给雅典观众的，他们大概是相信这两套价值观的，相信安提戈涅遵守的不成文法、永恒法则和克瑞翁的信念，亦即，国家是最终的权威来源。[……] 无论哪一方赢，另外一方的损失对于观众都是痛苦的来源，因为观众相信这两个不可调和的方面。这是

[1] 1997 年 6 月 28 日信，上文第 101 页。

悲剧性的。”[1]莱古特科的反驳是直截了当的：“我觉得很难辩论这一点，因为这是我自己采取的姿态。”[2]

克劳德对克瑞翁—安提戈涅冲突提出一种不同的解释。按照他的见解，人类某些选择的悲剧性质源于对损失的感受，这是在冲突的价值观中牺牲其中之一而带来的不可避免的后果。这样的损失在某种意义上是绝对的：不能由竞争价值中的得益予以补偿。克劳德正是从这些——典型多元论的——方面来感受克瑞翁面对的困境的悲剧性维度的。“在他的政治角色中尊重法律——他有义务处决安提戈涅，另一方面，作为安提戈涅的叔父和未来的公公，他应该敬重家庭关系的要求。在这样的两个局面中，他必须做出抉择。他倾向于国法的决定没有令他——至少在最后——盲目不见这一抉择的代价的绝对性质。”[3]

四

对于莱古特科有洞察力的和多方面的批判，很难给予简单的回答，但是我注意到，令人意想不到的是，他是既正确又错 271
误的。他正确地指出，在悲剧性的现象中——就像索福克勒斯理解和解释的那样——价值观的统一性理念是固有的。可惜这不是独创的论据。在莱古特科提出这个反驳以前十二年左右，阿拉斯戴尔·麦金太尔也提出来了同样的思想，也是在批判伯

[1] 1997年6月28日信，上文第101页。
[2] 波兰语发表的《论后现代自由派保守主义》，第100页。
[3] 克劳德，《自由主义与价值多元论》，第71—72页。

林伦理学论点的语境中。据麦金太尔认为，索福克勒斯的悲剧之所以强有力，正是因为他的悲剧假定存在一种客观的道德秩序，但是因为人类的理解有瑕疵，人不善于把竞争的道德真理协调起来。[1] 麦金太尔强调说，在希腊思想中索福克勒斯的观点是独特的，并且拿它来和柏拉图与亚里士多德的道德概念对照。更早一些时候，伯林提出类似的观察："古代世界有些怀疑论思想家，例如卡涅阿德斯［……］就说出了令人不安的思想：有些终极的价值观可能是彼此不相容的，所以任何的解决办法在逻辑上也不能收容全部这些价值观。［……］这其中有些事物也似乎深藏在索福克勒斯、欧里庇得斯的悲剧里。"[2]

然而，上述的几段文章没有能够完全使得莱古特科的论纲止息。一个关键的问题产生了——统一范畴的缺失，根植于多元论世界观的这缺失现象，是否意味着悲剧的消失呢？索福克勒斯的观点是不是唯一的从中可以察觉到悲剧性现象的视角呢？对于这两个问题的答案都是否定的。

现代哲学引发出对于悲剧的各种各样的解释。这个主题出现在下列人士的思考之中：帕斯卡、休谟、黑格尔、叔本华、海德格尔和萨特。黑格尔的贡献标志着一个重要的突破，他提出悲剧行为的一个新的范式，出发点是义务的冲突，而不是痛苦、怜悯和洗罪。我们来集中看看马克斯·舍勒 1915 年在《论悲剧性现象》中提出的悲剧理论。除了把舍勒的情感推

[1] 麦金太尔，《追寻美德》（伦敦：Duckworth，1985），第 143 页。
[2] 伯林，《赫尔德与启蒙主义》，参见《启蒙的三个批评者》，亨利·哈代编（Princeton，NJ: Princeton University Press，2000），第 233 页。

论和多元论特有的经验论观点分开，还有把舍勒的等级体系和伦理学多元论见解分开的深刻区别之外，显得很奇异的是，他提出的对悲剧性的解释大体上是符合多元论的观点的。舍勒不仅把悲剧性看作一个美学范畴，而且还看成一个伦理学的范畴，于是关注它的客观的特性：“‘悲剧性’［……］事物本身给予的这一沉重的凉爽气息，其周围的这一黑暗的闪亮——从这里出发，世界的一种特殊的性质——不是来自我们的‘我’，它的感觉、同情和恐惧的经验——在我们面前朦胧出现。”[1] 这样，悲剧的复杂内容是客观现实所固有的，而不是在于人对它 272
的主观的反应。这些内容只可能发生在“价值观的领域和价值观之间的关系之中”。[2] 在一个没有价值观的世界中——一个纯粹的物理的世界中，是没有悲剧的。舍勒划分出三个概念：悲剧的“诅咒”、悲剧的“结点”、悲剧的错误。悲剧性的现象包含了某种价值的毁灭；它以最清晰和最敏锐的形式出现的情境是，同样高贵的两种价值观的拥有者看来都命定要彼此清除和灭迹。[3] 这样的诅咒渗透在现实之中，而现实则正是这样地构建的：诅咒包含在世界的建构之中。这个建构似乎密切寻找着这样的事件，是它催生了这样的事件。[4] 悲剧事件的另外一个重要特征是其不可避免性。价值观之毁灭的“内在”必然性不是来自外在的因素，而是来自事物永恒的性质和人对某种悲

[1] 马克斯·舍勒，《论价值的变迁：论文集》，《选集》，卷 3（波恩：Francke Verlag，1955），第 151 页。英语译文是我完成的。
[2] 同上，第 153 页。
[3] 同上，第 155 页。
[4] 同上，第 157 页。

剧性命运的经验感受。[1] 现实为冲突“做好埋伏”，经常“将自身捆绑在”悲剧性的“结点”中，因为事件的因果进程不在乎价值观。悲剧性的顶点是罪咎感，主角陷入其中；是罪咎感降临于主角，而不是主角寻找罪咎感。他所在的处境排除了正确的解决方式。“道德或者‘受谴责的罪咎感’在于选择的行动；悲剧性的或者‘不受谴责的罪咎感’在于选择的领域。”[2]

莱古特科认为悲剧性所必不可少的两种组成部分，舍勒只收入一项：必然性范畴。但是，他的理解和莱古特科不一样——不是作为某种命运或者某一道德的最高指令，而是作为某种价值毁灭的不可避免性。这样的理解完全符合多元论的观点，这一观点有力地强调价值观冲突中固有损失的不可避免性。

可以说，在这样一段长时间内，悲剧的理论经历了某种演变，其结果是赋予悲剧各个方面的重量有某些变化。其中有些现在被看得更有意义，有些不再受到重视。前者无疑包括价值论的冲突以及它带来的损失，后者则包括价值观的统一和人类与不可预计的、非理性的力量的斗争。多元论者们重点强调了
273 价值的冲突和损失。然而，其中没有一个在每一项选择行动中都鉴别出来悲剧的因素。莱古特科指责约翰·格雷对悲剧性的解释“轻浮”，但是后者也绝对不认可这样的观点。“善包含价值的冲突这一事实不是指人的环境必定总是悲剧性的。当然，

[1] 马克斯·舍勒，《论价值的变迁：论文集》，《选集》，卷 3（波恩：Francke Verlag，1955），第 161 页。
[2] 同上，第 168 页。

悲剧性的选择不能从伦理的生活中排除。普遍性的价值观提出互相冲突的要求，正确的行动却可能包含错误。于是必然出现悲剧。”[1]

莱古特科正确地把某种反悲剧性的特质归于多元论了吗？换句话说，多元论的观点不可能使人陷入一种没有良好出路的处境，而这一处境不可避免地导致“失败”（如果不是负疚），继而导向为不可避免的损失而承担责任。是这样的吗？格雷声言，生活是比传统的伦理学更为繁复的。在他看来，伟大的文学，和生活本身，给存在的复杂情况带来了最多的说明。[2]

波兰电影导演克日什托夫·基耶斯洛夫斯基在自传里回忆起他有一次做出的一个困难的选择：

> 军管——十分可怕。在我看来，这是全国人民永远也不能原谅政府的事，人民要造反的。我立即开始在几封抗议信、几份请愿书上签字。开始的时候，我妻子觉得很难。她觉得我对她和孩子是要负责的。她是对的。与此同时，我知道我要对更多的事务负责。这正是没有能力做出良好选择的事例。如果说从社会的观点看选择是正确的，从家庭观点看就是错误的。我们必须选择较小的恶。这个较小的恶就是我上床睡觉，沉沉睡去，像狗熊一样。[3]

[1] 格雷，《自由主义的两个面貌》（纽约：New Press，2000），第 10 页。
[2] “生活比传统的伦理学更繁复”，Bronislaw Wildstein 和约翰·格雷的谈话，参见 Bronislaw Wildstein，《世纪侧影》（华沙：Policja，2000），第 176 页。
[3] 基耶斯洛夫斯基，《自传：谈自己》，Danuta Stok 编（克拉科夫：Znak，1997），第 93 页。

这个人——安提戈涅现代的化身——所在的处境令他需要毁灭某种善吗？无论他信或者不信“价值观的客观统一性”？如果他不信，我们是否有权利因为他感受到的道德上的不舒适而称他为“顽固的呆瓜”？最后，是价值观客观统一性论题更
274 有助于我们了解他的立场呢，还是伯林对于一个被彼此冲突的价值观往不同方向揪扯之人所感受的痛苦的阐释呢？可能有人质问，基耶斯洛夫斯基放弃的善是否大得足以让人称他的选择是悲剧性的。但是无论如何，两个冲突的价值观里的一个都为了另一个而不可挽回地牺牲了。

然而，有些涉及存在的复杂情况没有引发出这样的疑问。在和布莱恩·麦基的一次谈话中，伯林考虑到了在一个假设的情况下做出理性选择的可能性：没有足够的透析机器，必须做出决定，挽救谁的生命——一个伟大的科学家或者一个天真烂漫的儿童。[1] 对于他来说，答案是显而易见的——在两个不可比较的终极价值观之间的冲突中，理性的选择绝无可能。没有办法理性地维护这样的决定，因为这是面对极度两难困境做出的决定。

生活带来了这一理论难题的某种解决办法。请看看一位波兰肾病学专家，弗朗齐歇克·科科特的一段回忆：

> 我常常感觉自己是一个刽子手。一个病人需要透析，我没有足够的器械。我吩咐他等着［……］就好像我做出

[1] 布莱恩·麦基，《和伯林的对话》，参见《思想家：现代哲学的几位创造者》（伦敦：BBC，1978），第 31 页。

> 了一个死刑判决似的。病人一般都是在轮到做透析以前死去。我总是听命于机缘摆布。有几个病人的时候，我就把器械连接在第一个到来的人身上。我对他们一视同仁，不论他们是工人、清洁工、神父还是教师。这样，我在心理上没有抉择的负担。我忍受不了。如果我决定，例如，把这一个人连接在透析器械上，不连接那一个，那就意味着，我有意识地判定他们之中的一个人死刑。有一次，地方党委会给我打电话："请您把X同志列入透析名单。"党的一位书记要求。我回答说："同志，好吧。明天我给你送去二十个透析病人的名单。请您去掉一个名字，填上您说的那个人的名字吧。"他没有敢这样做。[1]

伦理学多元论一个认真的拥护者将会这样地解释他的立场。生活使得他在清晰的、终极的、不可比较的价值观中面对一种选择；在他看来，这样的一个冲突排除了做出理性决定的可能。上面提及的同志正是这样地解释了这个情况的，虽然他大概多有做出艰难抉择的经验。让我们用舍勒的话来说明这个情况吧。在这个人能够做出的任何一个决定中，不可避免的、必然的损失都是固有的。现实本身被捆绑在一个悲剧性的结 275
点上——面对同样高度的价值间的冲突，这个人没有机会找到两全其美的出路。他尽量避免责任，可是无法谴责的悲剧性罪咎自己降临到他身上。正因为如此，他有时候觉得"像是一个

[1]"我常常感觉自己是一个刽子手"，瓦托拉、科尔特科和科科特的谈话，《选举报杂志》，2002年1月10日，第26页。

刽子手”。无疑，他所在的处境带有舍勒形容的悲剧性的全部标志。

道德冲突的地位一直是多元论分析的主题，包括斯蒂文·卢克斯和乔治·克劳德的分析。[1] 他们认为，一元论的理论以两种方式寻求避免承认道德的冲突——或者将其解释为一个错误、一种无知，或者个人的或社会的病理（柏拉图、亚里士多德、阿奎那，以及他们的继承人），或者提出一个涵盖一切的原则，这个原则向我们提供针对一切道德语境的实际的决策程序（现代康德主义和实用主义）。相对主义剥掉了道德冲突的全部的意义，将其解释到零，提出一个结构，全部被说成冲突的要求各得其位——都值得接受。主观主义的理论以另外一种方式拔掉道德冲突的针刺，办法是涂抹掉基于某些理由的相互冲突之要求的概念。例如，情感主义把道德看成表达或者引发精神和感情不同状态的一种方式。[2] 只有多元论，因为承认价值的多元性、互不相容性和不可比较性，才充分地说明了道德的冲突。只有多元论的见解才允许充分的解释和描述。用德沃金的话来说，只有多元论“认真地对待道德的冲突”，看出其中的意义，把某种意义给予这一基本的伦理经验。[3] 多元论者不是教条地坚持他们的论点不放，而是意识到他们的对手不是没有反驳的论据的。克劳德公开承认：“不可比较性的案例，更概括地说，价值多元论的案例，在逻辑上不是无懈可击

[1] 参见卢克斯，《道德冲突与政治》，第 1 章；和克劳德，《自由主义与价值多元论》，第 64—73 页。
[2] 卢克斯，《道德冲突与政治》，第 3—4 页。
[3] 同上，第 20 页。

的，但是，关于道德性质的有趣主张，在这一层意义上是完全坚不可摧的，即便有也少而又少。”[1] 那么，认真对待道德冲突，因而最充分地揭示了它的多元论，可能像莱古特科认定的那样，构成一个“固有地反悲剧性的概念”吗？而且，的确被设想成这样的吗？虽然对第一个问题否定的答案可能成为商榷的对象，对第二个问题的这样一个答案看起来不容反驳，因为情况恰恰是相反的。在强调达到某种最终和谐之不可能（因为人类追求的价值观不可比较的性质）时，多元论者十分强调， 276
不能解决的冲突还可能不可挽回地破坏了消除人类生活的痛苦和悲剧这一希望。

最后，多元论者认为，悲剧性的现象构成“某种时代错误和总体上危险之物？”[2] 相反，道德的挣扎和痛苦的困境有时候会包含悲剧性选择，这些情形存在于人类经验的核心。妥协没有仅被设想为“弥合”一个裂纹——因为其性质不可免除——而是作为脱离困境的唯一可行实用的出路，也是解脱痛苦的根源。[3] 但是，如果把莱古特科的论题指向相对主义，则它变得可以理解和有效。他说：“在一个碎片化的世界上，没有道德的中心，只有种种的边缘，每一个边缘都变成自己的互不相连的中心：许许多多的选项都被认为同样地好，因此很少有人会为替代的生活方式或替代的道德观而感觉低人一等。”[4] 但是，这个见解不符合多元论的观点。多元论不仅假设普遍的

[1] 克劳德，《自由主义与价值多元论》，第 72 页。

[2] 莱古特科，《论后现代派保守主义》，第 101 页。

[3] 我在拙著《伯林的自由主义哲学》中发挥了这一观点，第 152 页。

[4] 莱古特科，《论后现代派保守主义》，第 6 页。

价值观，而且还提出某种伦理的知识。[1]

五

与此同时，看来莱古特科的辩论在一定程度上是正确的——因为，从心理学的观点看，一元论的见解，就其古代的体现而言，令悲剧性现象在其中获得了最大的浓缩和深度。对于价值观客观统一的信赖预示了和平与和谐；悲剧主角经验的痛苦和被分裂感，因为他发现一个无法解决的冲突并且承认了其性质，而变得强烈。这一点经验让他认识到，用舍勒的话来说，他恰好生活在“可能发生这样的事”的世界。在这样的一个时刻，保护他的帷幕被揭开；在这一时刻，他
277 失去了在这个世界上的安全感和方向感。他坚守的伦理学体系事实证明不能解释他所在的环境。正如泰勒所说的，为了适应万事，一元论必须忘记人类十分之九的动机和价值观。[2]从心理学观点来看，“古代主角”的处境比这样的一个人的处境更困难得多——这个人意识到了现实中的悲剧特征，而且熟知有时候生活带来不可解决的困境。主观地看，一元论更密集地混合了悲剧。另外一方面，多元论（由于它“认真地对待道德的冲突”）公开承认，困难的、常常是不可解决的难题是深深地根植于人类的处境之中的。它就是这样地揭示了

[1] 约翰·格雷澄清了这个理念：“价值多元论接近确认道德知识可能性的伦理学理论的程度，超过接近人所共知的那些种类的怀疑论、主观主义或者相对论。这一点使得我们能够把对于善的一些判断视为错误而拒绝。”格雷，《自由主义的两种面貌》，第 6 页；也参见第 54—55 页。
[2] 泰勒，《善的多元性》，第 67 页。

人在世界上的处境中客观存在的、悲剧的维度。它强调选择的必然性和损失的不可避免性。从这一方面看，多元论比一元论更具悲剧性。 278

价值多元论与自由主义：相互联结还是彼此排斥？

一

以赛亚·伯林关于多元论的“主导思想”被贴上的标签是“对西方核心古典传统的致命打击”[1]和“安放在学界中因故未得爆炸的炸弹”。[2]但是就像我在别处说过的那样，这已证明是一个引线导火延迟的炸弹。[3]因为真的爆炸了。在过去的十年，在伦理学和政治哲学中，价值多元论一直是受到最激烈讨论的命题之一。而且，在这场运动中，已经产生了对立的论点和派别，这就是“自由的”和“非自由的”多元论；“温和的”和“悲剧的”多元论。[4]在政治哲学的领域，最激烈争论的问题——从多元论论点主导了辩论的，似乎是多元论和自由主义的联结点，亦即，涉及多元论是否为自由主义提供某些积极的支持或者实际上在颠覆它。这个问题早在1980年代就有人提出。罗伯特·科齐斯批评他在伯林思想中看出的两个矛盾的脉络——康德的道德普遍性和赫尔德的多元论，同时质疑从多元论观点支持将自由理念作为一种被赋予特殊地位的价值。[5]迈

[1] 约翰·格雷，《不可避免的冲突》，《泰晤士报文学副刊》，1991年7月5日，第3页。
[2] 泰勒，《善的多元性》，第117页；比较上文第266页。
[3] 贝阿塔·波兰诺夫斯卡-塞古尔斯卡，《多元论与悲剧》，收入本书。
[4] 参见上文第267页，注释4。
[5] 科齐斯，《论人类道德发展的连贯理论》，第374—375页。

克尔·桑德尔参考了熊彼特下列的思想，这是伯林在他的《两种自由概念》中以明显的赞赏态度引用过的："认识到一个人信念的相对有效性，却又能毫不妥协地捍卫这些信念，正是文明人区别于野蛮人的地方"[1]——继而提出下列最有意义的问题： 279

> 如果一个人的信念仅仅是相对有效的，为什么还要坚定地捍卫呢？在一个以悲剧含义建构的道德世界中[……]自由的理想比与之竞争的理想更少地遵从价值观终极的不可比较的特点吗？如果是这样的话，它特殊的地位是由什么组成的呢？如果自由没有道德上的特殊的地位，如果它只是众多的价值之一，那么关于自由主义能够得到什么评论支持呢？[2]

桑德尔的反对意见涉及了伦理学多元论如何为推崇自由提供依据的重要问题。关于这个难题的争论在1990年代迅速发展。早期的乔治·克劳德认为价值多元论正确，检验了它对自由主义的含义。这些研究引导他得出下列的结论：

> 价值多元论本身没有支持自由主义个案的倾向。从多元论向自由主义运动的尝试遇到了各种困难，而有一个持续的问题是突出的。价值观是"多元的"[……]这一事

[1] 约瑟夫·A. 熊彼特，《资本主义、社会主义和民主》（伦敦，1943），第243页，伯林在《两种自由概念》中引用，参见《自由论》，第217页。
[2] 迈克尔·桑德尔，《自由主义及其批评者》序言（牛津：Basil Blackwell，1984），第8页。

> 实没有告诉我们，在我们从人类生活所知道的范围广大的价值观中哪些是我们应该为自己和我们的社会机构选择的。多元论告诉我们，我们必须选择，但是不告诉我们选择什么。它不给予我们不拥抱某些价值观的理由，纵然这些价值观自己或者和其他的价值观结合起来，具有非自由的含义。[1]

在1990年代早期完成的文献当中，[2] 有两个重要的贡献标志着关于多元论—自由主义的讨论中的一个突破。二者都始于1993年，在以后的出版物中得到发展。根据这二者，在多元论和自由主义之间没有逻辑的联系；事实上，多元论破坏了自由主义。因此，自由主义或者应该被多元论者完全放弃，或
280 者，最多承认其为偶然的地方性的传统。这些贡献是约翰·凯克斯和格雷做出的。这两位反自由主义的多元论者的个案引起一场活跃的辩论。他们的批评姿态从多元论角度开始了对于伯林的自由主义论据的研究。伯林自己也参加了讨论，但是主要是在私人的谈话和书信中表达了他的意见，[3] 没有公开发表他的见解。反自由主义的论证催促自由派思想的多元论者做出反应，因而出现以这一立场为出发点的系列著作。最有说服力的自由论著述是威廉·高尔斯顿和后来的乔治·克劳德做出的；

[1] 乔治·克劳德，《多元论与自由主义》，《政治研究》42（1994），第303页。
[2] 参见卡提卜，《多元论札记》，参见《社会研究》61（1994），第511—537页；卡莰纳尔逊，《恰当维护的自由主义：论格雷和政治生活的充实》，《社会研究》61（1994），第611—630页；拉莫尔，《多元论与合理的分歧》，《社会哲学与政策》11 No 1（1994），第44—60页。
[3] 收入本书：1995年5月的谈话和1997年的通信。

克劳德从根本上改变了他的见解。

研究像多元论与自由主义之间关系这样深广的问题，必须限制研究的范围。所以我只局限于几个最主要的议题。在对于论有关主题的辩论采取了历史的研究态度之后，我首先大体地提出反自由主义的论证，主要注意约翰·格雷的论点。第二，我要简短地再现我自己在1990年代做出的分析，因为我受到了和伯林个人接触与书信交流的鼓励。第三，我要论述一下伯林对格雷批判的反应。第四，我要概述自由派对反自由派争论的反应。在这一阶段，我将要集中注意克劳德的研究，因为他的研究形成了自由派多元论最强有力的理由。最后，我想要得知，克劳德的论据是否能够成立。

二

凯克斯在《多元论的道德》(1993) 中反驳多元论和自由主义的相容性质，认为现代自由派把一种凌驾一切的程序价值的地位加诸下列的价值：罗尔斯加诸正义；伯林加诸人权；德沃金加诸平等；拉兹加诸自由。他们对基础程序性自由价值凌驾一切性质的支撑，认真地说，事实上等于他们放弃多元论。凯克斯总结道："因此，自由主义和多元论不能放在一起。"[1]
他认为，对于多元论最友善的政治制度是保守主义，它尊重地方传统，为解决价值观冲突提供适合的伦理学语境。在他以后的两部著作《反对自由主义》(1997) 和《保守主义的理由》 281

[1] 约翰·凯克斯，《多元论的道德》(普林斯顿，NJ：Princeton University Press，1993)，第207页。

(1998) 中，他从多元论立场发挥了保守主义的论据。凯克斯对自由多元论的批判受到克劳德的有力反驳 (2002)。本文将对他的论据提出简要叙述。现在值得提示的是，如果在伯林的自由主义中有什么具有特别地位的价值，那就是自由。但是它绝对没有某种傲慢价值的地位。本文将对这一个模糊而歧义的观点予以解说。

1993 年，在凯克斯批判伯林的那一年，格雷在文集《启蒙的余波》(*Enlightenment's Wake*) 中，对伯林关于多元论与自由主义之间必然的联系之论题提出疑问。但是，他对这一主题的最广泛、最深入的分析则见于他有影响的著作，1995 年发表的《以赛亚·伯林》。[1] 主要受了这部著作的影响，在最近的十年中引发出大量的论伦理学多元论的著作。从 1995 年起，范围广大的作者们参加了讨论，也是集中于多元论—自由主义联结的问题。[2] 值得叙述一番格雷的批判，

[1] 参见上文第 80 页。

[2] 参见下列著作：卢克斯，《多元论是不够的》，《泰晤士报文学副刊》，1995 年 2 月 10 日，第 4—5 页；梅塔，评论约翰·格雷，《以赛亚·伯林》，《美国政治科学评论》，91，No 3 (1997 年 9 月)，第 722—724 页；沃尔泽，《自由主义有界限吗？》，《纽约书评》，1995 年 10 月 19 日，第 28—31 页；弗里德曼，《多元论还是相对论》，《批评评论》 11，No 4 (1997)，第 469—480 页；魏因施托克，《伯林的格雷化》，《批评评论》 11，No 4 (1997) 第 481—501 页；祖尔，《价值多元论与政治自由主义？》，《社会理论与实践》 24 ，No 3 (1998)，第 375—392 页；布洛克兰，《伯林论多元论与自由主义：一种保护吗？》，《欧洲的遗产》，4 ，No 4 (1999)，第 1—23 页；高尔斯顿，《价值多元论与自由主义政治理论》，《美国政治科学评论》 93，No 4 (1999 年 12 月)，第 769—778 页；Hans Joas，《把价值多元论和道德普遍论结合：伯林和以后》，《社区的反应》 9，No 4 (1999 年秋)，第 17—29 页；莱斯诺夫，《以赛亚·伯林：一元论与多元论》，参见《二十世纪政治哲学家》 第 8 章 (牛津：Blackwell，1999)；马克编，《自由与多元论》 [《社会研究》 66，No 4 (1999 年冬)] 收入的论文；巴格勒米安和英格拉姆编，《多元论：哲学与多(转下页)

因为伯林后期对于这一主题的评论是由格雷的论证引发出来的。

格雷首先形容伯林的自由主义是“独特的和高度独创性
的自由主义”，“审议得最深刻，维护得最有力”，“是迄今提
出来的最重大的和最可信的，因为它承认理性选择的限度、
确认了某种激进选择的现实。”[1] 他强调这样一个事实：这个 282
独创的自由学说，在伯林那里，是受到多元论的“主导”论
纲支持的。在赋予伯林的成就这样崇高的价值之后，格雷继
而研究多元论与自由主义之间的关系问题。他分析了价值
多元论可能借以支持自由主义的价值观和实践的三个推理
脉络：

1. 对于“我们凭借消极自由所保护的选择，在互相不可比较的价值观中间选择我们的道路”这一论据，他的回答是：“选择［……］会继续下去，即使在没有消极自由的情况下”，因为这是“人类状况中无法逃避的必然性”。[2]

2.“如果善与恶之理性互不相容这一激进的价值多元论论纲是真实的，则国家永远没有充分的理性根据把特殊的

（接上页）元性的政治》收入的论文；莱利，《阐释伯林的自由主义》，《美国政治科学评论》95，No 2（2001），第283—295页；莱利，《在自由的限度之内保卫文化多元论》，《政治理论》30，No 1（2002），第68—97页；高尔斯顿，《自由多元论》；高斯，《多元论自由主义：无须公众理由而满足？》，《自由主义的现代理论》第2章（伦敦：Sage，2003），第25—55页；卢克斯，《自由派与食人派：多样性的含义》（伦敦：Verso，2003）。

[1] 格雷，《以赛亚·伯林》，第145页。

[2] 同上，第143，159页。

价值观等级排序强加给人民。”[1] 在格雷看来，这一论据也不成立：

> 一种特殊主义的非自由制度在把对于不可比的价值观的某种排序强加给臣民的时候，无须宣称这样的排序是独特地具有理性的，或者甚至比当前在世界上发现的其他排序更好。它只需要宣称：这样的排序根植于某种本身具有价值的生活方式，并且为其生存所必需；而这样的排序和它所支持的生活方式，很可能会因为不受限制地施行选择而陷入危险。[2]

3.“独裁主义的或者非自由的社会或者制度必定否认价值多元论”这一论据：格雷同意“价值多元论的确破坏了一些非自由社会提出的普遍要求，这些社会是马克思主义的、功利主义的、实证主义的、柏拉图主义的、基督教的、穆斯林的”，但是，他坚持“迄今的人类历史，人类可能有的前景，都充满另一些非自由的文化；就其声称容纳了的价值观而言，这些文化是特殊主义的，不是普遍性的”。然后，他举出“印度教、神道教或者正统犹太教教义”支持的独裁制度的例证，他认为，这些制度“不专注于确立它们保护的生活方式的独特或者普遍性的权威，也不是［……］否定其他的生活方式的价值。”格雷认为，正因为这样的“特殊主义的文化”避免了普遍主义

[1] 格雷，《以赛亚·伯林》，第 144 页。
[2] 同上，第 153 页。

的推理，这些文化才“显得特别适宜感知和接受价值多元论及 283
其必然的结果，完全不同的生活形式的价值和效力。”[1]

格雷的分析引导他得出的结论形成了全书的主要论纲：自由主义没有受到价值多元论的支持；多元论是一种更深刻的真实，“这一真实破坏了自由主义作为一种对理性提出普遍性要求的政治理想之地位”。“对于自由主义，是不可能有，也不需要普遍性的辩解的［……］自由主义最好被理解为一种特别的生活方式，由具有某种自我构想的人实践，不受禁锢的选择活动在其中占有中心地位。”[2]在以后的著作中，格雷继续并且发展了他对自由多元论的激烈批判：“如果多元论强有力的变体是真实的，自由主义就无法保护”[3]——“多元论和自由主义是互相竞争的学说。”[4]因此，作为伦理学理论的价值多元论不是指向自由主义的。最适合于多元论世界观的政治理想是“生活方式”（modus vivendi），它表达的信念是，世界上存在许多生活的方式，人都能够在其中兴旺。[5]格雷所主张的“生活方式”理想被经常描写成为“松散的政治‘实用主义’的一种形式”，[6]它追求在冲突的情况下通过妥协的方法达到和平共处。问题在于这样的一种政治理想依据的是承认和平既是一种

[1] 格雷，《以赛亚·伯林》，第 151—152 页。
[2] 同上，第 146，161 页。
[3] 约翰·格雷，《多元论者和自由派分手处》，参见巴格勒米安和英格拉姆，第 86 页。
[4] 同上，第 101 页。
[5] 约翰·格雷，《自由主义的两种面貌》（纽约：New Press，2000），第 5 页。
[6] 这句话摘自克劳德，《自由主义与价值多元论》，第 119 页。

压倒的，也是一种普遍的价值。格雷意识到了这一困难；这是他提出如下保留意见的原由："追求生活方式不是寻求某种超价值。这是对于一种共同机制的忠诚态度，在这样的态度中，互相竞争的价值观能够和解。生活方式的目的不是崇高的善，甚至不是和平。它的作用是调和冲突的善。"[1]

然而，如果"生活方式"的理想要得到认真的对待，则它必须对于"调和相互冲突的善"的最高地位采取普遍的忠诚态度。2002 年，我在波兰杂志《政治展望》上发表的一篇文章中提出这一反对见解，[2] 后来在致格雷的一封书信中也有表述。他对我的批评的回应如下：

> 284 你在信中提出的关于"生活方式"（modus vivendi）的问题是一个根本性的问题。我的观点是，虽然有些价值观（人类的善和恶）是普遍性的——从物种的范围来说，但不可能存在一种具有普遍性权威的道德观。不同的个人和文化解决普遍性人类价值观之间的冲突，方式是不同的，而且这样做不是没有理由的。所以，如果"生活方式"指的是和平，它就没有什么普遍性；但是，如果是指所有的人都不可避免地面对冲突的价值观，那它倒是普遍性的了。要点是，绝大多数自由派都从基督教接受了从人类自身那里拯救人类的理念——我认为这个理念荒谬。"生活方式"

[1] 约翰·格雷，《自由主义的两种面貌》，第 25 页。

[2] 贝阿塔·波兰诺夫斯卡–塞古尔斯卡，评约翰·格雷的《自由主义的两种面貌》，《政治展望》56（2002），第 150 页。

旨在避免这一理念。[1]

遗憾的是，这个论据似乎不能解决对于“生活方式”连绵不断的疑虑。即使解决普遍性人类价值观之间的冲突的方式在不同的文化中是不同的，这样地“调和相互冲突的善”也是普遍的主张。因此，这样的理想不很适合伦理学多元论观点。一个认真忠实于“生活方式”理想的世界，将会是一个个人与文化都和平共处的世界。但是，按照格雷自己的提法，“人类生活的善是多方面的”。[2]那么，为什么这样地渴望和平共处呢？还有，有的时候，为了持久的和平和令人满意的妥协，宁可拒绝短期的和平和妥协。因此，就像其他的善那样，和平的价值是“内在地繁复的”和“固有地多元论的”。[3]“生活方式”高度抽象和严格形式化的原则显然是假定和平共处是一个和谐的整体，但是没有提出在价值本身内部解决冲突，亦即，关于如何对待前述和平“悖论”的建议。

三

格雷的讨论不仅导致多元论运动内部两个派别——自由派和反自由派——的出现；伯林自己也加入了争论。情况是，我恰好在1995年有幸见到他，后来和他保持通信，那是在格雷发表了开辟新局面的专论之后。我报告了格雷近期著作的情

[1] 给贝阿塔的电子邮件，2003年1月23日。
[2] 格雷，《多元论者和自由派分手处》，第25页。
[3] 格雷，《以赛亚·伯林》，第43页。

况，对于他对多元论的贡献提出许多问题，也提出了我的疑
285 问。伯林受到格雷批判的启发，和我讨论了他的对手提出的问题。很遗憾，他没有发表对格雷的回答。他的观点的主要来源是我们谈话的记录和他给我的信。但是，在我讨论他对多元论—自由主义联系的最后思考之前，我来叙述一下我对于他在著作中表达的观点的重建。

在伯林的著述中，多元论与自由主义之间关系这一重要问题不是注意的焦点。他的主要论文看来表明，自由的特殊地位来自这样的一个事实：它牵涉在每种选择行为中，对于至少最低限度的消极自由的保护都提供了维护人性的保证："自由——缺少一些自由，就没有选择，因而也不可能保持我们所理解的人性"；[1]"享有选择的自由，而不是被代为选择，是人之为人的一个不可让渡的成分"；[2]"压缩人进行选择的领域就是在某种固有的、康德式的，不仅是功利主义的意义上对人的伤害"。[3]自由机制"多元论基础"的脉络在《两种自由概念》中被两次提及："如果［……］人的目的有很多，而且，原则上说并非全都是相容的，那么，冲突——和悲剧的可能性就不能完全从人类生活中（无论是个人的还是社会的生活中）消除。所以，在绝对的需求之间有必要进行选择是人类生存环境中不可逃避的一个特征。这就将其价值给予了自由，像阿克顿设想的那样——作为一个目的本身。"[4]在文章的末尾，伯林提

[1] 伯林，《追求理想》，参见《人类的恰当研究》，第10页。
[2] 伯林，导言，参见《自由论》，第52页；比较上文第244，262页。
[3] 同上，第44页。
[4] 伯林，《两种自由概念》，参见《自由论》，第214页。

出多元论与自由主义之间之必然的联系这一论纲："多元论，伴随着它蕴含的那份'消极'自由，在我看来是更真实和更富人性的理想，超过那些［……］'积极'自我控制之人所追求的目标。"[1]

这一段引文似乎表明，伯林对于这一问题的论点是确定的：多元论指自由主义。伯林对于科齐斯和克劳德提出的反驳意见的答复可以被认为对这一解读的认可。在《答科齐斯》一文中，伯林断然拒绝了他对手的批判，认为科齐斯的解释不充分。[2] 在一篇和伯纳德·威廉斯一起写的对克劳德的回答中，伯林也否决了克劳德的论据，指责他歪曲地重建多元论理 286
念和极端抽象的论据。[3] 伯林的立场原本一向显得连贯，不会引发质疑，但是这一形象完全被他在和拉明·贾汉贝格鲁的一次谈话的论断破坏。贾汉贝格鲁问他，多元论归纳是否应该保护"古老的自由政治理论"，他是这样回答的："多元论和自由主义不是同样的，甚至也不是重叠的概念。有不属于多元论的自由主义理论。我相信自由主义和多元论，但是二者没有逻辑上的关联。"[4] 然而，在下面的一句话里他认定："多元论蕴含［……］最低限度的宽容"；[5] 在另外的一个语境，在提及反启蒙主义思想家造成的转折点的时候，他补充说："如果你承认对于一个问题可以有不止一个正确的回答，那本身就是一个伟

[1] 伯林，《两种自由概念》，参见《自由论》，第 216 页；比较上文第 89，245，255 页。
[2] 伯林，《答科齐斯》，参见《政治研究》，31（1983），第 388—393 页。
[3] 伯林和威廉斯，《多元论与自由主义：答复》，第 306—309 页。
[4] 贾汉贝格鲁，《伯林谈话录》，第 44 页；比较上文第 82，211，225 页，下文第 290 页。
[5] 同上，第 73 页。

大发现，它会导向自由主义和宽容。”[1]

格雷说，伯林对于多元论和自由主义的关系这一重大问题的各次论断“不完全是一个声音”。[2] 这个判断，我们必须同意。同样的歧义也出现在一个密切相关的问题上，涉及对于以伦理学多元论为基础的自由价值的辩护，亦即，伯林对于“选择上的基本自由”和“消极自由”之间的分辨。

伯林在几个语境中论及人的基本自由这个主题，对于这几段文章的分析令人想到，全亏基本的选择自由，社会自由才在其他的价值观当中获得了它自己特殊的地位。伯林坚定地强调这一事实：在任何道德学说中，基本自由都必须被设定。而在他已经发表的著作中，这样的分辨却几乎没有被提及。但是他在通信中提出了较为详细的鉴定。有关的一段值得引证：

> 在……书籍、文章或者对话中，有两种选择我没有展开讨论。一种是基本的选择，除非能够在A和B之间加以选择，否则一个人就不完全是人，不具有人性：我看你被绑在树上，或者遭受刑罚，或者别的什么，但是我可以选择接受如此的遭遇，或者努力反抗，选择弯下我的小指头，或者不弯，或者其他什么。在某个领域里，我必须具有某些基本选择的权利——如果我被剥夺了选择权利，我就变成了一个机器人，受到催眠，在此程度上不自由，因而失去人性。这类的自由，基本选择的能力，即使十分有限，

[1] 贾汉贝格鲁，《伯林谈话录》，第 73 页。
[2] 格雷，《以赛亚·伯林》，第 150 页。

> 也是被称为人者之一部分，而不是完全受本能驱使的动物
> 的一部分。然后还有政治选择，这是我论两种自由的文章 287
> 的依据：这里指的是某种不同的事——有多少道门可以敞
> 开，我就可以走过多少道门——这是免受干涉的自由，消
> 极自由。这不是唯一的价值；如果它和积极自由、安全或
> 者其他的社会价值观、其他居民的需要冲突，那它就可能
> 不得不屈服于这些价值观——这样一来，就不得不达成不
> 舒适的妥协。但是这类的自由是政治的，一定不能和人的
> 基本自由，亦即一个生物学的/心理学的实体混淆起来。
> 在众多的文化中，还没有一种人类的文化不带有基本的自
> 由——对这样的自由的压制就是对于受压迫或者受折磨之
> 人的非人化。[1]

因此，基本的选择自由被赋予特殊的地位，而消极自由只是构成了其他的社会价值观当中的一个。有一次，克劳德·加利波就消极自由的特权来源请教伯林："我们为什么要坚持消极自由，把它当成对于社会，或者说，所有的社会都绝对至关紧要的一个价值呢？"[2] 他得到的回答看来和引用过的一段有关："因为，如果没有选择权，就完全没有道德。[……] 如果没有选择权，我就看不出你是一个完全的人。如果你是一个机器人，为什么还谈论道德呢？"[3] 这又一次指出，基本的自由是

[1] 1997 年 2 月 18 日书信，上文第 87 页。
[2] 克劳德·加利波，和伯林的谈话，未发表，1988 年 5 月 23 日，35。
[3] 同上，35—36。

被赋予特殊地位的价值。是基本的自由牵扯在选择的每一个行动中；是基本的自由构成了人性的不可或缺的属性，正像康德教导的那样，是任何道德的基础。

这一清晰的见解又被伯林的另外一个论断扭曲："消极自由的作用还在于，如果没有它，其他的价值也要解体，因为没有机会得到实践，没有机会，没有各种价值的组合——说到底，没有生活。"[1]那么，消极自由也有特殊地位吗？但是，果真如此，这个特殊地位是由什么构成的呢？归根结底，消极自由是像其他的价值一样的一种价值，因此可能得受到限制。它突出的地位源于它乃是作为道德条件的基本选择自由的体现这
288 样一个事实——是这样的吗？这一个联系使得消极自由既不是一个崇高的价值，也不是一个绝对的价值——然而，这一个联系却把它，作为需要特别保护的价值，和全部其他的价值区分开来。这样的解释看来是可以接受的。但是极难将其和伯林在对于科齐斯的批判的回答中表达出来的严格论断协调起来：

> 个人或社会对于某些目的（和其他目的比较更得到重视的目的）的基本选择自由［……］是我所维护的多元论的前提，或者［……］值得被描述为伦理学的任何学说的前提。但这是［……］完全不同于"消极自由"的概念的，甚至与其没有联系；在我的讲演中，"消极自由"在任何

[1] 贾汉贝格鲁，《伯林谈话录》，第151页。伯纳德·威廉斯表达了类似的思想："如果存在许多竞争的、真正的价值，那么，一个社会越是持单一价值的，则它就越忽视或者压制真正的价值。在这一程度上，越多就意味着越好。"《概念与范畴》，xvii。

情况下都仅仅用于政治生活。[1]

上列的引用段落对多元论与自由主义之间相互关系的问题没有提出毫无疑义的答案，尤其是消极自由的特别地位来源在于伦理学多元论的基础这一问题。对于伯林著作中这些关键问题，格雷也没有找到答案。因此，值得返回到他的分析，因为伯林认为这些分析极具思想启发性，所以越发值得。甚至在没有政治自由的情况下也可以通过选择塑造自己——格雷的这一论纲无疑得到辩护，因为缺乏消极自由并不等于消灭基本的选择自由。后者才是一个充分意义上的人所固有的。伯林的论断，因为指出了奴隶处境特征，表示出对于格雷的解释公开确认。据伯林认为，奴隶被剥夺了基本的自由这个见解，反映的不是真实情况。奴隶能够做出选择。例如，他们可以选择竖起一根小指头还是把它弯下来。[2] 格雷自认为他的见解破坏了关于多元论与自由主义之间必然联系的后两个论据；伯林和我广泛地讨论了他的这些见解。[3]

格雷举出一些非自由文化的事例：这些文化不注重确认它们保护的生活方式的普遍性权威，对价值多元论的真实没有提出问题。他举出的事例是使得伯林思考这一关键问题的直接激励。据格雷认为，能够把多元论论点和独裁制度协调起来，这
就反驳了多元论与自由主义之间存在必然逻辑联系的论题。伯 289

[1] 伯林，《答科齐斯》，第 391 页。

[2] 克劳德·加利波，和伯林的谈话，未发表，1988 年 6 月 1 日。

[3] 和贝阿塔的两次谈话，1995 年 5 月，和后来的通信。

林对这一争论的回答可以归纳为下列的论纲：多元论与特殊主义的一元论的某种和解，多少有些不可信地设定，这样的文化的代表人物对于世界其他的文化采取一种自由的态度；不然他们就不是多元论者了。在这一意义上，“多元论必定蕴含自由主义”。[1] 但是这个论点经历了一番演变过程。我从伯林和贾汉贝格鲁的谈话中引用显然和上述观点对立的一段：“我相信自由主义和多元论，但是这二者并没有逻辑上的关联。”[2] 我也举出马基雅维里的例子，伯林认为他是第一个二元论者，因而就是多元论的先驱，但是他不太可能被认为是一个自由派。马基雅维里的个案表明，多元论与自由主义之间有某种必然联系的论题被强调得过分了。伯林对于我提出来的疑问做出的答复是对他早些时候论点的某种修正：多元论与自由主义之间的联系在性质上不是逻辑的，而是心理学的。[3] 在以后的书信中，他说明了这个思想，并且用理论的论据支持。[4] 和他以往的立场相反，出发点就是接受格雷的论纲：“我认为，格雷十分正确地指出，在多元论和自由主义之间没有逻辑的联结，虽然有其他各种（在某种意义上同样重要的）联系。”[5]

在开始分析这些联系的时候，伯林勾勒出透过多元论者的眼睛所看到的世界的形象：

[1] 和贝阿塔的谈话，牛津，1995 年 5 月 17 日。

[2] 贾汉贝格鲁，《伯林谈话录》，第 44 页；比较上文第 82，211，225，287 页。

[3] 和贝阿塔的谈话，牛津，1995 年 5 月 24 日，上文第 226 页。

[4] 1997 年 2 月 18 日、1997 年 4 月 19 日、1997 年 6 月 28 日信（上文第 84—88，91—93，99—101 页）。

[5] 1997 年 4 月 19 日信，上文第 91 页。

> 成为多元论者的意思就是：我自己和我的文明的选择不一定是普世的；过去和现在，可能存在着其他的文明，这些文明追求和我的文明价值观不相容的价值观。如果我是多元论者，就是意指，我理解人怎样能够逐渐接受这些其他的价值观，不论是因为他们的历史或者地理环境，还是因为任何其他原因。要点是：我并不因为这些价值观不是我的，因而对我无意义——而简单地排斥它们——就像真正的相对主义那样；我力求理解，对于那些不认同我的信仰的人来说这是一个什么样的世界，人们如何会去追求不同于我的那些价值观。[1]

这样，多元论者的特征就是能够理解各种不同的人类目的
和价值观，以及其他的文化。对于奇异感的典型反应或者是冷 290
漠，或者是敌视；理解则对于这些反应产生某种缓解的作用：
“如果你到国外去，你可能发觉自己身处一种奇异的外国文化
之中，但是你不一定拒绝或者攻击它——那不是你的文化，但
是你能够容忍它，你甚至能够理解人怎么能够那样生活，虽然
你自己是不准备那样的。”[2] 因而，实行同情性理解的外在标记
就是宽容：“这种精神状态必然导致［……］有限度的宽容，
不是没有限度的宽容，以你的文化不陷入致命危险为前提的宽
容——但仍然是宽容。”[3]

[1] 1997 年 2 月 18 日信，上文第 84 页。
[2] 同上，上文第 87 页。
[3] 同上，上文第 88 页。

在伯林的信念中，宽容的理念也是自由主义的核心，因为它和自由的机制保持了密切的联系："宽容是一种人权，一种普遍性的权利，或者，按照我的说法：准普遍性的；如果是这样，而且只有自由社会才能够充分地予以实践，则这就是二者之间的联系——这不是一种逻辑的联系，而是事实上的，也并不差。"[1]

因此，宽容扮演了桥梁的角色，把多元论和自由主义联系了起来。在鉴定这两个论点之间的纽带的性质的时候，伯林提及他早先的一个论断："多元论和自由主义之间有某种心理学的联结吗？答案是有的。"[2] 后来，他以关于人的目的与价值观的某种更广阔的思想来强化这一论断：

> 人类学观察能够发现的事实是，人寻求不同的价值观——消极自由、积极自由、平等、正义、仁慈、理性的组织、家庭生活。我们知道，其中某些是冲突的，但是问题是，为什么要寻求这些，是什么令其成为价值观的？回答是：归根结底，一切都是心理学的——人被创造成这样，各不相同，人选择价值观，因为他们是这样地育成的。如果他们彼此有冲突，随后他们可以彼此妥协。[3]

从这些引文中浮现出来的形象，在相当的程度上，看起来

[1] 1997 年 4 月 19 日信，上文第 93 页。
[2] 1997 年 2 月 18 日信，上文第 87 页。
[3] 1997 年 6 月 28 日信，上文第 99 页。

有别于格雷勾勒出来的形象。伯林的自由主义不是从地方传统中汲取权威的特别的生活方式。据伯林认为，自由派机制是建立在多元论伦理学的见解上的。虽然这一见解没有蕴含自由主义，两种学说却依然保持了联系。如果这个纽带用人类学的范 291
畴来鉴定，很可能会被描写为一种心理学的附着物。联结各论点的链环是宽容。

四

在自由派多元论者伯纳德·威廉斯、斯图亚特·汉普舍尔、约瑟夫·拉兹、迈克尔·沃尔泽、威廉·高尔斯顿等人当中，乔治·克劳德占有特殊的地位。如果有哪位思想家能够被赋予伯林遗产真正继承者的头衔，肯定是他。在其著作《自由主义与价值多元论》(2002) 中，克劳德开始了对于价值多元论无疑是最系统性和深刻的研究。他超越了伯林的观点，为自由主义多元论提出一个有力的理由。亨利·哈代评价这本书，说它是“对于这一论据迄今真正优秀的和透彻的分析，而且也做出了很多独特的贡献”。[1] 克劳德最近的著作《以赛亚·伯林：自由与多元论》(2004) 得到哈代更大的热情欢迎：

> 克劳德在这里完成了几乎难以想象的功绩，整理、理顺了以赛亚·伯林对于自己观点有些散乱的、不准确的和不连贯的叙述，而没有简单化或者误解。[……] 但是，

[1] 亨利·哈代描述乔治·克劳德的《自由主义与价值多元论》，http://berlin.wolf.ox.ac.uk/，“论以赛亚·伯林的文献”，亨利·哈代收集（2005 年 12 月 31 日获取）。

> 克劳德不仅给予我们精辟的解说，他还明确地发挥了伯林留下的某些有些模糊的暗示，加强了伯林的精神遗产，在精神上是符合其本人的著述的。这就像是一座未完成的大教堂，由一位新的建筑师完成，他直觉地把握住了原来设计师的眼界。伯林如果在世，也肯定会赞赏这部引人入胜和独特的著作的，并且从中多多受益。[1]

克劳德认真探讨了多元论—自由主义联结这个问题。这里不便综合叙述他对这一问题的研究。我只限于简述克劳德对反多元论者们的回应，和他对伯林从多元论到自由主义推论的精辟重建，最后将集中关注他对价值多元论理论的贡献。

292 对于自由派多元论，克劳德曾一度持以严格的批判态度。后来他改变了观点，成为这一理论敏锐的拥护者。经历了这样的变化之后，他不仅对自己以往的推理脉络质疑，而且也对其他反自由派多元论者的论据提出质疑。在反驳凯克斯的批判时，克劳德指出，地方性的社会传统仅仅是一个人关于善的概念中一个组成部分。因此，保守的、以传统为依据的态度实际上太狭隘，不能适应价值多元论的观点。克劳德分析了格雷反自由论争辩的三个阶段（“主观主义的”“特殊主义的”“实用主义的”），发现都不是令人满意的。主观主义排除据理选择的机会；特殊主义受制于眼界狭隘，“生活方式”（modus vivendi）阶段的实用主义偏向和平或者一己利益，因此表明

[1] 亨利·哈代描述乔治·克劳德的《以赛亚·伯林：自由与多元论》（剑桥：Polity Press，2004）。

更接近一元论见解，而不是多元论见解。因此，不能用多元论观点来统合保守主义或者实用主义。克劳德还在另外一个层面上对凯克斯和格雷的方法提出挑战。他否定它们共同的假设：在多元论指导下的据理选择关系到地方性的语境。克劳德认为，价值多元论本身蕴含了普遍性的原则。不过，在他做出自己对于多元论理论的实质性的贡献之前，他重建了伯林多元论对自由论的辩护。

根据克劳德的解释，在伯林的著作中，从多元论到自由主义有两条潜在的推理路线，亦即，来自选择和反乌托邦展望的论据。遗憾的是，两者都不是成功的。第一个依赖于人的环境所固有的选择必要性。如果选择不可避免，那我们就应该珍重选择的自由，对于选择的最好的尊重在于自由主义的秩序。克劳德发现这个论据在逻辑上有缺陷。有关的一段值得援引一下："本质上，这是自然主义谬论的一例，因为它是直接从选择不可避免这一事实走向选择自由的价值的。但是，选择不可避免这一单纯的事实并没有把它（或者把选择所依靠的自由）变得有价值。"[1]

第二个论据在于多元论观点中包含的政治完美全付阙如这一点，这要求对政治的反乌托邦态度。虽然克劳德认为，这一论据境遇比前者好一些，但是它的缺陷是不完备，因为自由主义不是满足反乌托邦要求的唯一的政治形式。保守主义和实用主义也承认人类处境的不完美。克劳德总结说："伯林没有完

[1] 克劳德，《以赛亚·伯林：自由与多元论》，第144页。

全成功地解释多元论者何以应该成为自由论者。”[1]但是，他赞
293 同伯林的观点，亦即，多元论和自由主义可以和解；而且，他认为，多元论意味着一种普遍性的和完美主义的自由主义。这个结论是他为自由主义扩展伯林的多元论论据的结果。新建筑师超越了伯林的观点，目标指向完成这座未完成的大教堂。他成功了吗？让我们探索一下他原创性的贡献。

在克劳德的解释中，伦理学中的多元论世界观是建立在对于价值观的四个属性的认知上的：某些普通价值观的普遍性、多样性、不可比性、冲突。价值多元论的这些形式上的属性意味着五条规范性原则，它们在自由形式的政治中受到最大尊重。因此，这些原则为根植于多元论的自由主义提供了普遍性的论据。

第一和第二条原则清除了自由主义的政治对手：

1. 对一般普遍性的价值观的尊重（排除保守的或者强烈的社群主义观点）。

2. 承认价值的不可比较性（排除乌托邦的政治制度，例如经典马克思主义和无政府主义）。

下列三条原则乃是对于自由主义的正面的、普遍性的辩护：

3. 忠诚于多样性，在某种自由政治框架下、依据自由主义

[1] 克劳德，《以赛亚·伯林：自由与多元论》，第126页。

“近似的中立性”而得到最大满足的多样性。

4. 承认善之各种概念之间存在合理的分歧，也是在自由主义指导下得到最好的承认。

5. 实践多元论美德：这是在多元论指导下讲求实际的推理所要求的慷慨、现实主义、注意集中、灵活；受到相近的，甚至重叠的自由论价值观的有力强化；视野开阔、节制、尊重他人、自立自主。

克劳德对价值多元论的贡献，特别是表现在他的论文《自由主义与价值多元论》中的贡献，乃是一个有雄心的尝试：恢复自由论普遍性和哲学对于真理的器重。我只限于勾勒与多元论—自由主义联结有关的细致理论构建的大致轮廓而已。然而，令人惊奇的是，这一简单的论述竟对克劳德的推理脉络提出了严重质疑。我来详细援引他的几段言论。克
劳德在一段文章中声称，多元论是“关于价值的真实性质的 294
理论”。[1] 在另一处，在说明忠诚于多样性原则的时候，他写道：“承认价值多元论的真实就是承认多项真正的善、多样的天性，而不只是些伦理学的错误——对于这样的错误最好不要干预。这就是承认尽可能推进这些善：这是推进多样性的义务。”[2]

这样，克劳德从价值观多元性的经验事实出发得出关于多样性的价值的结论，从而导出推进善的多样性和各种生活方式

[1] 克劳德，《自由主义与价值多元论》，第 162 页。
[2] 同上，第 137 页。

的义务。我们不由得受到诱惑，要用休谟的《人性论》里著名的一段来对比上面的引文：

> 在我迄今见识到的每一种道德体系中，我都注意到，作者有些时候依据普通的推理方法，确立上帝的存在，或者评论人类的事务；我却也突然在惊奇中发现，取代平常的“是”与“不是”的定理结合，我遇到的定理无不和“应该”或者“不应该”联系了起来。这个变化是难以觉察的；但是，是涉及最终的后果的。因为这个“应该”或者“不应该”表达了某种新的关系或者论断，所以有必要评论和予以解释；与此同时，也应该给出某种理由，因为显得完全不可设想的是，这种新的关系是怎么能够从与其完全不一样的其他的关系中推导出来。[1]

让我们再返回克劳德，返回他的第四条原则的措辞：“如果多元论是真实的，那我们就必须接受的情况是：关于良好生活的性质的许多（虽然不是全部）分歧都可能是有道理的，因此国家应该容纳这些分歧，而不是试图铲除这些分歧。”[2]

引人注目的是，上面的一段引文中有“是”和“应该”这两个词语。克劳德虽然指责伯林的自然主义荒谬，但是他自己

[1] 大卫·休谟，《人性论》（伦敦：I. M. Dent；纽约：E. P. Dutton，1960—1961），2：177—178。
[2] 克劳德，《自由主义与价值多元论》，第158页。

却打破了休谟的法则。看来只有他的第五条原则，亦即，基于多元论美德和自由论美德的亲缘关系或者重合而支持自由主义的论据，根基不在于从事实中引发出义务的做法。克劳德自己在最近的著作《以赛亚·伯林：自由与多元论》中表明了这一点：“这个论据避免了自然主义的谬误，因为它不是从必然性 295
走向价值，而是从必然性走向必然性。如果多元论是真实的，我们就不能避免艰难的选择，如果我们必须处理好这些艰难的选择，我们就需要独立自主。”[1]

值得注意的是，虽然克劳德从 2002 年发表论多元论的文章之后一直没有改变观点，但是现在他却以缓和得多的方式表述他的论纲：价值多元论的同样的组成部分不再“意味着”而是“提示”原则，给予我们承认这些原则的“很好理由”，或者“指向一个自由的方向”。是不是克劳德可能部分意识到了他推理中的弱点了呢？

如果我们注意到了上述的反驳意见，则看来承认这样的事实是正确的：从价值多元论中为自由主义汲取普遍性的论据的宏大尝试，是不成功的。因此，现在值得返回到伯林关于多元论与自由主义之间相互关系的最后的论断，和他关于某种比较弱小的、非逻辑上的而是心理学方面的联系的论纲。这样的见解也适合克劳德的第五条原则。除了伯林，高尔斯顿和沃尔泽也提请读者注意伦理学多元论论点和政治理论中的自由立场之间的心理学联系。两位作者都强调多元论者和自由论者气质的相似性，以及引发出这两种态度的共同的基

[1] 克劳德，《以赛亚·伯林：自由主义与价值多元论》，第 164—165 页。

本走向：

> 许多人（普通公民和学界人士）都既是价值多元论者也是政治自由论者，认为这些立场是互相支持的。如果他们在这一点上是错误的，他们必定要在某种程度上修订理论和实践的做法。[1]

> 我还不知道有谁相信价值多元论而不是自由派，在感受力上和信念上［……］你必须用一种接受的和大度的方式看待世界，方可看到伯林的那种多元论，也就是说，包括了各种真正的，但是互相不可比较的价值观。还有，你们也应该以一种怀疑论的方式看待世界，因为不同价值观的每一种都有追随者，在为那个目的设计的等级表上，他们很可能都把自己置于很高的位置上。接受的态度、大度、怀疑论，即使不是自由论价值观，也是能够接受自由论价值观精神的品格（或者，说得更好一些，使得自由论价值观可能被接受）。[2]

思想史提供的反例证看来也是支持关于某种较弱心理学联
296 结的论纲的。和一元论决裂的第一个思想家马基雅维里不是一个自由论者。斯蒂文·卢克斯以深邃的洞察力提出两个例证，反对多元论“自然地导致自由论结论”的论题：

[1] 高尔斯顿，《价值多元论与自由主义政治理论》，第 769 页。
[2] 沃尔泽，《自由主义有界限吗？》，第 31 页。

> 伯林引用了马克斯·韦伯的话，“政治作为职业”，并视其为［多元论］的经典论断，但是韦伯的自由主义远远不是非模糊的。也许彻底的价值多元论的或者“决定论的”反自由主义最具戏剧性的例证是同情纳粹的法学理论家卡尔·施密特的个案，对于他来说，政治被降低到了友与敌之间的对立，他对自由民主的敌意也许是任何一个现代思想家都赶不上的。[1]

自由主义在逻辑上能够从伦理学多元论论点推断出来这一论题之追随者应该指出，上列思想家们的观点缺乏连贯性。考虑到全部的论据，我们倾向于承认，伯林关于多元论与自由主义之间心理学联系的谨慎论文对于纽带的性质给予了充分的叙述。

所以，最后，看来这未完成的构建还没有被新的建筑师成功地完成。原因可能在于，原来的设计师与其继承者不一样，没有建造有如大教堂那么重大而坚固之建筑的目的。或者，大教堂的时代已经成为过去。

附　录

上面的文章是 2005 年 5 月在西班牙格拉纳达举办的法学哲学与社会哲学国际联合会第 22 届大会上宣读的。在出发前往格拉纳达之前，我把该文寄给了亨利·哈代，他把文章交给了克劳德。这一做法开始了非正式的信息交流。克劳德在给亨

[1] 卢克斯，《自由派与食人派》，第 94 页。

利·哈代的几封电子邮件中评论过这篇文章和我在 1995 年和伯林的两次谈话，而哈代又把这些邮件“屏息静气”转发给我。

在关于这篇文章的几点见解当中，关键的一点等于要推翻我的主要论题。克劳德慷慨同意我公布有关的这一段：

> 贝阿塔对于我的“多样性”论据的批评，亦即，论据
> 297 违背了休谟的法则，在我看来是错过了要点。这一论据的出发点不是多元的事物恰好被赋予普遍性的价值（以赛亚·伯林对于普遍性事物通常的叙述）。假如这是出发点，那么的确无法得出，任何个别的社会都应该追求更多而不是更少的目的。但我的出发点是把普遍性目的理解为对于人类福祉的客观贡献（一如在亚里士多德那里的自然法传统，或者一如努斯鲍姆的见解）。多元论督促我们在基本的层面上同样认真地对待全部这些目的。因此，一个个别的社会，至少在主要层面（prima facie）上，应该促进或者允许更多的，而不是更少的这样的目的——前提是要考虑任何一组目的之内的聚合性。这一论据没有违背休谟的法则，因为它不是从事实走向事实，而是从价值走向价值。出发点不是声言关于人民珍视什么的事实，而是对于某些本质的善对于人类福祉的效果的价值判断。在我现存的著述中，我一向力求说明这一点，但是可能还是没有说透彻。[1]

[1] 给亨利 ·哈代的电子邮件，2005 年 5 月 29 日。

哈代“屏息静气”是完全有理由的。这一论据破坏了我的思路。起初我考虑把这一段文章撤出即将出版的书。但是随即想起在我的文章里出现的论据，已经使论价值多元论的主要权威之一阐释了他的立场，这一点超过了我可能抱的希望。我全力投入这一课题，正因为促进对于伯林精神遗产的进一步讨论是我的目标。所以我还是决定收入这篇文章。

我检查了我错误解释克劳德为自由主义提出的多元论论据的原因，返回了他的著作，主要是《自由主义与价值多元论》。放在一起阅读，该书的片段和上文引用的那段令人觉得好像是以不同的角度写出来的。真的没有疑问，从价值到价值发展的论据，就像在电子邮件中表达得那样，并没有违背休谟的规则。但是该书中下面的一段绝对没有提示其出发点的确是价值，而不是事实：“承认价值多元论的真实［……］就是承认推进这些善的义务。”[1] 的确，我们在该书中多次遇到提及努斯鲍姆关于善的“十分模糊的”概念。作者给关于善良生活的理论贴的标签是“有争议的”，但是“具有可尊敬的哲学门第”。[2] 然而，依然不太清楚的是他自己的态度是什么。必须研读注释才能找到些线索，提示克劳德自己的方法有别于伯林，却和努斯鲍姆有某些共同之处：

> 努斯鲍姆为价值多元论要求的客观性的措辞大概太严 298
> 厉，因为缺少她所列举的某些性能的生活肯定依然可以承

[1] 克劳德，《自由主义与价值多元论》，第 137 页。
[2] 同上，第 66 页。

> 认是“人性的”，甚至在某种程度上是好的生活。来源于多元论观点的全部必要因素是，有些善福利普遍做出贡献而独立于特殊的信仰，亦即，这样的善使得人的生活变得更好。另一方面，伯林的价值客观性观点对于多元论目的来说大概太微弱。伯林把普遍性的价值观看作是一切人事实上都珍重的那些善。[1]

这里提出的问题是，为什么这样重大分量的一个说明要从脚注中提取。为什么没有出现在正文里，得到应有的重视？而且，如果作者对于普遍性价值观的理解是和对于“亚里士多德、自然法传统或者努斯鲍姆”联系在一起，则他的立论就是对这一哲学传统引出的所有问题和疑问开放的，尤其是因为他的立论是以多元论前提为基础的自由主义普遍性的理由。

看来，克劳德对价值多元论的贡献毕竟还不等于完成这个古老的大教堂，而是等于建造一个新的、半游离状态的建筑物。但是，这个新建筑并没有削弱旧的建筑。二者都牢固竖立，虽然每一个都暴露出自己的弱点——这是来自它所采用的特殊的建筑方案的弱点。

伯林的理解方式是：普遍性价值观是“在绝大多数地点和情况中、在几乎一切的时间、极多的人事实上共同拥有的善”，[2] 如果我们以此为出发点，理所当然只能达到伯林所达

[1] 克劳德，《自由主义与价值多元论》，第73—74页，注释1。
[2] 贾汉贝格鲁，《伯林谈话录》，第37页。

到的软弱无力的结论：多元论和自由主义对自由的忠诚之间的联结只具有心理学性质。克劳德在别处给这一结论贴上了“羸弱之物”的标签。[1] 但是，在伯林的个案里，“此物”不可能更强。而且，在多元论运动中，出现不同的论点也不值得惊奇。如果这样的多样性被多元论者视为令人不安，倒的确是令人感到奇怪的。最后，就像伯林常常说的那样，“各种哲学和世界观之间的所有区别都归结为关于人性的不同概念。”[2]

在写作书稿的过程中，我一直感到，价值多元论乃是伯林
的无疑已证明充满活力的一个理念。在我写完对于克劳德的关
键评论的回答之后，我把文章寄给了乔舒亚·切尔尼斯，他提
出又一篇紧要的评论。我认为这一评论具有实质的意义。我感 299
觉这一评论可能标志着对于伦理多元论的讨论的下一个阶段。
因为我收到乔舒亚的电子邮件的时候正是在我交稿之前，没有
时间研究他的评论。虽然如此，我还是把它附录在这里，承蒙
作者同意。我希望和我交换电子邮件的这两位人士能够发挥
私人交流中他们所作的论断，赋予这些论断更完备的形式。我
十分希望讨论继续下去。我奉献出我收藏的有关伯林的全部资
料，目的恰恰就在于此。

我认为这个特殊之点正是在于使用“价值多元论”这

[1] 给亨利·哈代的电子邮件，2005 年 5 月 27 日。
[2] 参见上文第 173 页。

一术语时的某种模糊性，这一点影响了想象中的“价值多元论之真实的含义”。“价值多元论的真实”可能是指，作为关于价值观性质的一种理论——亦即，纯粹的伦理学理论，关于价值的一个论断——是真实的（或者，为防止事实/价值的混淆，是有效的［这一区分来源于新康德哲学家里克尔特，他认为，真实适用于涉及事实的问题，而效力适用于涉及价值的问题］）。但是，“价值多元论”可以被用于指称事物的状态、现实的状态，而不是伦理学理论。如果这是“价值多元论”被认为所指的内容，那我就觉得，“价值多元论的真实”可能被认为是指“人追求多样有效力的价值观这一事实”。前面的意义，在我看来，是不违背休谟的规则，而后者是违背的。这样的模糊性，我觉得在于你起初对你引用的乔治著作段落的批评根基之中：我想，你认为他提出的论据是说价值多元论乃是关于人及其价值观的事实，因此“价值多元论的真实”意指人类价值观多样性的事实，而不是说作为一种理论的价值多元论，因而“价值多元论的真实”是指伦理学理论的真实：世界上存在着价值观的多样性，而这些价值观对于好的生活十分重要）。现在，我觉得，澄清“价值多元论”的这两种意义之间的区别，还不能把我们引出谜团，因为价值多元论的理论，就我的见解而言，是指价值多元论的现实/环境/事实，并且提出对它特殊的解释/评价。情况就是这样，关于价值观的结论可能不单纯地来自对事实的论断，但事实和价值观依然是保持互相联系的，没有全然分离。还有，有些人争辩说，可以接受休谟对于自然主义谬论的批判，而依然坚守关于价值的客观性概念，无须求助于某种柏拉图的或者其他的真实，但是我依然没有被说服，在我自己的思想中，仍然为这是否是真实的问题感受到不安。[1] 300

[1] 乔舒亚·切尔尼斯，给贝阿塔的电子邮件，2005 年 9 月 15 日。

参考书目

Aron, Raymond. *An Essay on Freedom*. New York: World Publishing, 1970.

Baghramian, Maria, and Attracta Ingram, eds. *Pluralism: The Philosophy and Politics of Diversity*. London: Routledge, 2000.

Benn, Stanley I. 'Freedom and Persuasion'. *Australasian Journal of Philosophy* 45 (1967), 260—262.

Berlin, Isaiah. 'Rationality of Value Judgments'. In Carl J. Friedrich, ed., *Nomos VII: Rational Decision*. New York: Atherton, 1967.

——. *Concepts and Categories: Philosophical Essays* (1978), ed. Henry Hardy. Oxford: Oxford University Press, 1980.

——. 'Reply to Robert Kocis'. *Political Studies* 31 (1983), 388—393.

——. *The Crooked Timber of Humanity*, ed. Henry Hardy. London: John Murray, 1990.

——. *Dwie koncepcje wolnosci* [*Two Concepts of Liberty*]. Warsaw: Res Publica,1991.

——. *The Proper Study of Mankind: An Anthology of Essays*, ed. Henry Hardy and Roger Hausheer. London: Chatto & Windus, 1997.

——. *The Power of Ideas*, ed. Henry Hardy. London: Chatto & Windus, 2000.

——. *Liberty*, ed. Henry Hardy. Oxford: Oxford University Press, 2002.

Berlin, Isaiah, and Bernard Williams. 'Pluralism and Liberalism: A Reply' [to George Crowder, 'Pluralism and Liberalism', *Political Studies* 42 (1994), 293—303]. *Political Studies* 42 (1994), 306—309.

Blokland, Hans. 'Berlin on Pluralism and Liberalism: A Defence'. *European Legacy* 4 (1999), 1—23.

Brogan, A. P. 'Objective Pluralism in the Theory of Value'.

International Journal of Ethics 41 (1931), 287—295.

Cohen, G. A. 'Isaiah's Marx and Mine'. In Margalit and Margalit, *Isaiah Berlin*.

Cohen, Marshall. 'Berlin and the Liberal Tradition'. *Philosophical Quarterly* 10 (1980), 216—227.

Constant, Benjamin. 'The Liberty of the Ancients Compared with That of the Moderns'. In *Political Writings*, ed. Biancamaria Fontana. Cambridge: Cambridge University Press, 1988.

Crowder, George. 'Pluralism and Liberalism'. *Political Studies* 42 (1994), 303.

——. *Liberalism and Value Pluralism*. London: Continuum, 2002.

——. *Isaiah Berlin: Liberty and Pluralism*. Cambridge: Polity, 2004.

Dostoevsky, Fedor. *The Brothers Karamazov*, translated by David Magarshack. Harmondsworth, UK: Penguin Books, 1958.

Dworkin, Ronald. *Taking Rights Seriously*. London: Duckworth, 1978.

Dzur, Albert. 'Value Pluralism versus Political Liberalism?' *Social Theory and Practice* 24 (1998), 375—392.

Feinberg, Joel. *Social Philosophy*. Englewood Cliffs, NJ: PrenticeHall, 1973.

Friedman, Jeffrey. 'Pluralism or Relativism?' *Critical Review* 11 (1997), 469—480.

Forster, E. M. 'Our Diversions', 3, 'The Doll Souse' (1924). In *Abinger Harvest*. London, 1936.

Fromm, Erich. *Fear of Freedom*. London: Routledge & Kegan Paul, 1960. Galipeau, Claude. *Isaiah Berlin's Liberalism*. Oxford: Clarendon Press, 1994.

Gallie, W. B. 'Essentially Contested Concepts'. *Proceedings of the Aristotelian Society* 56 (1956), 167—198.

Galston, William. A. 'Value Pluralism and Liberal Political Theory'. *American Political Science Review* 93 (1999), 769—778.

——. *Liberal Pluralism: The Implications of Value Pluralism for Political*

Theory and Practice. Cambridge: Cambridge University Press, 2002.

Gaus, Gerald F. 'Pluralistic Liberalism: Making Do without Public Reason?' In *Contemporary Theories of Liberalism*. London: Sage, 2003.

Gray, John. 'On Liberty, Liberalism and Essential Contestability'. *British Journal of Political Science* 8 (1978), 386—387.

——. *Hayek on Liberty*. Oxford: Basil Blackwell, 1986.

——. *Liberalisms: Essays in Political Philosophy*. London: Routledge, 1991.

——. 'The Unavoidable Conflict'. *Times Literary Supplement*, 5 July 1991.

——. 'Constancy and Difference: Isaiah Berlin's Contribution to the Life of the Mind'. [English original of Dutch translation published in] *Nexus* 12 (1995), 5—15.

——. *Isaiah Berlin*. London: HarperCollins, 1995.

——. *Two Faces of Liberalism*. New York: New Press, 2000.

——. 'Where Pluralists and Liberals Part Company'. In Baghramian and Ingram, *Pluralism*.

Gray, John, and Bronislaw Wildstein. 'Zycie jest bardziej zlozone niz tradycyjna etyka (Rozmowa z Johnem Grayem)' ['Life is More Complex than Traditional Ethics (A Conversation with John Gray)']. In Bronislaw Wildstein, *Profile wieku* [*Profiles of the Century*]. Warsaw: Politeja, 2000.

Hampshire, Stuart. 'Nationalism'. In Margalit and Margalit, *Isaiah Berlin*.

Hardy, Henry. Description of George Crowder's Liberalism and Value Pluralism. London: Continuum, 2002. http://berlin.wolf.ox.ac.uk/, 'Publications about Isaiah Berlin', compiled by Henry Hardy (accessed 31 December 2005).

——. Description of George Crowder's *Isaiah Berlin: Liberty and*

Pluralism. Cambridge: Polity Press, 2004. http://berlin.wolf.ox.ac.uk/, 'Publications about Isaiah Berlin', compiled by Henry Hardy (accessed 31 December 2005).

Hayek, Friedrich A. *The Constitution of Liberty*. London: Routledge & Kegan Paul, 1960.

——. *Studies in Philosophy, Politics and Economics*. London: Routledge & Kegan Paul, 1967.

——. *Law, Legislation and Liberty*. London: Routledge & Kegan Paul, 1982. Hegel, Georg W. F. *Phenomenology of Spirit*, translated by A. V. Miller. Oxford: Clarendon Press, 1977.

Herzen, Alexander. *Sobranie sochinenii v tridtsati tomakh* [*Collected Writings in Thirty Volumes*]. Moscow, 1954—1966.

Hume, David. *A Treatise of Human Nature*. 2 vols. London: J. M. Dent; New York: E. P. Dutton, 1960—1961.

Ignatieff, Michael. *Isaiah Berlin: A Life*. London: Chatto & Windus, 1998.

Jahanbegloo, Ramin. *Conversations with Isaiah Berlin*. London: Peter Halban, 1992.

Joas, Hans. 'Combining Value Pluralism and Moral Universalism: Isaiah Berlin and Beyond'. *Responsive Community* 9 (1999), 17—29.

Kateb, George. 'Notes on Pluralism'. *Social Research* 61 (1994), 511—537.

Katznelson, Ira. 'A Properly Defended Liberalism: On John Gray and the Filling of Political Life'. *Social Research* 61 (1994), 611—630.

Kaufman, Arnold S. 'Professor Berlin on Negative Freedom'. *Mind* 71 (1962), 241—243.

Kekes, John. *The Morality of Pluralism*. Princeton, NJ: Princeton University Press, 1993.

Kieslowski, Krzysztof, and Danuta Stok. *Autobiografia: O sobie* [*Autobiography: About Myself*]. Krakow: Znak, 1997.

Kocis, Robert A. 'Toward a Coherent Theory of Human Moral

Development: Beyond Sir Isaiah Berlin's Vision of Human Nature'. *Political Studies* 31 (1983), 374—375.

Kolakowski, Leszek. 'Jeden z olbrzymow stulecia' ['One of the Giants of our Century']. *Gazeta Wyborcza*, 7 November 1997, 1.

Lamprecht, Sterling P. 'The Need for a Pluralistic Emphasis in Ethics'. *Journal of Philosophy, Psychology, and Scientific Methods 17* (1920), 561—572.

Larmore, Charles E. 'Pluralism and Reasonable Disagreement'. *Social Philosophy and Policy* 11 (1994), 44—60.

Legutko, Ryszard. 'On Postmodern Liberal Conservatism'. *Critical Review* 8 (1994), 1—22.

——. 'O postmodernistycznym liberalnym konserwatyzmie'['On Postmodern Liberal Conservatism']. In *O czasach chytrych i prawdach pozornych* [*On Sly Times and Sham Truths*]. Krakow: Stalky i Spolka, 1999.

——. 'O obiektywnym pluralizmie wartosci' ['On Objective Pluralism of Values']. In *Liberalizm u schylku XX wieku* [*Liberalism at the Close of the 20th Century*], ed. Justyna Miklaszewska. Krakow: Meritum, 1999.

Leontiev, Konstantin Nikolaevich. *Vostok, Rossia i Slavyanstvo* [*The East, Russia and Slavdom*]. Moskva: Respublika, 1996.

Lessnoff, Michael H. 'Isaiah Berlin: Monism and Pluralism'. In *Political Philoso phers of the Twentieth Century*. Oxford: Blackwell, 1999.

Lukes, Steven. *Moral Conflict and Politics*. Oxford: Clarendon, 1991.

——. 'Pluralism Is not Enough'. *Times Literary Supplement*, 10 February 1995.

——. *Liberals and Cannibals: The Implications of Diversity*. London: Verso, 2003.

Lovelace, Richard. *Lucasta: The Poems of Richard Lovelace*. Chicago: Caxton, 1921.

MacCallum, Gerald, Jr. 'Negative and Positive Freedom'. *Philosophical Review* 76 (1967), 312—334.

Macfarlane, Leslie J. 'On Two Concepts of Liberty'. *Political Studies* 14 (1966), 77—81.

MacIntyre, Alasdair. *After Virtue*. London: Duckworth, 1985.

Mack, Arien, ed. *Liberty and Pluralism. Social Research* 66 (1999).

Macpherson, C. B. *Democratic Theory: Essays in Retrieval*. Oxford: Clarendon Press, 1973.

Magee, Bryan. *Popper.* London: Fontana/Collins, 1974.

——.'Dialogue with Isaiah Berlin'. In *Men of Ideas: Some Creators of Contemporary Philosophy*. London: BBC, 1978.

Margalit, Edna, and Avishai Margalit, eds. *Isaiah Berlin: A Celebration*. London: Hogarth, 1991.

Marx, Karl, and Friedrich Engels, *Collected Works*. 50 vols. London: Lawrence & Wishart, 2004.

McCloskey, Henry J. 'A Critique of the Ideals of Liberty'. *Mind* 74 (1965), 483—486.

Mehta, Pratap B. Review of Gray, *Isaiah Berlin*. *American Political Science Review* 91 (1997), 722—724.

Merton, Thomas. *No Man Is an Island*. London: Hollis & Carter, 1955.

Nagel, Thomas. 'Pluralism and Coherence'. In *The Legacy of Isaiah Berlin*, ed. Ronald Dworkin, Mark Lilla and Robert B. Silvers. New York: New York Review Books, 2001.

Nicholls, David. 'Positive Liberty'. *American Political Science Review* 56 (1962), 114—115.

Oppenheim, Felix. *Dimensions of Freedom: An Analysis*. New York: St Martin's Press, 1961.

Parekh, Bhikhu. 'Review Article: The Political Thought of Sir Isaiah Berlin'. *British Journal of Political Science* 12 (1982), 209—210.

Parent, William A. 'Some Recent Work on the Concept of Liberty'. *American Philosophical Quarterly* 11 (1974), 149—167.

Pelczynski, Zbigniew, and John Gray, eds. *Conceptions of Liberty in Political Philosophy*. London: Athlone, 1984.

Polanowska Sygulska, Beata. 'Krytyka koncepcji wolnosci pozytywnej w ujeciu Isaiaha Berlina' ['Isaiah Berlin's Critique of the Positive Concept of Freedom']. *Studia Nauk Politycznych* 3 (1984), 49—65.

——. 'Give Them Soothing Pills'. *Oxford Magazine,* Noughth Week, Hilary Term, 1987, 3.

——. *Filozofia wolnosci Isaiaha Berlina* [*Isaiah Berlin's Philosophy of Freedom*]. Krakow: Znak, 1998.

——. 'Dwie twarze liberalizmu' ['Two Faces of Liberalism', review of John Gray, *Two Faces of Liberalism*]. *Przeglad Polityczny* 56 (2002), 150.

——. *Oblicza liberalizmu: Isaiah Berlin, John Gray, Steven Lukes, Joseph Raz w rozmowie z Beata Polanowska Sygulska* [*Visages of Liberalism: Isaiah Berlin, John Gray, Steven Lukes, Joseph Raz in Conversation with Beata Polanowska Sygulska*]. Krakow: Ksiegarnia Akademicka, 2003.

Popper, Karl. *Conjectures and Refutations: The Growth of Scientific Knowledge.* 4th ed. London: Routledge, 1972.

——. *The Poverty of Historicism.* London: Routledge & Kegan Paul, 1972.

——. 'Winch on Institutions and the Open Society'. In *The Philosophy of Karl Popper,* ed. Paul Schilpp. La Salle, Illinois: Library of Living Philosophers, 1974.

——. *Unended Quest: An Intellectual Biography.* Glasgow: Fontana/ Collins, 1976.

——. *The Open Society and Its Enemies.* London: Routledge & Kegan Paul, 1984.

Rhees, Rush. *Without Answers.* London: Routledge & Kegan Paul, 1969.

Riley, Jonathan. 'Crooked Timber and Liberal Culture'. In Baghramian and Ingram, *Pluralism*.

——. 'Interpreting Isaiah Berlin's Liberalism'. *American Political Science Review* 95 (2001), 283—295.

——. 'Defending Cultural Pluralism within Liberal Limits'. *Political Theory* 30 (2002), 68—97.

Russell, Bertrand. *German Social Democracy: Six Lectures*. London: Longmans, Green, 1896.

——. *A History of Western Philosophy*. New York: Simon & Schuster, 1945.

Ryan, Alan. 'Freedom'. *Philosophy* 40 (1965), 108—111.

Sandel, Michael. 'Introduction'. In *Liberalism and Its Critics*. Oxford: Basil Blackwell, 1984.

Scheler, Max. *Vom Umsturz der Werte: Abhandlungen und Aufsätze* (*Gesammelte Werke*, vol. 3) [*On the Revolution in Values: Treatises and Articles* (*Collected Works*, vol. 3)]. Bern: Francke Verlag, 1955.

Steiner, Hillel. 'Individual Liberty'. *Proceedings of the Aristotelian Society* 75 (1974—1975), 33—36.

Szacki, Jerzy. 'Sir Isaiah Berlin: historia idei a filozofia' ['Sir Isaiah Berlin: History of Ideas and Philosophy']. *Literatura na Swiecie* 179 No. 6 (1986), 195—207.

Taylor, Charles. 'What's Wrong with Negative Liberty'. *In The Idea of Freedom: Essays in Honour of Isaiah Berlin*, ed. Alan Ryan. Oxford: Oxford University Press, 1979.

——. 'Plurality of Goods'. In *The Legacy of Isaiah Berlin*, ed. Ronald Dworkin, Mark Lilla and Robert B. Silvers. New York: New York Review Books, 2001.

Waismann, Friedrich. 'Verifiability'. *In Logic and Language*, ed. Antony Flew. Oxford: Basil Blackwell, 1952.

Walzer, Michael. 'Are there Limits to Liberalism?' *New York Review of Books*, 19 October 1995, 28—31.

Watola, Judyta, and Dariusz Kortko. 'Czesto czulem sie jak kat (Rozmowa Fran ciszkiem Kokotem)' ['I Often Felt Like a Hangman (A Conversation with Fran ciszek Kokot)']. *Magazyn Gazety Wyborczej*, 10 January 2002, 23—25.

Weinstock, Daniel. 'The Graying of Berlin'. *Critical Review* 11 (1997), 481—501.

Williams, Bernard. 'Conflicts of Values'. In *The Idea of Freedom: Essays in Honour of Isaiah Berlin*, ed. Alan Ryan. Oxford: Oxford University Press, 1979.

Wollheim, Richard. 'The Idea of a Common Human Nature'. In Margalit and Margalit, eds., *Isaiah Berlin*.

索 引

道格拉斯·马修斯编写

条目后的数字为原书页码，见中文版边码。以赛亚·伯林（IB）和贝阿塔·波兰诺夫斯卡–塞古尔斯卡（BP-S）的著作直接以书名列出，其他人的著作在作者名后列出。

- A -

activist conception of man 人的行动主义概念，38，44—45

Acton，John Emerich Edward Dalberg (Acton，1st Baron) 阿克顿，埃默里奇·爱德华·达尔伯格（阿克顿男爵一世），286

Adam (Biblical figure) 亚当（《圣经》人物），58

Advertising 广告业：in Poland 在波兰，29，67—69；and adopted desires 培育出的欲望，141

Against the Current (IB)《反潮流》（伯林），36n

Agnelli lecture (Turin，1988) 阿涅利讲演（都灵，1988年），111

Akhmatova，Anna Andreevna 阿赫马托娃，安娜·安德里夫娜，27，159，162

Alexander the Great 亚历山大大帝，55

'Alleged Relativism in Eighteenth Century European Thought' (IB)《所谓的十八世纪欧洲思想界的相对主义》（伯林），40n1

American Constitution 美国宪法，174

Anaxagoras 安纳克萨哥拉，88n1

anti-Semitism 反犹主义，72—73，75—76，79，112—116

Antigone (Greek dramatic character) 安提戈涅（希腊戏剧人物），271

Aquinas，St Thomas 阿奎那，圣托马斯，45，276

Arendt，Hannah 阿伦特，汉娜，198

Aristotle 亚里士多德：on natural law 论自然法，39，56，298—299；on self 论自己，44；and substantialist tradition 与实体

主义传统，45；Popper attacks 波普尔攻击，54，61；biological metaphor in 生物学的比喻，138；on purpose in nature 论大自然的目的，140；and answers to questions 和对问题的回答，143；empathy with 神交，精神交往，148；on moral conflict 论道德冲突，276
Aron，Raymond 阿隆，雷蒙：on idea of liberty 论自由理念，63，158，190，253—254，259—260；on power 论权力，262；An Essay on Freedom《论自由》，191n1，253
arts: idea of progress in 艺术中的进步理念，185—186
Athenaeum club，London 雅典俱乐部（伦敦），68n1
Athenian democracy 雅典民主，88
atomic facts 原子事实，178
Augustine，St 圣奥古斯丁，227
Aurora (Russian cruiser) 阿芙乐尔号（俄国巡洋舰），167
Austin，John Langshaw 奥斯汀，约翰·朗肖，120，123，136，175
Authoritarianism 独裁制度，威权制度，8，215，283
Aveling，Edward Bibbins 阿韦林，爱德华·比宾斯，144

- B -

Beethoven，Ludwig von 贝多芬，路德维希·冯，149
Belinsky，Vissarion Grigorievich 别林斯基，维萨里昂·格里戈里耶维奇，117，147
Benn，Stanley Isaac 本，斯坦利·伊萨克，29；'Freedom and Persuasion'《自由与说服》，236n1
Bentham，Jeremy 边沁，杰里米：on negative liberty，论消极自由，121—122，137，155—156；on law 论法律，122，144，250；and moral obligation 与道德义务，127；IB denies as intellectual source 伯林否认其作为精神来源，131；and mechanical metaphor 与机械的比喻，140
Berlin，Aline 伯林，艾琳，64—65
Berlin，Isaiah 伯林，以赛亚：correspondence with BP-S 与贝阿塔

的通信，8；interpreted and misrepresented 被解释与被误解，11；speaking style 谈话风格，17；death 逝世，25，30；visits Soviet Union 访问苏联，64n1；changes from philosophy to history of ideas 从哲学向思想史的转变，146—147；childhood and family background 童年时代与家庭背景，163—168；witnesses Russian revolutions 目击俄国革命，165—168；education 教育，168；on conflicting values 论互相冲突的价值观，190，274—275；influenced by Hume 受到休谟影响；204—206；advises BP-S against acknowledgments 建议贝阿塔不做致谢声明，233；vagueness of concepts 概念的模糊，249—250；liberalism 自由主义，259；and dispute over pluralism and liberalism 和关于多元论与自由主义的争论，285—290，296，301；and toleration 和宽容，291
biology: laws of 生物学的规律，126
Borgius，Walter 瓦尔特，博吉乌斯，55n2，181n2
Brahms，Johannes 勃拉姆斯，约翰内斯，113
brainwashing 洗脑，122，150，219
Brogan，Albert Perley 布罗干，艾伯特·珀利：'Objective Pluralism in the Theory of Value'《价值理论中的客观多元论》，265n1
Buddhism 佛教，43
Burke，Edmund 柏克，埃德蒙，40
Byron, George Gordon, 6th Baron 拜伦，乔治·戈登（拜伦男爵六世）：Akhmatova reads to IB 阿赫马托娃为伯林朗读，162

- C -

Cabet，Étienne 卡贝，埃蒂耶纳，110
Caesar，Julius 恺撒，尤利乌斯，55
capital punishment 死刑，88
Carneades 卡涅阿德斯，272
categories（'baskets'） 范畴（"篮子"），169—172，181n1，227—229
Catholicism 天主教：and pluralism 与多元论，72；influence 影响，

151，on failure of French Revolution　论法国大革命的失败，182
causality　因果关系，170
Chaliapin，Fedor Ivanovich　夏里亚平，费多尔·伊万诺维奇，168
Chappel，James　查普尔，詹姆斯，15—17，19
chauvinism　沙文主义，116
Cherniss，Joshua Laurence　切尔尼斯，乔舒亚·劳伦斯，15，17，299—300
Chernobyl　切尔诺贝利，58
choice: 选择：and morality；与道德，28，194—199；and freedom 与自由，87，193，252，287—288；as basic human instinct　作为人的基本本能，120，217—219；between two irreconcilables　两种不可调和因素之间，275；and tragedy　和悲剧，278；and liberal pluralism　和自由多元论，293，296
Christianity　基督教：and pagan self-assertion　与异教的自我确认，189—190；universalism，普遍主义，216
Church (Christian)（基督教）教会：survives Communism　经受共产主义而幸存，110—111
Churchill，Sir Winston　丘吉尔，温斯顿爵士，55，188
Clausewitz，Karl Marie von　克劳塞维茨，卡尔·马里·冯，139
coercion　强迫，强制，37n1，144，190，245—246，248，260
'Cogito'"我思"，44
Cohen，Gerald Allan　科恩，吉拉尔德·艾伦，206
Cohen，Marshall　科恩，马歇尔，235；'Berlin and the Liberal Tradition'《伯林与自由传统》，236n2
common sense，常识，152
Communism　共产主义：collapse in Eastern Europe　在东欧的崩溃，67，69，107—108，201；and Church　和教会，110—111；and complete socialization　和完全的社会化，110；in Poland　在波兰，157n1，207—208；on rights and liberties　论权利与自由，159
Concepts and Categories (IB)《概念与范畴》（伯林），36n1，146，170n1
conscience: ethics of　良知的伦理学，28

conservatism: hospitality to pluralism　保守主义：接纳多元论，281
Constant，Benjamin　贡斯当，邦雅曼，38n2，132
Corneille，Pierre　高乃依，皮埃尔，185
Cotta，Johann Friedrich　科塔，约翰·弗里德里希，149
Cousin，Victor　库桑，维克多，148
creativity　创造性，139
Creon (Greek dramatic character)　克瑞翁（希腊戏剧人物），271
Crooked Timber of Humanity，*The* (IB)《扭曲的人性之材》(伯林)，40n1，69
Crowder，George　克劳德，乔治：on liberal pluralism　论自由多元论，89—90，267—269，280—282，286，292—296，297—300；on value pluralism　论价值多元论，269—270；on moral conflicts　论道德冲突，271，276；*Isaiah Berlin: Liberty and Pluralism*《以赛亚·伯林：自由与多元论》，292，295；*Liberalism and Value Pluralism*《自由主义与价值多元论》，268，292，294，299
cultural imperialism　文化帝国主义，10

- D -

Danton，Georges Jacques　丹东，乔治·雅克，181
deity: idea of　神性理念，226—227
democracy　民主：and illiberalism 与非自由主义，88；Schumpeter defines　熊彼特定义，157
Descartes，René　笛卡尔，勒内，143，147
desire: awakening of　欲望苏醒，70
despotism　暴政：enlightened，开明的，88；and historical theory　和历史理论，180
determinism　决定论，55，120—121，124
Diderot，Denis　狄德罗，德尼，138，143
dimensions (spatial)　维度（空间的），125—126，170
'Does Political Theory Still Exist?' (IB)《政治理论还存在吗？》(伯林)，51，228，259n2

Dostoevsky, Fedor Mikhailovich 陀思妥耶夫斯基，费道尔·米哈依洛维奇，117,184；*The Brothers Karamazov* 《卡拉马佐夫兄弟》，145
duty 义务，127
Dworkin, Ronald Myles 德沃金，罗纳德·迈尔斯：on idea of liberty，论自由理念，63，158，173，253—254，260—261；on equality 论平等，260，262，281；on pluralism and moral conflict 论多元论与道德冲突，276；*Taking Rights Seriously* 《认真对待权利》，260

- E -

Einstein, Albert 爱因斯坦，艾伯特，186
Elders of Zion 犹太教的长老，115
emotivism 情感主义，276
empathy with 神交，148
empirical categories 经验范畴，169n2，170，227—229
empiricism 经验主义：Hume and 休谟与～，205；and experience 和经验，222—223
Engels, Friedrich 恩格斯，弗里德里希，55，133，181
Epictetus 爱比克泰德，122
Epicurus 伊壁鸠鲁，135
equality 平等，121，260，262，281
essentialism 本质论，52，55—58，60—62，176—178，255—257
essentially contestable concepts 本质上可以论争的概念，135—136
ethics 伦理学：right and good in，正确和善，127；Wittgenstein on 维特根斯坦论～，185；incommensurability in 不可比较性（不可公度性），226—227；pluralism in 多元论，625—627
Euripides 欧里庇得斯，272
'European Unity and Its Vicissitudes' (IB) 《欧洲的统一及其变迁》(伯林)，90n3，125n2
Existentialism 存在主义，144，239

- F -
family resemblance　家族相似，41n1，43，193
Feinberg，Joel　芬贝格，乔尔：*Social Philosophy*《社会哲学》，236n1
Fichte，Johann Gottlieb 费希特，约翰·戈特利布，108，135
Filozofia wolnosci Isaiaha Berlina (BP-S; Isaiah Berlin's Philosophy of Freedom)《伯林的自由哲学》（贝阿塔），48n2
Forster，Edward Morgan　福斯特，爱德华·摩根，138
Four Essays on Liberty (IB)　《自由四论》（伯林），34—35，36n1，37，75，79，89
France　法国：attitude to Germany　对德国的态度，118
Franck，César　弗朗克，塞萨尔，168
Frederick II (the Great)，King of Prussia 腓特烈二世（普鲁士国王），88
free will　自由意志，55，121，205—206
freedom *see* liberty　参见自由
French Revolution　法国大革命，181—182，210
Freud，Sigmund　弗洛伊德，西格蒙德，42，181，183，186
'From Hope and Fear Set Free' (IB)《自由立于希望和恐惧》（伯林），37
Fromm，Erich　弗洛姆，埃里希：*Fear of Freedom*《惧怕自由》（《逃避自由》），153，239

- G -
Galileo Galilei　伽利略·伽利雷，137，140
Galipeau，Claude　卡利波，克劳德，28，67，69，288
Gallie，Walter Bryce　加利，沃尔特·布莱斯：'Essentially Contested Concepts'"本质上可以论争的概念"，35n1
Galston，William A.　高尔斯顿，威廉·A，281，292，296
Gaulle，Charles de　戴高乐，夏尔，188
genius　天才，135
Germany: attitude to France　德国对法国的态度，118

'Give Them Soothing Pills' (BP-S) "给他们定心丸"（贝阿塔），54n1
God: existence of 上帝的存在，39
Goethe, Johann Wolfgang von 歌德，约翰·沃尔夫冈·冯，113
good and evil 善与恶，127，221—223，226
Gorbachev, Mikhail Sergeevich 戈尔巴乔夫，米哈伊尔·谢尔盖耶维奇，29，69
Gratian (Franciscus Gratianus) 格拉提安（弗朗西斯库斯·格拉提安努斯），39，56
Gray, John Nicholas 格雷，约翰·尼古拉斯：on historical tradition 论历史传统，8；on liberalism and pluralism 论自由主义和多元论，30，211，213—214，216—217，225—226，281—284，289，291，293；discusses Popper 论波普尔，56n1，161，174，175—179，182，184—185；invites BP-S to Oxford seminar 邀请贝阿塔到牛津大学访学，70，201；on value-pluralism 论价值多元论，80—84，89，123—124，215—216，221，267—268，277n4，283—284；advice on Poland 关于波兰的告诫，110；on IB's doctrine of liberty 论伯林的自由学说，136，142 & n4，219，237；on abstract theory 论抽象的理论，209—210；on curtailment of liberty 论对自由的限制，220；on values 论价值观，220；on knowledge 论知识，243；Legutko criticises for view of tragic 莱古特科对其悲剧观的批评，274；Crowder disputes with 克劳德与之争论，293；'Constancy and Difference'《恒定与区别》，226，227n1；*Enlightenment's Wake*《启蒙的余波》，282；*Isaiah Berlin* 《以赛亚·伯林》，10，48n2，80，282；*Liberalisms*《自由主义》，201，209，211；'On Liberty, Liberalism and Essential Contestability，《论自由、自由主义和本质的可论争性质》，261n1；'On Negative and Positive Liberty'《论消极自由和积极自由》，236nn1，2
Green, Thomas 格林，托马斯，133—134
Greene, Graham 格林，格雷厄姆：*The Third Man*《第三个人》，184
Grotius, Hugo 格劳秀斯，胡戈，39，56

- H -

Hamann, Johann Georg 哈曼，约翰·格奥尔格，58

Hampshire, Stuart 汉普舍尔，斯图亚特，204，228，268，292

happiness 幸福，222

Hardy, Henry 哈代，亨利：as IB's editor and collaborator 作为伯林著作编辑和协作者，15，30，33n1，69；edits BP-S's transcripts 编辑贝阿塔的记录稿，17；on pluralism and religion 论多元论与宗教，72；BP-S writes to 贝阿塔信致，79；on IB as correspondent 评论伯林的通信作风，89；praises Crowder's books 赞扬克劳德的著作，292；as go-between for BP-S and Crowder，在贝阿塔和克劳德之间协调，297—298

Hart, Herbert Lionel Adolphus 哈特，赫伯特·莱昂内尔·阿道弗斯，48，158

Hausheer, Roger 豪舍尔，罗杰，121，126，161

Hayek, Friedrich August von 哈耶克，弗里德里希·奥古斯特·冯：view of liberty 自由观，48—49，156—157，190，241—249，251—252，253—254，259，261—262；and ideologies 和意识形态，108；as historical theorist 历史理论家，179；and scientism 和科学主义，180；and monistic liberalism 和一元论自由主义，214；*The Constitution of Liberty*《自由秩序原理》，133，242，251—252；*Studies in Philosophy, Politics and Economics*《哲学、政治学与经济学研究》，247

Hegel, Georg Wilhelm Friedrich 黑格尔，格奥尔格·威廉·弗里德里希：on determinism 论决定论，12；questions natural law 质疑自然法，39，56; and 'activism' 和“行动主义”，45；Popper on 波普尔论～，54，61，256；on freedom 论自由，111，123，260；on positive and negative liberty 论消极自由与积极自由，133；dialectical materialism 辩证唯物主义，138；influence on Green 对格林的影响，138；musical language 音乐语言，138，148；admires Napoleon 钦佩拿破仑，139；on spirit and conflict 论精神与冲突 140；and rationality 和理性，143；empathy with 与～神交，148；

musical ignorance 音乐上无知，148—149；in-authenticity 非真实性，149；on essences 论本质，177—178；as historical theorist 作为历史理论家，179；on tragedy 论悲剧，272；*The Phenomenology of Spirit (Phänomenologie des Geistes)*《精神现象学》，133，139
Heidegger，Martin 海德格尔，马丁，45，238，272
Heine，Heinrich 海涅，海因里希，113—114，139
Herder，Johann Gottfried 赫尔德，约翰·戈特弗里德：IB interprets 伯林解释，19；questions natural law 质疑自然法则，39；on tribalism 论部落理论，41，111；pluralism 多元论，55，86，279；on language 论语言，171；on river of culture 论文化河流，203
Hermitage Museum，St Petersburg 艾尔米塔什博物馆（圣彼得堡），64& n1，65
Herzen，Alexander Ivanovich 赫尔岑，亚历山大·伊万诺维奇：influence on IB 对伯林的影响，19，27，132，204；on history 论历史，55；on changing yokes 论变化中的枷锁，75n1，110；on purpose of life 论生活目的，109；aims and ideals 目标和理想，117—118；and Stirner 与施蒂纳，133；on genius 论天才，135；on creativity 论创造性，139；IB reads 伯林阅读，147
Hinduism 印度教，215—216，283
historical inevitability 历史的不可避免性，54—55，60
'Historical Inevitability' (IB) 《历史的不可避免性》(伯林)，51，60，120
historicism: Popper on 波普尔论历史主义，51，54，60—61
'History and Theory' (IB) "历史与理论"(伯林)，179
History and Theory 《历史与理论》(杂志)，179
Hitler，Adolf 希特勒，阿道夫，55，116，186
Hobbes，Thomas 霍布斯，托马斯，122，131，137，140，250
human nature 人性：and liberty 与自由，37—41，44；and historical determinism 与历史决定论，55—56；and universal norm 和普遍的规范，172—173；Hume on 休谟论～，204—205

human rights see rights 人权：参见权利
Hume，David 休谟，大卫：on human nature 论人性，39，44，173；on property 论财产，196；influence on IB 对伯林的影响，204—206；on good 论善，221；on nature of world 论世界的性质，229，297—298，300；on tragedy 论悲剧，272；*The Natural History of Religion*《宗教的自然史》，205n2；*A Treatise of Human Nature*《人性论》，295

- I -

'I Don't Want the Universe To Be Too Tidy' (IB/BP-S interview)《我不愿意宇宙太整洁》(伯林 / 贝阿塔谈话)，74n1，79，201
Icarus myth 伊卡鲁斯神话，238
idolatry and worship 偶像现象与崇拜，172
Ignatieff，Michael: Isaiah Berlin 伊格纳季耶夫，迈克尔：《以赛亚·伯林》，162n1
incommensurability 不可比较性（不可公度性），9n1
intelligentsia 知识分子，117
International Society for Philosophy of Law and Social Philosophy: 22nd World Congress (Granada，2005) 法学哲学与社会哲学国际联合会第22届会议（格拉纳达，2005），23，299
Isidor of Seville，St 塞维利亚的圣伊西多尔，39，56
Islam 伊斯兰教，215
Israel 以色列，114

- J -

Jahanbegloo，Ramin: Conversations with Isaiah Berlin 贾汉贝格鲁，拉明：《伯林谈话录》，82，211，225，287，290
James，William 詹姆斯，威廉，66，134
Jefferson，Thomas 杰斐逊，托马斯，56，210
Jesus Christ: on truth and freedom 耶稣基督论真实与自由，42
Jewishness 犹太人特征，73

'Jewish Slavery and Emancipation' (IB) 《犹太人受奴役和得解放》(伯林), 67n1
Jews 犹太人: identity 身份, 113—114; in pre-revolutionary Russia 在革命前的俄国, 163—164; under tyranny 在专制制度下, 197—198; Orthodox 正统的, 215—216, 226, 283; *see also* anti-Semitism 参见反犹主义
'John Stuart Mill and the Ends of Life' (IB) 《穆勒与生活的目的》(伯林), 37
Joseph II, Emperor of Austria 约瑟夫二世 (奥地利皇帝), 88
Jowett, Benjamin 乔维特, 本杰明, 198
justice: Popper on 波普尔论正义, 52, 257

- K -

Kant, Immanuel 康德, 伊曼纽尔: and idolatry 与偶像崇拜, 42; on human nature 论人性, 44; on 'crooked timber of humanity' 论"扭曲的人性之材", 69; on difference between right and good 论正确与善的区别, 127; and moral views 和道德观, 128, 276, 279; influence on Green 对格林的影响, 134; no interest in history of ideas 对思想史没有兴趣, 147; empathy with 神交, 148; brevity 简洁, 149; on unchanging categories 论不变的范畴, 170—171; believes in essences 相信本质, 177; on cheating 论欺骗, 195; on choosing the bad 论选择恶, 203; influence on IB 对伯林的影响, 204; on causality 论因果关系, 228—289; on basic freedom and morality 论基本自由和道德, 288
Karl Marx (IB) 《卡尔·马克思》(伯林), 36n1
Kaufman, Arnold Saul 考夫曼, 阿诺德·索尔: 'Professor Berlin on Negative Freedom'《伯林教授论消极自由》, 236n1
Kekes, John 凯克斯, 约翰, 281—282, 293; The Morality of Pluralism《多元论道德》, 281
Kerensky, Alexander Fedorovich 克伦斯基, 亚历山大·费多洛维奇, 165

Kierkegaard，Søren　克尔恺郭尔，索伦，185，238
Kieslowski，Krzysztof　基耶斯洛夫斯基，克日什托夫，274—275
Kocis，Robert Albert　科齐斯，罗伯特·艾伯特，142n3，237，279，286，289
Kokot，Franciszek　科科特，弗朗齐歇克，275
Kolakowski，Leszek　柯拉柯夫斯基，莱谢克，25n1
Korczak，Janusz　科尔查克，贾努兹，75，115

- L -

Lakatos，Imre 拉卡托斯，伊姆雷，176—177
Lamprecht，Sterling Power　兰普莱希特，斯特林·鲍尔：'The Need for a Pluralistic Emphasis in Ethics'《必须强调伦理学中的多元论》，265n1
language　语言，58，171
Latvia: independence　拉脱维亚独立，70，107—108，168
law: and liberty　法律和自由，122—123，144，250—251
Lawrence，David Herbert　劳伦斯，戴维·赫伯特，183
Legutko，Ryszard　莱古特科，理夏德，157，269—274，276—277
Leibniz，Gottfried Wilhelm　莱布尼茨，戈特弗里德·威廉，45，138，177—178
Lenin，Vladimir Il'ich　列宁，弗拉基米尔·伊里奇，55，166—167
Leninism　列宁主义，117
Leonardo da Vinci　列奥纳多·达·芬奇，185
Leontiev，Konstantin Nikolaevich　列昂季耶夫，康斯坦丁·尼古拉耶维奇，183 & n1，184，186
Levi，Hermann　莱维，赫尔曼，113
Lewis，Clarence Irving　刘易斯，克拉伦斯·欧文，135
liberalism: and pluralism　自由主义：与多元论，9，18，30，80—82，84—87，89—90，211—114，216—217，225—226，279—297，298—300；and toleration　和宽容，85，88，109，213n1，291；philosophical foundations　哲学基础，90；and Utopianism 和乌

托邦思想，108；dogmatic 教条的，213；and monism 和一元论，214；and individual independence 和个人的独立，240；IB's 伯林的，259
liberty 自由：BP-S's thesis on concept of 贝阿塔论自由概念的论文，8,34，49，133；basic 基本的，18，218—19，287—288；IB's concept of 伯林的自由概念，34—37，59，87，120，122—123，137—138，149—151，202，218，35—39，241—242，244—249，252—255，258；and concept of man 和人的概念，37—41；negative and positive 消极的和积极的，37，42，52—53，58，80，84，86，89，120—122，132—134，137，142，149—156，190—194，219—220，235—236，239—240，245，255—256，258，288；obstacles to 障碍，37—38，42，149—150，152；moral and intellectual 道德的和精神的，42—43；political 政治的，42—43；and choice 和选择，87，217—219；Marxist view of 马克思主义观点，120，220；and law 和法律，122—123，144，250—251；Benjamin Constant on 邦雅曼·贡斯当论～，132；Macpherson on 麦克弗森论～，137，236—237，239—240；Taylor on 泰勒论～，140—141；and self-realization 和自我实现，144；Fromm on fear of 弗洛姆论惧怕～，153—154；Hayek on 哈耶克论～，156—157，241—249，251—254；and rights and privileges 和权利与特权，158—159，173；as licence 作为特许权，173；meaning of word 词语的意义，192—193；in value-pluralist system 在价值多元论系统中，201—202；as value 作为价值，202，279—280；'inner'"内在的"，248—249；economics of 经济学，251—252；and State intervention 和国家干预，251—252；Aron on 阿隆论～，253—254，259—260；Dworkin on 德沃金论～，253—254；Popper on 波普尔论～，253—256，259；social 社会的，253—256，260；individual 个人的，260；Oppenheim defines 奥本海姆定义～，260；and equality 和平等，268
Liberty Fund 自由基金，71
'Liberty, Rights, and Government in Algernon Sidney' (Oxford

Seminar, 1991) “阿尔杰农·西德尼的自由、权利和政府”(牛津讨论会), 70
Liszt, Franz　李斯特, 弗朗茨, 113
Lively, Jack　莱夫利, 杰克, 50
Lloyd George, David　劳合·乔治, 戴维, 188
Locke, John　洛克, 约翰, 39, 210, 250
logic　逻辑, 146
Lovelace, Richard　洛夫莱斯, 理查德, 154
Lukes, Steven　卢克斯, 斯蒂文, 14, 276, 297

- M -

MacCallum, Gerald, Jr　麦卡勒姆, 杰勒德(小), 261n2; ‘Negative and Positive Free-dom’《论消极自由和积极自由》, 236n2
McCloskey, Henry John　麦克洛斯基, 亨利·约翰: ‘A Critique of the Ideals of Liberty’《自由理想批判》, 236n2
MacFarlane, Leslie John　麦克法兰, 莱斯利·约翰, 48; ‘On Two Concepts of Liberty’《论两种自由概念》, 236n1
Machiavelli, Niccolò 马基雅维里, 尼可罗, 19, 82, 189, 290
MacIntyre, Alasdair　麦金太尔, 阿拉斯代尔, 272
MacPherson, Christian Brough　麦克弗森, 克里斯蒂安·布劳: BP-S sends paper to　贝阿塔邮寄文章给～, 48—50; criticises IB’s concept of liberty　批评伯林的自由概念, 137, 139, 141—142, 236—237, 239—240; Democratic Theory《民主理论》, 236n5
Madison, James　麦迪逊, 詹姆斯, 210
Magee, Bryan　麦基, 布莱恩, 62, 123, 134, 176, 275
Margalit, Edna and Avishai (eds): *Isaiah Berlin: A Celebration*《以赛亚·伯林: 纪念文集》, 艾德娜和阿维沙伊·马加利特(编), 201 & n1
Marie Antoinette, Queen of Louis XVI　玛丽·安托瓦内特(路易十六的王后), 182
market societies　市场社会, 108—109

Marx，Eleanor (later Aveling)　马克思，埃莉诺（后称艾芙琳），144
Marx，Karl　马克思，卡尔：on human nature　论人性，39；Popper attacks　波普尔攻击，54，256；Namier resembles　纳米埃尔类似，119；on freedom　论自由，123，133；on history　论历史，140；on French Revolution　论法国大革命，181；lacks objective moral values　缺少客观的道德价值观，206
Marxism　马克思主义：on human history　论人类史，56—57，179；on class conditioning　论阶级熏陶，58；on liberty　论自由，120，220；on failure of French Revolution　论法国大革命的失败，182；universalism　普遍主义，216
mathematics　数学，171
meaning: Popper opposes enquiring into　波普尔反对去探询意义，62，175，176n1，178，254—257
Mendelssohn，Felix　门德尔松，费利克斯，113
Merton，Thomas　莫顿，托马斯，238—239
metaphors　比喻，138—140
metaphysics　形而上学，56—57，177
methodological essentialism *see* essentialism　方法论本质论，参见本质论
Michelangelo Buonarroti 米开朗基罗，波纳罗蒂，185
Michnik，Adam　米赫尼克（米奇尼克），亚当，69，116—118
Mill，John Stuart　穆勒，约翰·斯图亚特：on human nature　论人性，37—38；influence on IB　对伯林的影响，69，132，204；on coercion　论强制，144；on freedom　论自由，155—156，250；and theory　和理论，209；and monistic liberalism　和一元论自由主义，214；on happiness as good　论幸福即善，222
Milton，John　弥尔顿，约翰，221
minorities (social/ethnic)　少数人（社会的 / 民族的），112—113
modus vivendi　生活方式，283—284
monism　一元论，213n1，214，216，265，269，276—278，290，297
Montesquieu，Charles Louis de Secondat，baron de　孟德斯鸠，夏

尔·路易·德塞孔达（男爵），201，203
Moore，George Edward　摩尔，乔治·爱德华：*Principia Ethica*《伦理学原理》，223
moral categories　道德范畴，127—128
moral conflict　道德冲突，275—276
morality: and choice　道德与选择，28，194—199
Moravia，Alberto　莫拉维亚，阿尔贝托，238—239
multiculturalism　多民族主义，10；*see also* pluralism　参见多元论
Music　音乐：Hegel on　黑格尔论～，138；invented　发明的，171

- N -

Nabokov，Vladimir Vladimirovich: *Lolita*　纳博科夫，弗拉基米尔·弗拉基米洛维奇：《洛丽塔》，27
Nagel，Thomas　内格尔，托马斯，268
Namier，Lewis Bernstein　纳米埃尔，刘易斯·伯恩斯坦，119
Napoleon I (Bonaparte), Emperor of the French　拿破仑一世(波拿巴)，法国皇帝，55，132，139
nationalism　民族主义，10，76，111—112，225
natural law　自然法，39，56，173—174，299，301
naturalistic fallacy　自然主义的谬误，295，302
nature　自然：laws of　法则，126；uniformity of　统一，169—170
Nazism　纳粹主义，86，90，110
New York Institute for the Humanities　纽约人文学院，268
New York Review of Books《纽约书评》，9
Nicholas I，Tsar of Russia　尼古拉一世（俄国沙皇），75n1，110
Nicholas II，Tsar of Russia　尼古拉二世（俄国沙皇），184
Nicholls，David　尼科尔斯，大卫：'Positive Liberty'《积极自由》，236n2
Nietzsche，Friedrich　尼采，弗里德里希，45，124，184
'Nil Desperandum' (IB/BP-S interview)　《不要绝望》(伯林 / 贝阿塔谈话)，74n1，75n1，201

nominalism　唯名论，61，75，256
nuns　修女，215，217
Nussbaum，Martha　努斯鲍姆，玛莎，298—299

- O -

obedience　服从，99，123，194
Oblicza liberalizmu (BP-S; *Visages of Liberalism*)《自由主义诸面目》(贝阿塔)，23
'One More Voice on Berlin's Doctrine of Liberty' (BP-S)《论伯林自由学说的又一个声音》(贝阿塔)，49，155n1
Oppenheim，Felix　奥本海姆，费利克斯，182，260，261n2
Ortegay Gasset，José: *The Revolt of the Masses*　奥尔特加·伊·加塞特，何塞：《大众的反叛》，157
Oxford: BP-S visits　贝阿塔访问牛津大学，16，26，45—47，48n1，49，53，60，77，131，161，201，211
Oxford Magazine　《牛津杂志》，16，54，60

- P -

Parekh，Bhikhu　帕莱赫，比库，188—190；'The Political Thought of Sir Isaiah Berlin'　《以赛亚·伯林爵士的政治思想》，189n1
Parent，William Allan: 'Some Recent Work on the Concept of Liberty' 帕伦特，威廉·阿兰：《关于自由概念的近期动态》，236n2
Parker，Dorothy　帕克，多萝西，114
Pascal，Blaise　帕斯卡，布莱斯，272
Pasternak，Boris Leonidovich　帕斯捷尔纳克，鲍里斯·列昂尼多维奇，27
paternalism　父权主义，109
Pelczynski，Zbigniew　佩乌琴斯基，兹比格涅夫，16 & n2，26，45，47，53，58
perfection　完美，227，626
Petrograd (St Petersburg)　彼得格勒（圣彼得堡），165—167

philosophy 哲学：Sheffer on 谢弗论～，146；purpose of 目的，169n2
physics: laws of 物理学法则，126
Picasso，Pablo 毕加索，巴勃罗，185
Plato 柏拉图：on unalterable truths 论不可变更的真实，40，143；on self 论自我，44；Popper on 波普尔论～，51—52，54，56—57，256—257；disbelieves in meta-physical insights 不相信形而上学的见解，56；mathematical metaphors 数学的比喻，138；empathy with 神交，148；on numbers 论数量，171；on excess of freedom 论过度的自由，208；and Form of the Good 与善的形式，226；on moral conflict 论道德冲突，276；*Republic* 《理想国》，257
pluralism 多元论：IB propounds view of 伯林述明见解，9—10，11n1，84—88，123—125，172，214—216，259，279；and liberalism 和自由主义，9，18，30，80—82，84—86，89—90，211—214，216—217，225—226，279—300；Popper claims belief in 波普尔表示信奉，52，123—124，134，152，257；and religious faith 和宗教信仰，72，214—216；and removal of impediments 和去除障碍，143；and status of freedom 和自由的地位，201—202；as theory 作为理论，210；tragic 悲剧的，268—273，278；and conflict of values 和价值观冲突，275—259，280，283，297—300；and choice 和选择，296
'Pluralism and Liberalism: A Reply'(IB, with Bernard Williams) 《多元论和自由主义：答复》(伯林和威廉斯合写)，89—90
Pobedonostsev，Konstantin Petrovich 波别多诺斯采夫，康斯坦丁·彼得洛维奇，184
Poland 波兰：tranformation in 改革，28—29；advertising in 广告，29，67—69；knowledge of IB in 对伯林的了解，38；anti-Semitism in 反犹主义，76；Communist regime in 共产党制度，107—108，157n1；Gray on political ideal for 格雷论政治理想，110；Hayek admired in 哈耶克受到钦佩，156—157；Solidarnosc movement

in 团结工会运动，157n1；liberum veto in 自由否决权（一票否决），208 & n1
Polanowska-Sygulska，Beata 波兰诺夫斯卡-塞古尔斯卡，贝阿塔：back-ground 背景，7；thesis on concept of liberty 论自由的论文，8，34；writes on IB's ideas 论伯林思想的论著，9；visits to Oxford 访问牛津大学，16，26，45—47，48n1，49，53，60，77，131，161，201，211；Catholic faith and pluralism 天主教信仰与多元论，72；publishes interviews with IB 发表与伯林的访谈，79；academic position，研究职位，194n1，207；moral dilemmas 精神困境，194—199，207—208；drenched in protest demonstration 抗议游行时被浇湿，206
'Political Ideas in the Twentieth Century' (IB)《二十世纪的政治思想》（伯林），51，251
Political Studies (journal) 《政治研究》（杂志），28，35—36，48—50
political theory 政治理论，51，228，251，259
Political Theory (journal) 《政治理论》（杂志），49—50
'Political Theory in the Twentieth Century' (IB) 《二十世纪的政治理论》（伯林），51
politics: as applied ethics 政治：作为实用伦理学，140; man of action in 行动的人，187—188
Popper，Karl Raimund: essentialism 波普尔，卡尔·莱蒙德：本质论，47，54，56，61，175—178，255—257；criticises Plato 批判柏拉图，51—52，54，56—57，256—257；claims to have proposed idea of pluralism 宣称提出过多元论理念，52，123—124，134，257；and historicism 和历史主义，60；opposes enquiring into meaning 反对探讨意义，61—62，175，176n1，178，254—257；on liberation 论解放，63，254；and Polish political direction 和波兰政治方向，110；and Magee 和麦基，123，134，176；philosophical system 哲学体系，161；and Lakatos 和拉卡托斯，176—177；on unity of method 论方法的统一，178—179；and historical theory 和历史理论，181；and values 和价值观，182，184—185；denies

progress in arts 否定艺术的进步，185—186；view of liberty 自由观，253—255，259；unity of scientific method 科学方法的统一，262；*Conjectures and Rejections*《猜想与反驳》，181；*The Open Society and Its Enemies* 《开放的社会及其敌人》，52，54，57，176—177，255—257；*The Poverty of Historicism* 《历史主义的贫困》，54，255；*Unended Quest*《未完成的探索》，258n1；'Winch on Institutions and the Open Society'《温奇论各种制度和开放的社会》，254n7
principles 原则，210
Przeglad Polityczny (journal)《政治展望》(杂志)，284
Przewodnik po literaturze filozoficznej XX wieku (encyclopaedia)《二十世纪哲学家著作百科全书》，75
purpose 目标：in nature，在自然界，140；human 人的，174，240
'Purpose of Philosophy，The' (IB)《哲学的目的》(伯林)，169n2，181n1
'Pursuit of the Ideal，The' (IB)《追求理想》(伯林)，125n1，217n1

- Q -

quantum theory 量子理论，169

- R -

racial prejudice 种族偏见，116
rationality 理性，143
'Rationality of Value Judgments' (IB) 《价值判断的合理性》(伯林)，173n1
Rawls，John 罗尔斯，约翰，108，158，281
Raz，Joseph 拉兹，约瑟夫，268，281，292
rebellion 反叛，194
Reed，James 里德，詹姆斯，564n1
relativism 相对论，40，265—256，276
religion 宗教：and pluralism 和多元论，72，215，227；and

illiberalism　与非自由论，86
Reports on Philosophy (journal)　《哲学报告》(杂志)，28
responsibility: ethics of　责任：伦理学，28
revolutions　革命，181
Rhees，Rush: *Without Answers*　里斯，拉什：《没有答案》，258n2
Rickert，Heinrich　里克尔特，海因里希，300
Riga　里加，108，163—164，168
right: and good　正确与善，127
rights　权利：fundamental　基本的，43；and liberty　和自由，158—159，173—174
Robespierre，Maximilien　罗伯斯庇尔，马克西米连，181
romanticism　浪漫主义，147，184
Roosevelt，Franklin Delano　罗斯福，富兰克林·德拉诺，188
Rossini，Gioacchino Antonio　罗西尼，乔阿基诺·安东尼奥，148—149
Rousseau，Jean-Jacques　卢梭，让-雅克：on natural man　论自然人，40，44，56；and French Revolution　和法国大革命，182
Russell，Bertrand　罗素，伯特兰，147，178
Russia　俄国：revolutions (1917)　革命（1917），55，165—167；and collapse of Communism　和共产主义的崩溃，69，107—108；intelligentsia in　知识分子，117；Jews in　犹太人，163—164；and political theory　和政治理论，210
Russian Thinkers (IB)《俄国思想家》(伯林)，36n1
Ryan，Alan:‘Freedom’瑞安，阿兰：《自由》，236n1
Ryle，Gilbert　赖尔，吉尔伯特，47

- S -

Saddam Hussein　萨达姆·侯赛因，155
St Petersburg *see* Petrograd　圣彼得堡，参见彼得格勒
Saint-Simon，Claude Henri de Rouvroy，Comte de　圣西门，克劳德·亨利·德·鲁弗洛伊，(公爵)，182

Sakharov，Andrey Dimitrievich　萨哈罗夫，安德雷·季米特里耶维奇，69，116—118
Sandel，Michael　桑德尔，迈克尔，280
Santayana，George　桑塔亚纳，乔治，133—134，148n1
Sartre，Jean-Paul　萨特，让-保罗，272
Scheler，Max: *Zum Phänomenon des Tragischen*　舍勒，马克斯：《论悲剧性现象》，272—273，275
Schmitt，Carl　施密特，卡尔，297
Schopenhauer，Arthur　叔本华，阿图尔，149，272
Schumann，Robert　舒曼，罗伯特，113
Schumpeter，Joseph Alois　熊彼特，约瑟夫·阿洛伊斯，157，280
science: and truth　科学和真实，181
scientism　科学主义，179
self-denial　自我否定，249
self-realization　自我实现，144
Shafarevich，Igor Rostislavovich　沙法列维奇，伊戈尔·罗斯季斯拉沃维奇，116
Shaftesbury，Anthony Ashley Cooper，7th Earl of　第7代沙夫茨伯里伯爵，安东尼·阿什利·库珀，84
Shakespeare，William　莎士比亚，威廉，185
Shaw，George Bernard: *The Doctor's Dilemma*　萧伯纳，乔治：《医生的困境》，144
Sheffer，Henry Maurice　谢弗，亨利·莫里斯，146 & n2
Shinto　神道，214—217，226，283
slaves　奴隶，289
Smith，Adam　斯密，亚当，250
Sobolewski，Marek　索波莱夫斯基，马雷克，38
social sciences　社会科学，60，68，179，181
socialism　社会主义，117，121
Socrates　苏格拉底，56，88
Solidarnosc (Solidarity)　团结工会，157 & n1，207

Solzhenitsyn, Alexander Isaevich　索尔仁尼琴，亚历山大·伊萨耶维奇，69，117
Sophists　诡辩派，88
Sophocles　索福克勒斯，272
Soros，George　索罗斯，乔治，179
Soviet Union *see* Russia　苏联，参见俄国
space　空间，170—171
Spencer，Herbert　斯宾塞，赫伯特，137，140
Spender，Stephen　斯彭德，斯蒂芬，107
Spengler，Oswald　施宾格勒，奥斯瓦尔德，179
Spiewak，Pawel　希别瓦克，帕维尔，202—203
Spinoza，Benedict de (Baruch)　斯宾诺莎，本尼迪克特·德（巴鲁赫）：and idolatry 和偶像崇拜，42；denies natural law　否定自然法，56，174；on freedom　论自由，122；on purposelessness of things　论事物的无目的性，140；on unalterable truth　论不可更改的真实，143；on achieving personal peace　论取得个人的平静，153—154；and essentialism　与本质论，177
Stakhanov，Aleksey Grigor'evich　斯达哈诺夫，阿列克西·格里戈耶维奇，159n1
Stalin，Joseph Vissarionovich　斯大林，约瑟夫·维萨里奥诺维奇，110，117，186
State　国家：and intervention　和干预，251—252；and accommodating disagreements　和容纳歧见，295
statesmen　政治家，188
stealing: morality of　偷窃行为的道德，195—197
Steinberg，Max　斯坦贝格，马克斯，167
Steiner，Hillel: 'Individual Liberty' 施泰纳，希勒尔：《个人自由》，236n1
Stirner，Max　施蒂纳，马克斯，133—134
Stoics　斯多葛派，39—40，122，128，154
Strawson，Peter Frederick　斯特劳森，彼得·弗雷德里克，228

substantialist conception of man　人的实质主义概念，38，44—45，56n1
Szacki，Jerzy：'Sir Isaiah Berlin: historia idei a filozofia'　沙茨基，耶日：《以赛亚·伯林爵士：思想史与哲学》，169 & n1，170n1，171—173

- T -

Tarski，Alfred　塔尔斯基，阿尔弗雷德，171
Taylor，Charles　泰勒，查尔斯：on IB's plurality thesis　论伯林多元论论文，10；criticizes *Two Concepts of Liberty*　批判《两种自由概念》，29，66，137，140，236，239；in Poland　在波兰，64；on awakened desires　论唤醒的欲望，68，70；on freedom　论自由，140—141；on monism　论一元论，278；on value-pluralism　论价值多元论，278，266，268；'What' s Wrong with Negative Liberty'《消极自由有什么不对》"，236n4
Ten Commandments　十诫，39，158
terrorism: fundamentalist　恐怖主义：原教旨主义的，10
theory: power of　理论的力量，209—210
Third Man，*The* (film)　《第三个人》（影片），184
time　时间，170—171
Tischner，Jozef　蒂施纳，约瑟夫，45
toleration　宽容，85，88，109，213n1，291
Tolstoy，Lev Nikolaevich，Count　托尔斯泰，列夫·尼古拉耶维奇（伯爵），55，117，182
Toynbee，Arnold　汤因比，阿诺德，179
tragedy　悲剧：and moral pluralism　与道德多元论，269—273，278；theory of　理论 273—274
trial and error　试错法：in political direction　在政治方向上，110
tribalism　部落主义，111
Trotsky，Leon　托洛茨基，列昂，166—167
truth　真理：as absolute　绝对的，90；self-sufficiency　自我满足，135

Turgenev, Ivan Sergeevich 屠格涅夫，伊凡·谢尔盖耶维奇，27，117
'Twilight of "Liberty" as an Abstract Ideal, The' (BP-S) 《"自由"作为抽象理念已近黄昏？》(贝阿塔)，161n1，173n2，175n1
'Two Concepts of Liberty' (IB)《两种自由概念》(伯林)：Taylor criticizes 泰勒批判，29，66，137，140，236，239；as basis of BP-S's thesis 贝阿塔论文的依据，34，37，46，62；on pluralism and liberalism 论多元论与自由主义，89，285；published in Poland 在波兰出版，119；writing 写作，120；provocative effects 挑衅性的效果，121；intellectual sources 精神根源，131—134，140；on internal obstacles 论内在的障碍，149；critics and criticisms of 批评者与批判，235—240；quotes Schumpeter 引用熊彼特，280
'Two Visions of Liberty: Berlin and Hayek' (BP-S) 《两种自由观：伯林与哈耶克》(贝阿塔)，49，68n1，69
tyranny 专制：and suppression of liberalism 和对自由主义的压制，85；and enlightened despotism 和开明专制主义，88；and historical theory 与历史理论，180

- U -

unintended consequences 未曾妄图的结果，181
United States of America: democratic theory 美利坚合众国：民主理论，210
universalism 普遍论，216
Utechin, Patricia 尤特钦，帕特里夏，33，74，79
Utopianism 乌托邦思想，293

- V -

values 价值观：in political theory 政治理论中的，56—57；incompatibility 不相容性，73n1，124，134，145，211，221，265—271，276—278，291，294，301—302；and pluralism 和多元论，80—81，84—85，125—127，214—216，279—280，283；categories 范畴，

127；Popper on status of　波普尔论其地位，182—183；Parekh on conflicts of　帕莱赫论其冲突，188—190；source of　根源，203；universal 普遍的，214，284，300—301；defined　定义的，220—203；ultimate　终极的，221
Verdi，Giuseppe: *Otello*　威尔第：《奥赛罗》，221
Verrocchio，Andrea del　韦罗基奥，安德烈·德尔，185
Vico，Giambattista　维柯，詹巴蒂斯塔：on human nature　论人性，39—40，56；on natural sciences　论自然科学，81
Vincent of Lérins　莱兰的樊尚，56n2
Voltaire，François Marie Arouet　伏尔泰，弗朗索瓦，马里·阿鲁埃，88，182

- W -

Wagner，Cosima　瓦格纳，科希玛，113
Wagner，Richard　瓦格纳，理查德，113，148
Waismann，Friedrich　魏斯曼，弗里德里希，18，126，136—137
Wajda，Andrzej　瓦依达，安杰伊，115
Walesa，Lech　瓦文萨，莱赫，223
Walzer，Michael　沃尔泽，迈克尔，292，296
Weber，Max　韦伯，马克斯，28；'Politics as a Vocation'《政治作为职业》，297
Weinstein，William L.　温斯坦，威廉·L.，29
Weizmann，Chaim　魏茨曼，查姆，125
Welfare State　福利国家，252
Whitehead，Alfred North　怀特海，阿尔弗雷德·诺斯，135
Williams，Bernard Arthur Owen　威廉斯，伯纳德·亚瑟·欧文，288n4，291；'Pluralism and Liberalism: A Reply'(with IB)《多元论与自由主义：答复》(和伯林合写)，89—90，286
Winch，Peter: 'Popper and Scientific Method in the Social Sciences'　温奇，彼得：《波普尔与社会科学中的科学方法》，258n2
Wittgenstein，Ludwig　维特根斯坦，路德维格：on family

resemblance 论家族相似，41，43，193；on word-meaning 论词语的意义，58；Popper on 波普尔论～，61；on drawing the line 论画线，136；uninterested in history of ideas 对思想史不感兴趣，147；and essentialism 和本质论，175，178；on absurdity of ethical theory 论伦理理论的荒谬，185；*Tractatus* 《逻辑哲学论》，188，255

Wolenski，Jan 沃伦斯基，扬，131

Wollheim，Richard 沃尔海姆，理查德，204—205

word meanings 词语的意义，57，62，175—176，178，192，254—257

- Z -

Znak (journal) 《标志》（杂志），79

Zycinski，Jozef，Bishop of Tarnow 泽钦斯基，约瑟夫（塔尔诺夫主教），73n1

译后记

《未完的对话》是以赛亚·伯林爵士（1909—1997）和波兰雅盖沃大学教授贝阿塔·波兰诺夫斯卡-塞古尔斯卡的合著。

本书内容主要是贝阿塔和伯林长达十四年（1983—1997）的通信、1986年至1995年她数次到牛津大学任访问学者期间与伯林谈话的记录，还有她的五篇文章（约占全书篇幅的五分之一）。

本书在可观的程度上述明了伯林的思想，澄清了他的哲学议题当中的几个。出版以后，得到积极的评价：

伦敦经济学院欧洲思想研究教授约翰·格雷（《以赛亚·伯林》一书作者）写道："贝阿塔·波兰诺夫斯卡-塞古尔斯卡为我们理解二十世纪伟大的自由思想家之一提供了一份宝贵的指南。在书信、采访和谈话中，以赛亚·伯林揭示了他的哲学的本质，并且将其与他一生的诸种事件联系了起来。这是一部独特的记录，更加上波兰诺夫斯卡-塞古尔斯卡颇具洞察力的阐释文章，对于每一位关注政治理论和二十世纪思想史的人士来说，都堪称必不可少。"

纽约大学社会学教授斯蒂文·卢克斯（《权力：一种激进的观点》和《自由派与食人派：多样性的含义》的作者）写道："这部优秀而不同寻常的著作生动地展现了伯林在思考中的言说。为了回应成为友人的一位波兰年轻女哲学家持续的、尖锐的和十分深刻的提问，伯林一直在努力思考他自己关于自由与价值多元论之思想所引发出来的更为深刻的问题。他们的往来书信、谈话、采访和她总结性质的文章受到欢迎，进一步地阐明了伯林发人深思的自由主义及其提出的、尚未得到解决的问题。”

完成这部著作的译事之际，译者有下面的一些感想，也许值得记述一下：

首先是对伯林的敬佩：作为一位学者，伯林不仅有开创性，而且尽力做到与时俱进，勤劳一生，直到去世前的几个月，只要头脑还清晰，就在尽力探讨学术问题。其次，伯林长时间地鼓励和帮助青年人学习、展开研究，而且平等交流，推心置腹。我们所见到的这一切，都是他在七十四岁到八十八岁这一年龄段完成的。

再者，是对于贝阿塔·波兰诺夫斯卡-塞古尔斯卡的钦佩。她在求学时期敢于大胆请教、结识著名学者，包括外国学者，展开长达十几年的深入合作（十几年不算很长的时间，但是弥足珍贵，因伯林年事已高），取得很好的成果。

但是，这样的合作，或者机遇、“缘分”，是有条件的。伯林平易近人、热心助人，十几年如一日（学者们绝对不是“没事”和我们闲聊天“解闷”的人）；而贝阿塔，具有向大学者请教、结识大学者的胆识，这一点固然重要，但是更重要的是，得有底气——这就是学识根基。这位青年学者（经过了大约三十年，现在是中年人了吧）必须具备两方面的条件：她首先学好了英语，具有用英语表述、讨论学术问题的水平（英语对于大陆欧洲人来说当然比对中国人容易，但是对于母语是斯拉夫语言的人来说，容易得有限）。尤其在人文学科方面，因为容易涉及各个相关方面的知识，比科技人员谈论某一方面的科技，可能要难得多。其次，学术水平和提问的能力；提出问题本身就能够表现出思考水平，当然，问题还要引起双方的兴趣和符合学识水平。我们还可以看到，这位老学者和这位年轻的外国女士，都基本做到了办事不拖延，恪守承诺，说到做到——这是保持互相信任和取得成果的条件。还要抓紧时机。再重复一次我们的老生常谈：机不可失，时不再来；避免事后感慨：时过境迁，痛失良机。

本书译事缘起如下。2011 年 5 月 18 日，清华大学国学研究院副院长，译林出版社“人文与社会译丛”主编刘东教授在《中华读书报》上发表文章《阅读伯林的十年》。文章谈到译林社出版了伯林十部著作的汉语译本，最后说：“此外，在……之后，我又向译林推荐了一本《未完的对话》，和一本研究伯林的著作《伯林：自由主义与多元论》（乔治·克劳德著），但这还需要较长的过程，才能完成一系列的复杂操作。”很快，刘东教授以电子邮件告诉我，译林社接受了这个选题，并且说：“你如果对此有兴趣，那么我给你留着。”到 2011 年 9 月初，译林社和我签订了出版合同。和译林社上一次的合作是翻译出版斯维特兰娜·博伊姆的《怀旧的未来》，那本著作讨论了莫斯科、圣彼得堡，纳博科夫、布罗茨基和卡巴科夫，虽然是从英语翻译，但是我的俄文翻译经验（拙译：梅列日科夫斯基《托尔斯泰与陀思妥耶夫斯基》，华夏出版社）颇有帮助，而这一次，《未完的对话》的作者之一是波兰人学者，该书有涉及波兰之处，我翻译波兰语（拙译：贡布罗维奇长篇小说

《色》《横渡大西洋》等，人民文学出版社；柯拉柯夫斯基《关于来洛尼亚王国的十三个童话故事》，北京三联书店；博罗夫斯基《石头世界》，广州花城出版社）的经验也是有帮助的。

本书得以翻译出版，十分感谢刘东教授的推荐、支持和鼓励，感谢贝阿塔·波兰诺夫斯卡-塞古尔斯卡教授的合作和帮助；得到译林出版社在翻译和编辑过程中细心和周到的协助；得到长子杨念在收集资料方面的帮助、次子杨路在使用电脑方面的帮助：在这里对大家致以衷心的谢意。

杨德友

2012 年 10 月 20 日，太原 山西大学